山东大学儒学高等研究院
儒学与现代社会丛书

中国文化的再展开
——儒学三期之回顾与展望

丛书主编：蒙培元　陈　炎
丛书副主编：黄玉顺　干春松

石永之　著

全国百佳图书出版单位
时代出版传媒股份有限公司
安徽人民出版社

图书在版编目(CIP)数据

中国文化的再展开——儒学三期之回顾与展望／石永之著.
—合肥：安徽人民出版社,2011.12
（儒学与现代社会丛书）
ISBN 978-7-212-04554-8

Ⅰ.①中… Ⅱ.①石… Ⅲ.①儒学—研究—中国
Ⅳ.①B222.05

中国版本图书馆 CIP 数据核字(2011)第 264892 号

中国文化的再展开
——儒学三期之回顾与展望

石永之 著

出　版　人：胡正义	丛书策划：丁怀超
责任编辑：汪双琴　杜宇民	封面设计：亚施·李　昕

出版发行：时代出版传媒股份有限公司 http://www.press-mart.com
　　　　　安徽人民出版社 http://www.ahpeople.com
　　　　　合肥市政务文化新区翡翠路1118号出版传媒广场八楼
　　　　　邮编:230071
　　　　　营销部电话:0551-3533258　0551-3533292(传真)

印　　制：合肥精艺印刷有限公司
　　　　　（如发现印装质量问题,影响阅读,请与印刷厂商联系调换）

开本:787×1092　1/16　　印张:22.5　　字数:301 千
版次:2012 年 4 月第 1 版　2012 年 4 月第 1 次印刷

标准书号:ISBN 978-7-212-04554-8　　定价:45.00 元

版权所有,侵权必究

出版说明

自五四以来,尤其是经过"文革"的"批孔"、"评法批儒",在一些人的心目中,儒家、儒学似乎已经是"历史上"、"博物馆里"的东西了,与现代社会是没有什么关系的。其实不然,儒家、儒学在现代社会中仍然生存着、发展着。

从历史的情况来看,儒学由于自身的某种"文化基因",而具有一种超强的通过自我变革而获得再生的能力。我们可以看到,儒学如此这般地穿透了历史的时空:有王权时代、宗法时代的儒学,那就是"周孔之道";有轴心时期、中国社会第一次大转型时期的儒学,如孟子儒学、荀子儒学等;有皇权时代、帝国时代的儒学,如古代"经学"、"宋明新儒家"等;有中国社会第二次大转型时期的儒学,这就是"洋务儒学"、"维新儒学"、"现代新儒学"、"新世纪大陆新儒学"等;还会有民权时代、宪政时代的儒学,这种儒学在当前的广义"政治儒学"中正在初露端倪。显然,那种把儒家、儒学与"古代"、"封建"、"专制"捆绑在一起的看法,实在是对历史事实的无视,甚至是一种无知。

从现实的情况来看,儒学对现代社会生活仍然发挥着重要影响。当年康有为等的"维新儒学"对于中国社会历史的重大深远影响自不消说;20世纪的现代新儒家曾经对现代社会生活发挥过某种影响,21世纪的大陆新儒家也正在对现代社会生活发挥某种影响。这种影响广泛地表现在文化、思想、经济、政治、日常生活、家庭伦理、企业管理、思维范式、生活方式、行为模式等方面之中,它有时是"百姓日用而不知"的,有时则是"路人皆知"的。

就后者论,事实上,众所周知,现代中国社会的思想领域就是这样一种"三足鼎立"的格局:马克思主义、自由主义、文化保守主义。所谓"文化保守主义",其主体就是现代形态的儒家儒学。在今天的现代社会中,不仅存在着"原教旨"儒学,还存在着现代主义儒学、当代主义儒学、乃至后现代主义儒学;不仅有中国人的儒学,还有西方人的儒学、诸如美国的"波士顿儒家"等;甚至已经出现了"马克思主义儒学"和"自由主义儒学"等提法。近年来出现的诸如"读经热"等许多现象,更是标志着儒学正在某种意义上、某种程度上的复兴,标志着儒学对于现代社会生活的影响正在日益扩大。

因此,"儒学与现代社会"已成为一个值得研究的重大的时代课题。

基于以上认识,我们组织出版了这一套《儒学与现代社会》丛书。丛书第一辑所收的五本著作,构成了关于儒学、尤其现代儒学的整体面貌的某种立体结构:

首先,需要重新认识儒学的整个历史,即重新认识所谓"三期儒学"——儒学的三种历史形态。石永之先生撰写的《中国文化的再展开——儒学三期之回顾与展望》一书就属于这个方面的研究成果,该书的内容涉及了"三期儒学"——先秦儒学、宋明新儒学、现代新儒学,其宗旨在于探索中国文化传统、包括儒家传统在现代社会中的"再展开"问题,具有重要的学术参考价值。

其次,说到儒学在现代社会中的"再展开",影响最大的就是20世纪出现的现代新儒学;当然也不仅仅是现代新儒学,还包括整个现代中国的"现代古典学"。邓曦泽先生撰写的《现代古典学批判》一书就属于这方面的研究成果,该书是对中国的整个"现代古典学"——包括"中国哲学"、现代新儒学的研究范式——进行的一种方法论层面上的深刻反思,意在超越现代新儒学、"中国哲学"等现代中国学术的既有研究范式,而探索儒学、中国文化在现代社会中"再展开"以来的一种可能的"新开展"方向,具有重要的思想学术启发意义。

再次,儒学在现代社会中已"再展开"基础上的这种"新开展"其实已经出现，主要就是新世纪这十年来大陆新儒家的群体探索。那么，这个群体的探索究竟如何？需要一种适时的总结。崔罡先生主编的《新世纪大陆新儒家研究》一书就属于这方面的研究成果，该书评析了新世纪大陆新儒家当中最具有代表性的七家的思想学术成果，以此展示了新世纪所出现的"儒学复兴运动"的整体面貌，为我们呈现出了一部"活的思想史"，必将会成为未来的中国思想史写作的必读文献。

又次，关于新世纪大陆新儒家的研究，不仅需要《新世纪大陆新儒家研究》那样的群体性的、"面"的研究，而且需要个案性的、"点"的展示。黄玉顺先生的《生活儒学讲录》一书就属于后面这个方面的一个典型，该书是作者所建构的"生活儒学"思想的一种最新展示，涉及当代思想领域、哲学领域的许多基本问题，尤其是关于"儒学与现代社会"的许多重大问题，具有重要的思想理论参考价值。

最后，和现代新儒家一样，新世纪大陆新儒家，不论作为群体、还是作为个体，当然同样也需要接受批评和批判。崔发展先生、杜霞女士共同主编的《生活·仁爱·境界——评生活儒学》一书就属于这个方面的研究，该书是对作为新世纪大陆新儒家代表之一的黄玉顺"生活儒学"所进行的评论和批评，其中涉及新世纪大陆新儒家的许多重大思想理论问题，具有重要的借鉴意义。

总之，本丛书试图通过在上述意义上构成一个整体的五本图书，在一定程度上立体地展现出"儒学与现代社会"的面貌。这是一种尝试，希望广大读者批评指正。

儒学还在继续"开展"中，儒学与现代社会生活的关系也还在继续"展开"中。根据我们的观察，未来10年，其中最值得注意的两个趋向，就是广义的"儒教"和广义的"政治儒学"。这些都是值得我们继续加以关注的。

前　言

　　本书围绕着这样一个主题：中国文化的再展开。由"中国文化的再展开"、"先秦儒家的正义思想研究"、"阳明心学研究"、"新儒家和后儒家"四个部分构成。

　　第一部分"中国文化的再展开"包含三篇文章。

　　第一篇文章《儒学三期的回顾与展望》是对儒学分期的思考。在各种分期说中，选取了三个有代表性的说法：牟宗三的儒学三期说、李泽厚的四期说和黄玉顺的新三期说，这些分期说的背后基本上都有足够的理论支持，但他们都是依据自己的儒家形而上学的立场给儒学分期，都主张判教，这有悖于文明对话的时代。因此，我主张从文明对话、文化融合的角度给儒学分期，这样能更好地明确中国文化当下的任务。

　　第二篇文章是《文明对话与文化创新》。三期儒学是在文明对话与文化创新的背景下展开的，文明对话是地球人的共同愿望。其前提是承认文明的多样性和文化多元，而不是某个文明或者文化的中心论。对话目的主要是增进了解，共存共荣。文明对话的基础就是：己所不欲，勿施于人。文明对话必然要求文化融合，并将促进文化创新。

　　第三篇文章《中国文化的再展开》是对儒学三期思考的继续研究。我认为，从上古至东汉，是中国文化的形成期，在诸子百家的争鸣之中，儒学脱颖而出，取得了在中国文化中的主流地位。自东汉至清季，中国文化主要与佛学相激荡，形成了中国佛学，然后是宋明理学稳住了儒学在中国文化中的主导地位。这是中国文化应对外来文化的初次展开，主要内容是关于"内圣"的。自清末迄今,中国文化主要受到西方文化的磨砺,主要内容就是科学和民主,这是关乎"外王"的。那么我们是否可以进一步追问:儒学能够凤凰涅槃、浴火重生,再次稳住中国文化的主导地位吗?如果能够做到的话,方可以称之为中国文化的第三期,是为中国文化的再展开。文章就中国文化再展开的理路和要解决的问题谈了一些个人的看法。

第二部分"先秦儒家的正义思想研究"共有五篇文章,是我现在研究的重点。

第一篇文章《论儒家正义思想的形成》首发于北京大学出版社 2005 年 1 月出版的《原道》第十辑,收入本书时做了修改和补充。我首先从古典文献学、训诂学的角度厘清"义"(義)的基本含义及其假借义和引申义的演变,因为这对于理解儒家的正义思想甚为重要。然后从先秦儒家对"义"的阐释来看儒家正义思想的形成。孔子重点阐发君子和义的关系以及义利之辨。孟子主要讲仁义内在。荀子首先使用"正义"一词,把义落实到社会制度层面,以正义思想作为建构社会制度的基础,基本形成了儒家正义思想。最后讨论儒家正义思想和现代正义观念的关联。文章主要用仁—义—礼的结构来谈儒家正义,这是一个传统的思想框架,只不过传统儒学用这个框架谈伦理问题,而现在用它来讨论正义问题。

然后用了一年多的时间撰写《孟子的正义思想》。我认为,孟子提出"四端"说,解决了义的来源问题,重点阐发了仁和义的关系。孟子宣扬自己的正义观,以图重塑人们的正义感,以救天下之危乱。他拒邪说、辟杨墨、正人心,在继承孔子仁学思想的基础之上,仁义并举,凸现"义"范畴的内在的道德价值以及外在的政治价值。文章发表之后,心里觉得惴惴不安,因为仅仅把仁—义—礼的结构从伦理移植到政治哲学来谈正义问题是绝对不够的,尤其是孟子的仁义内在主要是从道德伦理的角度谈的,而礼是伦理范畴还是政治范畴也纠缠不清,还应该进一步探求儒家正义思想的特质。

随后花了两年多时间研究、撰写《孔子的正义思想及其现代意义》。阅读了从古希腊到现代的几乎所有西方政治哲学家的书以作为参照。我发现,在伦理和政治之间,政治哲学面临着一个形而上学困境。不是用政治规范伦理,就是用伦理规范政治。这是轴心期之后,形而上学式的思维方式造成的。孔子的正义思想既有内在的道德正义,也有外在的政治正义,义是一个内外勾连的范畴,其连接的关键就是君子,用道德正义培养德行君子去实现政治正义,"君子义以为质"(《论语·卫灵公》),"君子之仕也,行其义也"(《论语·微子》)。这也就难怪"君子"一词在《论语》中出现了107次。

在第四篇文章《荀子正义思想述要》中,我认为荀子的正义思想特别值得今天的政治哲学借鉴的主要有三点:一是,因为"人有气有生有知亦且有义",义,理也。人有天赋的理性,能够分析判断,所以人能群,能够制定礼仪制度组成人类社会。在多元文化并存的今天,唯有理性是达成政治共识的可靠基石。其二,行义以礼。仅有理性的分析判断能力并由此明确了正义原则还是不够,还必须落实到制度建构的层面上来,建立合宜的伦理制度和政治制度。第三,行义以正。政治制度应该体现机会公平、经济公平以及对弱势群体的关怀,还有人对自然的利用要适时、适当、适度。

第五篇《让罗尔斯对话孔子》是为山东大学犹太教与跨宗教研究中心召开的"多元宗教视野中的正义论"国际学术研讨会而作,主要就多元宗教与政治正义的问题做了一些探讨,多元宗教的并存已经是现代社会一个不争的事实,但在今天的政治哲学领域有一个多元宗教各自的超越者及信众超越体验不能被普遍接受与人类的普遍理性之间相冲突的问题,人们希望理性地对待宗教的超越者及宗教性的超越体验,理性地对待宗教就不大可能产生严重危及社会稳定的宗教狂热活动,保留了宗教信仰的空间,保证宗教信仰自由的根基。同时也不希望宗教直接参与政治。孔子"敬鬼神而远之"的思想表明宗教与理性可以是一体两面的,在人们理性地生活的同时也不排除对宗教性超越者的敬畏。

第三部分的三篇文章都是对阳明心学的研究。

第一篇是《明代心学与孟学》,这是我参与撰写的《孟学史》的一个章节。主要涉及了陈献章、湛若水、王守仁以及王艮对孟子思想的继承与发展。

第二篇文章《阳明子至善论的现代意义》,试图通过王阳明的思想审视重建儒家形上学这个问题。阳明至善论本来属于儒家人性论的话题。该文在分析了孟子、荀子和宋明理学诸儒的人性论之后,导出了阳明的至善论。阳明至善论认为,性本体是无善无恶的,而心本体即性,因而心本体也是至善的。心之所发便是意,顺天理而动是诚意,就是善;从躯壳上起念的就是私意就是恶,善恶出现了,良知就会呈现,让人为善去恶,以回复天地万物一体之本然。而透过阳明的人性论,可以看出他论学的义理结构:天地万物本自一体—人—人心—人—天地万物一体。今天可以用阳明揭示出的这个义理结构重建儒家形而上学,把心作为本体,用天地万物一体为它奠基。然后,用人性至善说明道德哲学,以人本身的认知能力说明认识论问题,最后,安排合理的社会制度去达成天地万物一体。这里只是一个基本的框架,许多问题尚需深入研究。

第三篇是《良知的嬗变——从牟宗三对阳明的批评来看》,曾发表于《东岳论丛》2006年第3期。讨论的是王阳明与牟宗三的继承与批评的关系问题。从表面上,以"良知坎陷"名家的牟宗三是在接着"致良知"的王阳明在讲,其实不然。牟先生对王阳明多有批评,不仅对其人性论进行了全面的批判,而且对阳明"尽心知性知天"的思想给予毫不留情的驳斥,还认为"王门四句教"非圆教。虽然他们都以"良知"立言,但"良知"已悄然发生了嬗变。

第四部分是"新儒家和后儒家",共有六篇文章。

第一篇是《新儒家与孟学》,这也是我参与撰写的《孟学史》的一部分。在第一代新儒家中选取了梁漱溟、熊十力和冯友兰三位。第一代新儒家是持守中国传统文化尤其是儒家的立场与信念,并对儒学进行对象化、客观化学术研究的第一批人,梁漱溟用直觉来解释孟子的良知,把孟子思想内化为自己的生命,尤其是孟子的大丈夫精神。熊十力以良知学说来建立其心本体论,其所谓本体就是孟子的本心,抑或冯友兰用神秘主义来重新解释孟子的思想,都是新儒家在西学东渐的过程中对孟子思想的发挥,赋予了经典新的生命,经典总是在解释中生成的。经典之所以为经典也就在于它是常新的。

第二代新儒家选了徐复观、唐君毅和牟宗三。徐先生认为:孟子的四端为人心之所固有,随机而发,由此而可以证明"心善";而且孟子代表了在中国政治思想史中最高的民主政治的精神,只是缺乏民主制度的构想。唐君毅以"三向九境"的庞大体系,对中西印各文化精神作了判教式的总结,最终归结于心灵九境的最高境界——天德流行境。而此天德流行境与孟子有莫大关联。唐先生是本《中庸》的"天命之谓性"而说天德流行,解决性的形上根原,本孟子的"尽心知性知天"而说尽性立命,如此方可以立人道成教化。牟宗三不仅在其新内圣——道德形上学上遥契孟子,而且在新外王之一的民主政治方面亦主要取自孟子。可以说,孟子的思想铸造了牟宗三思想的精魂。

值得一说的是,在我参与撰写《孟学史》的过程中,读明儒的书很轻松,我总会觉得对人生有所领悟,会放下些什么;而读现代新儒家的书,总感觉有一种紧张在里面,老觉得耳边有人在跟你说,中国文化好、儒家思想高明,由此我切实感受到了新儒家花果飘零的文化悲情,体悟到了他们作此艰苦卓绝努力的坚定信念。在"新儒家与孟学"这一部分,我觉得冯友兰先生的神秘主义、牟宗三的圆善论讲出中国文化的特色,冯先生认为,未来的世界哲学一定比中国传统哲学更理性主义一些,比西方传统哲学更神秘一些。只有理性主义和神秘主义的统一才能造成与整个未来世界相持的哲学。这也就是说,神秘主义是中国哲学的特色。借着撰写《孟学史》的机缘,我发现,在中国哲学的现代建构中,有两条相对明显的线索,一是熊十力、牟宗三、唐君毅一系的理性主义思路,另外一条线索是冯友兰、蒙培元到今天大谈生活儒学的黄玉顺,则是情感哲学的思路,而且非常有趣的是,这两系思想的核心居然都源于对孟子的解读,这一现象值得继续关注。

第二篇是《牟宗三道德形上学刍议》,曾部分刊于《理论学刊》2006年第8期。牟宗三的道德形上学从破解以康德哲学为代表的西方哲学入手,重铸儒家新内圣,认为人有智的直觉,有限的人可以无限(圆善),智的直觉开出本体界,坎陷之后可以开出现象界,开出儒家新外王——科学和民主。但他由于时代的局限,未能对工具理性本身进行反思,而且他直接设定形上本体。因此,应该批判地继承牟宗三的道德形上学。

第三篇是《牟宗三的人性论思想》,由于牟先生的哲学体系与其人性论思想有莫大关联,故尝试分析之。牟先生的人性论有三层:最高一层是义理之性,是先验而纯粹的道德理性;较高层是气质之性;较低层是指饮食男女的生物本能之动物性。后面的两层统称之为生之谓性,是经验的实然的人性。牟先生用自己的人性论思想对中国思想史进行了总结,并给予现代化,把西方"人是理性的动物"作了中国式的解读。

第四篇是《道德自我与心灵九境——唐君毅哲学的主体性反思》,也是重建儒家形上学的话题。唐先生出入于中西哲学之间数年,而后凝聚成此"道德自我",从此出发,他立足于中国文化传统,融贯外来文化,建立了一个构思宏伟庞大、意图包罗万象的哲学体系,这就是其代表作《生命存在与心灵境界》。然而由于时代以及思想的局限,受近代西方哲学的影响,主体性意味过重,基本上是即人而言天,留下了一些问题,同时也留下了拓展的空间。

第五篇是《以现代性应对后现代——刘清平教授"后儒家"构想评议》。和刘清平先生关于"后儒家"争论的意义,曾军、曾丽君的文章说得很到位,无需我再多言,他们说:

> 在近年来围绕国学、儒学等相关争论中,"后儒家"问题一直是关注的问题之一。……近年来引起关注的"后儒家"争论则引发自刘清平发表于《哲学动态》2004年第2期的《从传统儒家走

向后儒家》，作为他长期以来思想发展的延续，刘清平提出"针对传统儒家的基本精神和内在悖论展开尝试批判，实现从'传统儒家'向'后儒家'的创造性转化"的命题。在肯定传统儒家伦理的积极意义的前提下，他大量列举了传统儒家对中国社会现代化进程所产生的消极作用，认为要想避免儒家伦理最终走向消亡，唯有实现从"传统儒家"向"后儒家"的转化。除了该篇文章外，刘清平发表了一系列文章，一以贯之的观点便是对传统儒家的弊端及其滞后于时代的方面做出批判，并建议对之加以重构。

2008年第4期的《东岳论丛》让这一争论"当庭对峙"。先是石永之发表了《以现代性应对后现代——刘清平教授"后儒家"构想评议》一文，文章从刘清平发表于1996年的《现代道德建构中的历史性两难》一文谈起，详细清理了刘清平10余年来对传统儒家以及后儒家论题的阐述，石永之认为刘清平对孔孟儒学的分析有失准确，并且更重要的是，他建构后儒家的目的是为了应对后现代，但他自己应对后现代的核心观念却是现代性的，这无疑是让人惶惑的悖论。文中是有不少尖锐的指责，石永之并不否认后儒家话题在如今全球化进程中的积极意义，而究竟是何原因导致该话题引来众多批评，他针对刘清平，认为根本原因在于刘清平对儒家传统的解读，他说："后儒家对儒家传统的解读失之简单，有暴力解读的嫌疑。""刘先生并没有所谓'后现代'的视域，而是在人类中心主义的形而上学框架中纠缠不休，而且对柏拉图、康德式的理性形而上学的理解也大有问题。"刘清平教授对石永之的批评做出了回应，并且对后者提出的几个问题进行了解答，并着重指出，石永之对后儒家构想的定义"以现代性超越后现代"有些误解："虽然'后儒家'与'后现代'都有一个'后'字，但它们要'后'掉的东西却是很为不同的，前者要'后'掉的主要是前现代的弊端，后者要'后'掉的主要是现代性的缺陷，两者明显不可同日而语。"他说,后儒家之后并不意味将儒家传统全盘否定,而只想祛除传统儒家的负面效应。对于后儒家构想"批评如潮而支持者寡"的评价,刘清之承认事实确实如此,但批评的声音可以促进自己不断思考并对论题加以完善,其积极意义也不容小觑。①

然而此文的发表却是一波三折,最初是应某期刊之邀而写,后来他们改变了初衷。因为感受到了学术批评的困难,我利用在武汉大学参加第十五届国际中国哲学大会的机会,找到刘清平教授,刘教授很快写出正式的回应文章,我拿着两篇文章找到另外一家杂志的责任编辑,文章清样出来之后,被其主编给撤了下来,同样是因为学术批评。《东岳论丛》认为正常公平的学术批评应该支持发表,文章发表之后,又被《中国社会科学文摘》转载,并被《探索与争鸣》纳入2008年人文学术的热点之一给予了公正的评价。这说明,在一个开放自由的时代,正常的学术批评是需要的。刘清平教授本人曾特地来山东社会科学院与我长时间地坦诚交流,争论依然很激烈。

最后一篇文章是《儒家和谐思想及其现代应用》,主要是有感于人们大谈和谐思想、和谐社会,却很少有人从中国文化源头去梳理其思想源流而写的一篇短文。文章主要就先秦儒家的和谐思想作了一个梳理,并结合和谐社会的建构谈了一些自己的看法。

---

① 曾军、曾丽君:《来自文化深层的回响——2008年人文学术热点扫描》,《探索与争鸣》2009年第1期。

目 录

壹 中国文化的再展开
第一篇 儒学三期的回顾与展望/003
第二篇 文明对话与文化创新/018
第三篇 中国文化的再展开/026

贰 先秦儒家的正义思想研究
第一篇 论儒家正义思想的形成/043
第二篇 孔子的正义思想及其现代意义/060
第三篇 孟子的正义思想/073
第四篇 荀子正义思想述要/090
第五篇 让罗尔斯对话孔子/105

叁 阳明心学研究
第一篇 明代心学与孟学/121
第二篇 阳明子至善论的现代意义/144
第三篇 良知的嬗变
　　——从牟宗三对阳明的批评来看/215

肆　新儒家和后儒家

第一篇　新儒家与孟学/229

第二篇　牟宗三道德形上学刍议/264

第三篇　牟宗三的人性论思想/289

第四篇　道德自我与心灵九境
　　——唐君毅哲学的主体性反思/302

第五篇　以现代性应对后现代
　　——刘清平教授"后儒家"构想评议/323

第六篇　儒家和谐思想与和谐社会的建构/335

壹 中国文化的再展开

第一篇　儒学三期的回顾与展望

现当代儒学分期的问题是在西学东渐、中西文化融合的背景下展开的。因此这个问题涉及：如何理解中国文化特别是儒学传统，如何理解西方文化特别是文艺复兴以来的近现代传统，并进而涉及下一步如何发展中国文化的根本问题。本文选取了三个有代表性的说法：牟宗三的儒学三期说、李泽厚的四期说和黄玉顺的新三期说，其理由在于，牟先生看好欧洲大陆的理性主义传统，建立了道德形上学，李先生则融贯英美的经验主义传统，创立了所谓的"吃饭哲学"，而黄先生则借力现象学对西方现代性哲学批判，新近大力倡导"生活儒学"。他们对中西方文化传统以及如何发展中国文化都有独到的理解，其分期说的背后基本上都有足够的理论支持，言之成理、持之有故，故而选取并尝试分析之。

一、牟氏三期说

在关于儒学分期的各种论说之中，牟宗三先生的儒学三期说的影响最为深广。其划分大致如下：

> 儒家学术的第一阶段，是由先秦儒家开始，发展到东汉末年。……宋明理学是儒家学术发展的第二个阶段，就是对着前一时期的歧出而转回到儒家的主流，理学的本质即在道德意识的复苏。儒家学术第三期的发展，所应负的责任即是要开这个时代所需要

的外王,亦即开新的外王。①

在《道德的理想主义》一书的序言中,牟先生把有关儒学三期的思想做了一个言简意赅的说明,首先他从反思西方文化入手,认为西方科学的发展固然是好事,但导致了对价值德性层面的忽视,自由民主在政体上的实现确实不错,却容易使人庸俗化,导致真实个性、真实主观性和真实人格的丧失,这两种时代病可以统称为人类精神的外在化。西方的思想家们对此亦有反思,但牟先生认为他们只能识病,却不能治病,因为那些人的思想本来就在病态之中。因此,应该以此时代病为背景,发出健康的理想主义之呼声,来唤醒人们的价值意识、文化意识与历史意识。牟先生认为健康的理想主义之中心观念,

> 即孔孟之文化生命与德慧生命所印证之"怵惕恻隐之仁"是也。由吾人当下反归于己之主体以亲证此怵惕恻隐之仁,此即为价值之根源,亦即理想之根源。直就此义而曰《道德的理想主义》。②

道德理想主义展开的步骤就是,首先由"怵惕恻隐之仁"而立"人性论","再进即为践仁之过程,由此而有家、国、天下(大同)之重新肯定,其极则为'与天地万物为一体'"。这当然就需要在学术层面上实现"三统并建":

> 一、道统之肯定道德宗教之价值,护住孔孟所开辟之人生宇宙之本源。二、学统之开出,此即转出"知性主体"以融纳希腊传统,开出学术之独立性。三、政统之继续,此即由认识政体之发展

---

① 牟宗三:《政道与治道》新版序,广西师范大学出版社2006年版,第4-8页。
② 牟宗三:《道德的理想主义》序言,吉林出版集团有限责任公司2010年版,第2页。

壹　中国文化的再展开

而肯定民主政治为必然。必皆为随时建立此纲维,而为此纲维之所函摄而融贯者。①

由此可见,牟氏三期说的思想根基就是孟子的"怵惕恻隐之仁",而儒学三期的新任务就是科学和民主。

牟先生在《儒家学术之发展及其使命》一文中进一步展开了他的儒学三期说,他认为就中国而言,儒学三期面临的问题非常严重,而且今天的问题,比以往任何时期都更为困难。"礼俗传统崩壤无余。儒家思想湮没不彰。是以人丧其心,国迷其途。而吾人今日所必欲达之阶段,又为一切须创造之阶段。国家须建立,政制须创造,社会经济须充实,风俗须再建。"面对如此严重的局面,唯一的办法就是在文化层面"反求诸己",他说:"然冲出此严重之关头,开出创造之坦途,又非赖反求诸己不为功。而反求诸己,正有其可反之根据。"

而反求诸己的根据就是儒家思想中的"怵惕恻隐之仁",牟先生对儒家的"仁心"做了新的演绎,他认为,怵惕恻隐之仁心就是理性,"这个仁心之所以为理性的,当从其抒发理想指导吾人之现实生活处看。……自其足以指导吾人之行为言,即自其足以指导吾人革故生新言,它是一个'理'。这个理是从怵惕恻隐之心发,所以是'天理'。天理即是天定如此之理,亦即无条件而定然如此之理。自其为公而无私的……凡公心而发的皆有公性,即皆有普遍性"。而且他进一步推而广之:"此种理性的普遍性,不独限于人类之历史,且大之而为宇宙之原理,依此而成为儒家之形上学。此具有普遍性之原理,儒家名之曰'仁'。吾人现在亦可转名之曰'绝对理性'。"

虽然传统儒学的根基很好,但是:"以往之儒学,乃纯以道德形式而表现,今则复须其转进至以国家形式而表现。"唯其如此才能实现政治的现代化,这当然就需要相应的政治文化与之相匹配。而且"欲实现儒学第三期

---

① 牟宗三:《道德的理想主义》序言,吉林出版集团有限责任公司2010年版,第3页。

之发扬,则纯学术之从头建立不可少"。这是因为学术上的名数之学是中国文化所缺乏,又是西方文化之所长,进而言之,如果没有名数之学,儒家思想就只能高悬于道德,而不能造福于民,因此牟先生认为:"故名数之学,及其连带所成之科学,必须融于吾人文化之高明中而充实此高明。且必能融之而无间也。是则须待哲学系统之建立与铸造。"这也就决定了第三期儒学应该是学术的儒学、哲学的儒学、逻辑的儒学,而非纯粹道德的儒学。

所以牟先生在与前两期儒学相比较的基础上给出了第三期儒学的新特点,他说:

> 第一期之形态,孔孟荀为典型之铸造时期,孔子以人格之实践与天合一而为大圣,其功效则为汉帝国之建构。此则为积极的,丰富的,建设的,综合的。第二期形态则为宋明儒之彰显绝对主体性时期,此则较为消极的,分解的,空灵的,其功效见于移风易俗。……此第三期,经过第二期之反显,将有类于第一期之形态。将为积极的,建构的,综合的,充实饱满的。唯此期将不复能以圣贤之人格为媒介,而将以思想为媒介,因此将更为逻辑的。

对三期儒学的前景,牟先生信心满满地说:

> 然则西方文化之特质,融于中国文化之极高明中,而显其美,则儒学第三期之发扬,岂徒创造自己而已哉?亦所以救西方之自毁也。故吾人之融摄,其作用与价值,必将为世界性,而为人类提示一新方向。[①]

被人视为第三代新儒家代表人物之一的杜维明继续着儒学三期的话

---

① 牟宗三:《儒家学术之发展及其使命》,载氏著《道德的理想主义》,吉林出版集团有限责任公司2010年版,第3—14页。以上五段中引用牟先生的论述均出自此文。

题,对于儒学第三期,杜先生有两个讲法,一是顺着牟宗三讲,就是从先秦、宋明到现代;一是从中国,到东亚,到世界。在 20 世纪 80 年代以后,他重提"儒学第三期发展的前景问题",与列文森在《儒教中国及其现代命运》一书中断定儒家传统业已死亡这一结论针锋相对。列文森的儒学博物馆论认为:在欧风美雨的冲击下,中国正经历着由传统向现代的转变,随着作为儒学根基的小农经济的崩溃和封建家长式政治制度的摧毁,儒学将最终成为"博物馆"的展览品,只能作为"幽灵"存在于人们的心里。他说:"简而言之,保护孔子并不是由于共产党官方要复兴儒学,而是把他作为博物馆的历史收藏物,其目的就是要把他从现实的文化中驱逐出去。"①

诸如此类的观点,让杜维明们意识到,要展开第三期儒学就必须与西方文化平等对话,有鉴于此,杜维明指出:

> 真正站在儒家的立场上和西方比较杰出的思想家进行公平地对话,这种现象目前还没有出现……同国际学坛第一流的思想家进行彼此有益的对话,确是我们这一代人义不容辞的责任。②

这说明第三期儒学必须融入世界,一方面,世界已经成为地球村,世界范围内出现的新问题对各个历史悠久的文化传统提出了挑战,儒学也是如此,只有不断应对这些挑战,三期儒学才能真正展开;另一方面,儒学也必须通过与其他文明进行对话,才能博采众长,发展自身。所以,杜维明的办法是:

> 我们应效法荀子以"仁心说,学心听,公心辩"的平正胸襟和

---

① 列文森:《儒教中国及其现代命运》,郑大华、任菁译,中国社会科学出版社 2000 年版,第 338 页。
② 岳华编:《儒家传统的现代转化》,中国广播电视出版社 1992 年版,第 14 页。

世界各地的精神传统进行互惠互利的对话、沟通。①

而牟先生虽然承认中西方其他思想流派的各自成就,但主张严格判教,认为只有儒家思想才能成就一种道德形而上学,是"圆善"之教。杜维明曾说:

> 我们这一代学人与牟宗三、唐君毅先生那一代不一样,他们大都着眼于儒学自身发展的内在逻辑及其精神方向,但外界对我们这一代的要求更多,我们做学术的空间也很大,是在世界文明对话的大背景下做研究,更开放一些,可以开拓很多论域。②

从牟宗三到杜维明的变化中可以看出,牟宗三肯定中国哲学的特质,挺立了中国文化的主体地位,但同时主张严格判教。而在杜维明们"为儒学的发展不懈陈辞"的过程中,清楚地意识到,在文明对话的大背景下,第三期儒学必须与西方文化平等对话,儒学应该在对话中获得新的生命。除了判教与对话的不同之外,还有就是,杜维明虽然认同儒家心性之学,但很少提及"道统"之类的话头,他要避免"成为狭隘的道统论";杜维明主张儒学不可能发展成一套纯思辨性的论说,放弃了体系建构。

二、李氏四期与黄氏三期

李泽厚认为牟氏三期说共计有三个方面六大问题,首先是表层偏误有二:一是以心性—道德理论来概括儒学失之片面。第二是抹杀荀学,特别是抹杀以董仲舒为代表的汉代儒学。然后深层的理论困难则有,一是"内圣开外王",二是"内在而超越"。最后落实到实践方面也有两条:第一是未能跨出狭小学院门墙,与大众社会几乎毫无干系;第二是倡导者们本人的

---

① 杜维明:《为儒学的发展不懈陈辞》,《读书》1995年第10期。
② 朱汉民、肖永明编:《杜维明:文明的冲突与对话》,湖南大学出版社2001年版,第88页。

道德—宗教修养问题。因此他提出了儒学四期说:"我所谓'四期',是认为孔、孟、荀为第一期,汉儒为第二期,宋明理学为第三期,现在或将来如要发展,则应为虽继承前三期,却又颇有不同特色的第四期。"李先生总结说:

> 四期说以工具本体(科技—社会发展的"外王")和心理本体(文化心理结构的"内圣")为根本基础,重视个体生存的独特性,阐释自由直观("以美启真")、自由意志("以美储善")和自由享受(实现个体的自然潜能),重新建构"内圣外王之道",以充满情感的"天地国亲师"的宗教性道德,来承续中国"实用理性"、"乐感文化"、"一个世界"、"度的艺术"的悠长传统。①

那么四期说真的像泽厚先生所说的那样,可以包容三期说吗?首先应该注意到,泽厚先生的"西体中用"说,也不能说没有内圣与外王之间的紧张,同样面临着深层的理论困难。尽管他们的路径正好相反,牟先生主张良知坎陷,由内圣而外王,泽厚先生是西体中用,从外王而内圣。二是内在超越,四期说以美学代宗教的超越之路,同样是超越者不在的超越,这正如泽厚先生对三期的批评那样,没有外在超越对象的超越,又能够超越到哪里去呢?而内在总是与人的感性生命和感性存在相关联,它在根本上只是感性的、经验的,而不可能是超验的或超越的,这个批评同样也适用于四期说本身。因此,在一定意义上,他们的理论是同质的,都是人本主义形上学,只是本体以及建构的方式不同,牟先生以先验的怵惕恻隐之仁心为本体,而泽厚先生以经验的工具本体和心理本体为根本基础。而且它们都是人本主义的,在核心观念中都没有超越者的位置。

黄玉顺先生最近提出了一个新的儒学三期说,原因就在于他认为牟氏三期说的要害,"就是根本未能进入当代前沿的'生活—存在'的思想视域,

---

① 李泽厚:《说儒学四期》,载氏著《己卯五说》,中国电影出版社1999年版,第31页。

而是将儒学在现代'第三期开展'仅仅归结为传统哲学的那种存在者化的'本—末'、'体—用'的形而上学构造"。这个思想视域就是:

> 将生活方式的历史形态视为儒学发展的历史形态的水土本源所在,一个时代的儒学终究是在面对着、解决着那个时代的生活中所产生的当代问题……任何具体的生活方式,只不过是作为源头活水的生活本身所显现出来的某种衍流样式;而生活本身作为存在本身,才是先在于任何存在者的大本大源。

正是在这样的思想视域中,黄先生认为:"儒学之所以呈现为不同的历史形态,正是因为儒家顺应着生活衍流的不同的历史样式,亦即应对着不同历史时代的生活方式当中的问题。"在这里:

> "儒家"是指的一种立场态度,这种立场态度源于对作为生活情感的仁爱的一种领悟与肯认,那是一种先于理论学术的明觉。而"儒学"则是指的儒家这种仁爱情感之领悟与肯认在学术话语中的一种表达,它是一种理论形态的建构,这种学术表达是在回应着具体的历史时代的生活境遇。

儒家的生活情感就是孟子的"怵惕恻隐之心",这种生活情感是最本源的事情。正是在这样的生活情感的本源上,儒家建构着儒学。因此,建构儒学的方式就应该是:生活情感(前形而上学)→形而上学→形而下学。比如孔子的思想中就完备地存在着这样的观念层级。在这样的思想框架之下,黄先生把儒学分为三个时代,每个时代又分为三个阶段,如下表:①

---

① 黄玉顺:《儒学当代复兴的思想视域问题——"儒学三期"新论》,《人大复印资料》2008年第5期,第83-90页。原载《周易研究》2008年第1期,第51-58页。

壹　中国文化的再展开

儒学的历史形态		儒学的思想特征	
1. 原创时代	① 西周儒学（五经原典）	① 儒学的初始形态	1. 有本有源
	② 春秋儒学（孔子思想）	② 儒学的全面开创	
	③ 战国儒学（曾思孟荀）	③ 儒学的歧异深入	
2. 转进时代	① 前宋明儒学（经学与玄学）	① 古典儒学的转进	2. 形而上学
	② 宋明新儒学（理学与心学）	② 古典儒学的兴盛	
	③ 后宋明儒学（朴学或汉学）	③ 古典儒学的固滞	
3. 再创时代	① 近代儒学（洋务与维新）	① 举末的儒学复兴	3. 重返本源
	② 现代儒学（现代新儒学）	② 返本的儒学复兴	
	③ 当代儒学（儒学新开创）	③ 溯源的儒学复兴	

尽管新旧三期的思想视域不同，但重建儒家形上学的逻辑本体却都是孟子的"怵惕恻隐之心"，只是解释不尽相同。牟先生认为"怵惕恻隐之仁"是普遍理性也是绝对理性，黄先生则认为"怵惕恻隐之心"这样的仁爱的生活情感是儒学理论建构的大本大源。正是由于对"怵惕恻隐之心"的理解不同，所以重建儒家形上学的方式也不同，牟先生是直接设定理性的先验本体，而黄先生则是用生活情感敞现本体。然而他们都陷入了形而上学必判教的怪圈。本来按照黄氏三期的观念，是应该拒绝判教的，因为历史上的儒家都是本着仁爱的生活情感去建构儒学以应对时代，可是从上表可以看出，黄先生判教更厉害。总之，新旧三期说主张形而上学式的判教，而且本体都是先验内在的，都主张内在超越，所以又都是属于人本主义的。

另外要说的是，从牟氏三期到四期，再到黄氏三期，现代新儒学在艰难地返回孔子的思想，这与世界范围内的"返回轴心期"的思潮相呼应。牟宗三号称第二代新儒家的杰出代表，著作等身，几乎论及历史上所有的儒家人物，却没有专门讨论孔子。李泽厚敏感地意识到了这个问题，他说：

> 令人难解的是，牟宗三抬孔子，认为高出一切，当然也远超康德。但只征引孔子一两句话而已，从未对《论语》一书作任何全面

的阐释或研究,而宁肯花大力气去译康德,不知这是什么缘故。①

　　牟宗三不讲孔子,是因为无法安顿孔子思想中作为超验的、外在的超越者的天,这与牟先生的内在先验思路有着根本性的冲突。他的道德形上学,是以孟子的先验内在的恻隐之心为根基。正是因为意识到了牟先生的问题,于是就有了泽厚先生的《论语今读》,而黄先生也意识到儒学的再展开应该在思想层面回到孔子,于是他以孔子思想为范本,重建儒家形上学。
　　然而要真正回到孔子,就必须解决超越者的问题,由于现代新儒家都是理性主义者,新儒学基本都是人本主义形上学,超越者被彻底遮蔽了。下面来看孔子是如何理解超越者的,孔子说:"天生德于予,桓魋其如予何?"(《论语·述而》)还有:"子畏于匡。曰:'文王既没,文不在兹乎？天之将丧斯文也,后死者不得与于斯文也；天之未丧斯文也,匡人其如予何?'"(《论语·子罕》)很明显,这里的天就是超越者,而且孔子也曾谈到"梦见周公"(《论语·述而》)这样的超越体验。但是孔子思想中的超越者并非后来人格化了的神,并不参与人间事务,是以不言,孔子说:"天何言哉？四时行焉,百物生焉,天何言哉?"(《论语·阳货》)所以,孔子对待超越者的态度就是"如神在":"祭如在,祭神如神在。"(《论语·八佾》)正是这种"如神在"的态度,既不彻底排除超越者,也不把超越者当作人格神,超越者的主要作用就在于启发人们的理性思维。
　　总而言之,无论是牟氏三期说、黄氏三期,还是泽厚先生的四期说,都是人本主义形上学。那么他们首先遇到的难题就是关于人本主义的,如果超越者不在,那么重建信仰就只能走内在超越的路子。前文提到的泽厚先生对内在超越的批评就很能说明问题,此不赘述。其次是关于形而上学的,同时都会遭遇形而上学独断的问题。由于形而上学本身具有的排他性,某个形上学被建立起来以后,往往会严格判教,只有像他们那样的形上

---

① 李泽厚:《论语今读》,天津社会科学院出版社2007年版,第4页。

学才有合法性,否则都将被视为异端,即使大同小异,也是要遭到批判的。

三、儒学三期的回顾与展望

2007 年底的"儒学第三期的三十年"学术座谈会①旨在回顾近三十年来儒学的发展轨迹,在这三十年里,儒学从被批判清算的对象到重新发掘价值的传统资源,这期间有丰富的学术教训和经验值得回顾,回顾的主要地域是中国大陆,港台的经验作为参照,回顾涉及的主要人物是不在场的杜维明,杜先生主要的问题意识就是面对资本主义社会发展过程当中的意识形态和基本价值领域,儒家能不能从一个地方经验变成普世价值,参与到人类的长期发展当中去发挥建设性的作用,而这就涉及儒学三期对未来的展望。

尽管在 20 世纪 80 年代早期,大陆学人通过努力,已经使孔孟之道从批判的对象转变为研究和学习的对象,庞朴先生的《中庸平议》、李泽厚先生的《孔子再评价》就是代表作,并不是因为杜维明到大陆讲新儒家的思想,大陆才开始研究新儒家的,但陈来仍然肯定了杜先生功劳及其开放态度。他说:

> 杜先生的功绩在于把海外,包括英语学界对儒家思想与现代化的关系、所谓儒家人文主义的各个侧面等等带进来,作为当时文化热讨论里面的几大热点之一,使讨论更加多元化了,不仅仅都是反传统的,而多了一个传统的声音。……他更多是把儒家文化的现代转化和现代意义,和外部世界讨论的丰富性带进来,使我们的视野开阔多了。……他始终有开放的态度来和别人交换意见互相沟通。……另外,杜先生他本身虽然是新儒家,不同意五四的观点,但是他对五四有同情的了解。……这方面我觉得他

---

① 李泽厚等:《儒学第三期的三十年》,《开放时代》2008 年第 1 期,第 44 – 61 页,以下所引陈来、张志强、黄万盛的观点都出自该文。

非常开放，不是纯粹一个保守的、原教旨主义的人。

同时陈先生也指出："如果我们说新儒学在中国不仅受到研究，将来它本身有所发展，这个发展一定是超越所谓心学的系统的，是非常丰富的。"张志强认为要对儒学三期进行历史解读，他说：

> 关于儒学第三期发展，我们要有一个双重置入：第一个是我们怎样把儒学的问题放到儒学内部来讨论，第二个是怎么样把儒学放到当代思想史的脉络里面来看待，我们把儒学作为中国这三十年的思想发展里面非常重要的一支，它起了什么样的作用？如果忽略了明末清初以来儒学思想史的发展，就有可能忽视一个很重要的问题，就是马克思主义的发展如何在中国思想史的内部追根溯源，也就没有办法来理解道德形而上学这样一种心性论的现代新儒家到底是在怎么样的语境里产生出来的。

面对新的问题，黄万盛对儒学三期的未来进行了展望，他说：

> 我们在做学术工作的时候就经常在问一个问题：中国这么大一个经济体的出现，它后面有没有一个文化意义？文化内涵这个问题有没有？可以说，民主制度与市场经济并不能有效解释中国的崛起……至少到目前为止，我们所拥有的各种各样的解释系统面对这样的课题都没有说服力，因此，一种新的哲学历史的解释系统的挑战或许是学术典范转移的真正契机。

从以上对大陆地域儒学三期三十年的回顾可以看出，像多数人能接受学术态度开放的杜维明，而不太愿意接受他的新儒学概念一样，普遍被接受的是开放融合而非严格判教的儒学三期。大家希望在文化多元的现实面前,以开放的态度,去进行文化融合,人们更希望一种新的哲学历史的解释系统去实现学术典范的转移。

综上所述,只有在文化融合的基础上才能展开、发展和成就儒学三期,形而上学式的判教是不合时宜的,所以应该拒绝依据某个形上学给中国文化分期的做法。因为无论怎样的儒家形上学也只是中国文化的一部分,不可能作为整个中国文化分期的标准,身在山中,又怎能识得庐山真面目?因此,应该跳出中国文化本身,从不同文化传统相比较的角度来给中国文化分期,看看中国文化主要与哪些文化进行过对话与融合,其主要内容又是什么。

众所周知,中国文化主要与印度文化和西方文化发生碰撞和融合,碰撞的内容分别主要是关乎内圣与外王的。基于以上考虑,似乎可以这样给儒学分期:从上古至东汉,中国文化是自我形成、自我发展、自我完善的,在此期间,儒学从诸子百家中脱颖而出,取得了在中国文化中的主流地位,这可以是儒学的第一期,其传播范围主要在中华大地。自东汉至清季,中国文化主要与以佛学为代表的印度文化相激荡,这次是宋明理学稳住了儒学在中国文化中的主导地位,是为儒学发展的第二期,主要的内容是关乎宗教性的,也就是关于内圣的。第二期的影响波及东南亚,形成了一个汉字文化圈。自清末迄今,中国文化主要受到西方文化的磨砺,核心内容就是科学和民主,这是关乎外王的。如果儒学能够凤凰涅槃、浴火重生,再次稳住儒学在中国文化中的主导地位的话,方可以称之为儒学的第三期。而这次遇到的问题多是世界性的,其思想视域就应该是全球性的。

由此看来,第三期儒学是在文明对话、多元文化并存的大背景下展开的,因此从文化融合角度给儒学分期其意义完全不同。主要有以下三点:

首先,要从多元文化并存的格局中挺立中国文化的主体地位。文化融合是不同文化主体之间的对话与交流,一方面中国文化在从中国到东亚而世界的进程之中,势必要与文化他者对话,尤其是在走出汉字文化圈的时候,必然要被其他语言翻译,被其他的文化格义。与此同时,文化他者走进来也要被翻译、格义,只有这样文化才能融合,然后创新。如果丧失了中国文化的主体地位,不论走出去还是请进来都无法完成,以西方文化为标准的汉话胡说只会导致邯郸学步迈不开步的结局。当然强调中国文化的主体地位并不意味着故步自封的原教旨主义,自说自话的原教旨主义最多也只能成就夜郎自大的井底之蛙。中国文化未来的发展是在文化融合的意义上,学习借鉴西方文化等文化他者,消化吸收再创新。简言之,既非汉话胡说,也非自说自话,儒学要在文化融合中成就自己的第三期。

其次,要展望儒学三期,应该先明确中国文化当下的任务。中国文化在哪里跌倒,就应该在哪里爬起来。中国文化要应对的首要问题仍然是五四运动的主题:科学和民主,这个看似不言自明的,其实不然,目前中国哲学研究的主流仍然是宋明理学,也就是冯友兰先生的"接着讲",因此中国学人目前的主要研究方向需要扭转,可喜的是已经有人开始研究中国正义论、马克思主义中国化等问题。因为民主制度与市场经济并不能有效解释中国的崛起,这就必须立足自身传统并参照西方,研究政治制度方面新的学术范式,才可能更好地解释中国的崛起并展望未来。关于科学,必须面对的事实是,实体论的西医并不能解释系统论的中医的有效性,这意味着西方近代科学的认识论范式并不能涵盖中国传统的认识论模式,因此,在科学问题上,需要研究新的学术范式。回顾历史,实体论和系统论的认识论模式在中西方文化中都是存在的,只不过中国发展了系统论、西方展开了实体论,现在正是整合这两种认识论模式的时候,这和五四思潮对科学和民主的理解是截然不同的。

第三,希望能够汲取前两期儒学的经验与教训,处理好内圣与外王的关系。整个宋明理学内圣强而外王弱,顾此失彼。现代新儒学的展开本身也有这个问题,无论牟宗三从先验哲学的角度,从内圣开新外王,还是李泽厚从经验哲学的立场,从新外王到新内圣的路子,都有内圣与外王之间的紧张。而且他们都缺失了超验的维度,超越者缺位就很难重建信仰,如何重建信仰是新内圣面临的新问题。这就意味着内圣与外王之间必须建立新的连接,才能成就新内圣与新外王。也就是说,儒学三期所要做到的,绝不仅仅是儒家学说的复兴,更不是某个儒家形上学的确立,而是整个中国文化的全面复兴,因为中国曾经的强盛,绝不仅仅是某家学说的兴盛,她是从信仰到文物典章制度、民力国力、技术器物应用的全面强盛。中国人期盼着儒学能如是展开,成就自己的第三期。

第二篇　文明对话与文化创新

一、文明对话

在东欧剧变、苏联解体、冷战结束以后，国际社会将如何发展、如何共存的问题，地球村的居民有了两种不同的看法，这就是所谓的"世界伦理"运动和美国人亨廷顿的"文明冲突"论。这也可以看作是，绝大多数国家的多极化主张和美国的单边主义在文化上的反映。这两个不同的看法，却得出了一个相同的结论：文明对话。

世界伦理运动的大致情况是：1993 年在芝加哥举行的世界宗教大会上，孔汉思（kans kung）起草的《世界伦理宣言》得到多个宗教团体与领袖的支持与签署。这次会议确认了正在出现的全球伦理的基本原则，也就是所谓的世界伦理金律，其肯定的表达是：己欲立而立人，己欲达而达人；否定的表达是：己所不欲，勿施于人。1995 年，世界管治委员会出版了一个名为《天涯若比邻》的报告，提倡世界公民伦理以面对共同的全球性的问题。1997 年联合国教科文组织成立"世界伦理计划"，由韩国学者金丽寿主持，并且在这一年召开了两次会议，但并没有最终签署《世界伦理宣言》。主流意见认为无须急切从事，还需要进行充分的文明对话。1998 年，伊朗总统哈塔米向联合国建议 2001 年为"文明对话年"，获得联合国大会的一致通过。这象征着，文明对话是地球人的共同愿望。

就在孔汉思等人为世界伦理忙活的同一年，美国学者亨廷顿（Samuel P. Huntington）却抛出了所谓的文明冲突论。他在美国《外交》季刊夏季号发表了《文明的冲突》一文,主要的意思是说,冷战结束以后,国际舞台上的冲突将不再以意识形态为界限展开,而是不同文明之间的冲突,在近代以来占支配地位的西方文明将受到所有其他文明,尤其是儒教文明和伊斯兰文明的严重挑战。亨廷顿的"文明冲突论"一经提出,马上在世界范围内引起强烈的反响。1996年,亨廷顿在前文的基础上,出版了《文明的冲突与世界秩序的重建》一书,系统地提出了"文明冲突"这一国际政治研究范式。他说:

> 本书的主题是文化和文化认同(它在最广泛的层面上是文明认同)形成了冷战后世界上的结合、分裂和冲突模式。①

此后国际政治的主要行为者将是文明的核心国家,而不是民族国家。文明是人类的终极部落,文明的冲突是全球规模的部落冲突。亨廷顿认为,东亚经济实体的迅速成长使得儒家文明成为了西方文明在冷战结束后所面临的最严重挑战,西方国家的普世主义日益把它引向同其他文明的冲突,最严重的是同伊斯兰和中国的冲突。关于文明的未来,亨廷顿认为:

> 西方的生存依赖于美国人重新肯定他们对西方的认同,以及西方人把自己的文明看作独特的而不是普遍的,并且团结起来更新和保护自己的文化,使他免受来自非西方社会的挑战。②

这就是所谓"文明冲突论"的主要内容。

从政治的角度看,这显然是基于美国人的单边立场在考虑问题,西方人的生存为什么一定要依赖于美国人重新肯定他们对西方的认同,而不是法国或者德国。进一步从文化的角度看,这是一个西方文化中心论,他的

---

① 亨廷顿:《文明的冲突与世界秩序的重建》,新华出版社2002年版,第4页。
② 亨廷顿:《文明的冲突与世界秩序的重建》,新华出版社2002年版,第5页。

分界很清楚:西方和非西方。这同时也意味着,以亨廷顿为代表的西方学者已经意识到西方文明不具有普适性,世界原本就是一个多文明的世界。亨廷顿的这个问题的提出,也意味着文明对话的问题,从学术界、宗教界扩展到包括国际政治领域的整个知识界。

无论是从世界其他国家的人民的普遍要求来看,还是从美国的单边主义的立场来看,都要求文明对话。这就说明,文明对话是世界人民的普遍要求,应该成为世界范围的主流话语。显然文明对话的前提是承认文明的多样性,而不是西方文明中心论。这个前提原本就是一个不言而喻的事实。但是这一事实前提并不能必然导致文明对话。因为如果西方文明具有普适性,那么其他的文明就只有向它学习的份,对话就是多余的。

地球村的村民这么强烈地要求文明对话,那么对话的目的何在?首先就是避免有可能出现的文明冲突。虽然文明冲突论只是亨廷顿个人的观点,充其量也只能代表少数西方人的看法,但是谁又敢保证以文明为旗帜的冲突就一定不会出现呢?在防患于未然的意义上,是基本可以同意亨廷顿在《文明的冲突与世界秩序的重建》的中文译本的序言中说:"我所期望的是,我唤起人们对文明冲突的危险性的注意,将有助于促进整个世界上'文明的对话'。"这也可以说是文明对话的目的之一吧。海外的新儒家学者杜维明对文明对话的期望就更积极更富于理想色彩。他说:

> 文明对话的目的就是面对现在人类所碰到的困境,包括生态环保、暴力、核战等各方面的问题,使轴心文明的智慧能够在更广大的领域展开,并且使它不要走向霸权。①

就算亨廷顿的冲突论是子虚乌有,杜维明的期望太过理想,文明对话至少可以增进相互了解,在了解的基础上促进相互的信任,从而为构建和

---

① 杜维明:《对话与创新》,广西师范大学出版社 2005 年版,第 43 页。

平世界提供文化基础。因为没有充分的相互了解,就会造成隔膜、无知和傲慢,这就是偏见和仇恨的根源。

虽然人们要求对话的目的多种多样,但对话的愿望则是相同的。那么对话的基础又是什么呢?显然从亨廷顿的立场是很难找到这样的基础的,因为这是从美国的单边立场出发。世界伦理宣言指出,在每一个宗教传统中都可以找到同一个原理的不同表达。刘述先的翻译如下:

> 经历数千年,在人类许多宗教与伦理传统之中都可以找到下列原理,并不断维持下去,即:"己所不欲,勿施于人。"或者用积极方式来表达:"己之所欲,施之于人。"这应该是通于生活的所有领域——家庭与社区、种族、国家与宗教的不可取消的、无条件的规范。①

可以认为世界伦理宣言找到了各个文明最基本的会通原则。文明对话的基础就是孔子的恕道:己所不欲,勿施于人。《世界伦理宣言》虽然得到多个宗教团体与领袖的支持,但毕竟不是所有的宗教团体都接受,所以未能最终签署,这本身就表明了文明对话的紧迫性和艰巨性,也表明了世界上的各个文明之间有着巨大的差异性。

二、文化创新

文明对话必然要求文化创新。如果大家坚守壁垒采取极端的民族主义甚至于原教旨主义立场,拒绝文化创新,那么文明对话则无法进行。那么世界将永远处在隔膜之中,偏见与仇恨将不可避免,这绝对违背今天每一个地球人的意愿。因此每一个传统必须先对自己作出深刻的批评与反思,有了某种程度的自我超越,然后才能寻求传统之间的会通。

---

① 刘述先:《儒家思想开拓的尝试》,中国社会科学出版社2001年版,第109页。

文明对话必将促进文化的创新。随着对话的展开和深入，各个文明之间就必须相互阐释彼此的核心理念，在这个相互格义的过程中，某个文明的核心理念就会被其他文明用不同理念以及语言进行阐释，其核心理念也在这个扩容的过程中，有了多种发展的可能性。文化就在相互学习的过程中得到创新和发展。

那么中国文化如何在文明对话的背景下进行创新呢？首先，应该找到一个文化创新的出发点。既然孔子的恕道（己所不欲，勿施于人）是当今世界文明对话的基础，那么中国文化的创新完全可以用孔子思想的核心："仁"，作为出发点或者说逻辑原点，抛开一切的所谓中、西、体、用，以两千五百多年前的轴心文明的智慧为借鉴进行文化创新。这就涉及孔子的仁道和恕道的关系。

孔子的恕道思想，也就是"己所不欲，勿施于人"对于文明对话的意义无需多言，而对于孔子的仁道思想对于文明对话和文化创新的意义却鲜有论及。然而，大家知道，孔子的核心思想是"仁"。我们不能因为别人认为孔子的恕道是世界伦理的"金律"，是建构世界伦理的出发点和基本原则，就说孔子的核心思想是恕道："己所不欲，勿施于人。"这将让我们又一次被别人牵着鼻子走。"己所不欲，勿施于人"所表达的是处理己他关系的原则，确实是构建世界伦理的好原则，但是，人们凭什么来决定己之所不欲以及己之所欲呢？这得依据仁道，也就是，仁者爱人和亲亲、仁民、爱物。也就是说，孔子的"仁"是其思想核心。有了"仁"的人性光辉，人们才能更好地处理己他关系，更加理性地进行文明对话。

为什么孔子的仁道思想可以作为今天文化创新的出发点呢？从历史的角度看，儒家文化作为中国传统文化的主流，如果儒家文化不能创新，那么中国文化的创新就很难成立。儒家文化要创新，理所当然是儒家的创始人孔子的核心思想。从哲学的角度来说，一切文明皆为人类所创造，人性本身是一切创造之源，文化创新的出发点就应该回到人性本身，而孔子的仁道穿越时空地域,永远闪耀着人性的光芒,只有在"仁"的人性光芒的照耀下,人们才能更好地发展自己的文化,更加理性地进行文明对话。

在这个人类历史上前所未有的时代,文化创新有着不同以往的意义。它既要承继轴心文明的智慧,进行文化融合,同时它也要抛开沉重的历史负担,摆脱中西体用的纠缠,还原到人性本身进行文化创新,只要不是原教旨主义者,就应该学习其他文明的优秀文化,吸取有益的元素。西方文化中心论在今天被拒斥,别人也没有任何理由把他们的观念强加在我们头上,我们也没有理由不珍视我们自己的伟大悠久的中华文明。因此,我们可以用"己所不欲,勿施于人"进行文明对话,用孔子的仁道进行中国文化的创新。

文化总是处在一个发展变化的过程之中,也就是说,文化总是在不断创新。但是今天的文化创新却不同以往。至少在文明多样性的前提下,今天的文化创新,在文化视域上可以抛弃中西体用的纠缠。而这些纠缠曾经让我们举步维艰,只要简单回顾历史就可以看出来。

近代以来,中国文化的创新大致可以分为两个阶段:清朝末年为了"师夷之长技以制夷"学习西方的科学技术,其标志性的口号就是张之洞的"中体西用",作为这一文化创新的继续,民主革命的先行者孙中山引入西方的民主思想,建立了民国,学习西方的民主,而未得其真,似是而非,一直没能实现真正的民主。陈独秀、毛泽东等向苏俄学习,引入马克思主义,但教条的马克思主义失败了,中国的马克思主义——毛泽东思想在中国取得了成功,如果抛开意识形态,仅就文化层面而言,完全可以说,中国人一直走在文化创新的道路上,但是这中间总是有中、西、体、用的纠缠。也就是说,中西文化谁为主体的问题。在文明对话的前提下,这个问题已然自行消解。这是因为文明对话是以文明的多样性为前提的,必然拒斥所谓的全盘西化,也就摆脱了中西体用的纠缠。

找到了出发点,并不意味着问题的解决,在文明对话的背景之下,中国

中国文化的再展开

文化的创新又该如何展开呢？应该看到，中国文化在一个多元现代化、全球化和本土化复杂互动的时代，有了新的发展契机。这一契机就在于我们可以理直气壮地加强本土化，守住自己的根，然后必须面向世界，应对全球化。本土化和全球化的良性互动就可以让中国健康地发展自己的现代化。

近代以来的中国文化的发展过程中遇到的一个核心问题就是科学和民主。在西方文化中心论的前提下，此问题就是中国文化为什么没有看出科学和民主？这也就是五四时期所谓德先生和赛先生，以胡适为代表的激进派主张全盘西化，才能接受科学和民主，而以新儒家为代表的保守派认为中国文化可以发展出来科学和民主，即内圣开出新外王，最为典型的就是牟宗三的"良知坎陷"说。主张不同，但前提是一样的，那就是西方近代产生的科学和民主具有普适性。

在文明多样性的前提下，这个问题的解决则有了新的契机。文明多样性在一定程度上意味着各个文明都有自己的特点，也可能都有自己的某些普适价值，也意味着每一个文明都不是完备自足的。比如在科学的问题上，完全可以认为，中国有自己的科学，中医学就是其最好的代表，这并不意味着我们拒斥西方的近代科学，而是说科学有不同的表现形态。同时也应该看到以下几点：首先，西方的近代科学本身就是一个双面刃，是有利也有弊的，可以毁灭全人类的原子武器是科学造出来的，环境问题、人口问题也都与科学有关。其次，由于近代科学的发展给人类带来巨大的物质利益，科学也由事实领域侵入到价值领域，科学主义泛滥，各种信仰几乎都遭到毁灭性的打击。第三，西方近代科学主客二分的思维模式本身也是有问题，这一点西方的后现代思潮已经给予了猛烈的批判。总之，西方的近代科学在事实上不是万能的，在模式上也不应该是唯一的。

关于民主，可以看到，民主的制度模式不是唯一的，英国是君主立宪制的民主，美国是代议制的民主，其次，民主思想也不是唯一的，在英国，实用主义、经验主义和怀疑论等传统在起作用，德国的突出特色则是理性主义、民族主义和民族自尊,法兰西的民主则体现着反教会、人文主义和革命精神。这就意味着中国完全可以发展出独具特色的中国式的民主。

总而言之,文明对话必然要求各个文明进行文化创新,我们可以用恕道进行文明对话,用孔子的仁道进行我们自己的文化创新,当然仁道和恕道应该是内在一致的,对话与创新可以并行不悖。

第三篇 中国文化的再展开

从种种迹象判断,中国文化已经度过了寒冬,可以说已经是贞下起元、一阳来复了,伴随着中国经济的快速强力崛起,国人对中国文化的信心也必将随之增强,一浪高过一浪的国学热就说明了这一点。但是,民主制度与市场经济并不能有效解释中国的快速强力崛起,至少到目前为止,我们从西方所引入的各种各样的解释系统都没有很好地说明这个问题,当然仅仅靠中国传统也不可能解释现代中国的快速强力崛起,但不可否认的是,中国这么大一个经济体的快速强力崛起,它后面一定有自身的文化内涵,因此,需要融贯中西文化形成一种新的解释系统,这就涉及中国文化的再展开。

回顾历史可以发现,中国文化大致可以分为三个阶段:

从上古至东汉,中国文化是自我形成、自我发展、自我完善的,在此期间,形成众多的学术流派,西汉刘歆的《七略·诸子略》,将先秦和汉初诸子学派分为十家,即:儒、墨、道、法、阴阳、名、纵横、杂、农、小说家,并分别指出其学术渊源及主要特点。十家中小说家属于艺文,除去不算,称为九流。在诸子百家的争鸣之中,由孔子开创的儒学经过孟子、荀子以及董仲舒等诸大儒的努力,从百家之中脱颖而出,在汉武帝时,"罢黜百家、独尊儒术",儒学取得了在中国文化中的主流地位,自此以后,在中国文化中,儒学与其他的学派形成了一种主从关系。这可以说是中国文化的形成期,其传播范围主要在中华大地。

自东汉至清季,中国文化主要与以佛学为代表的印度文化相激荡,一是形成了以禅宗为代表的中国佛学;二是道家也得到了长足的发展,产生了魏晋玄学,隋唐的重玄学等新的思想形态,其间道教的外丹、内丹也很可观;然后是宋明理学的形成与发展让儒学稳住了在中国文化中的主导地位。这期间基本是儒、释、道三教共存,而以儒为主导。是为中国文化的第二期,这是应对外来文化的初次展开,主要内容是关于"内圣"的,影响波及东南亚,形成了一个汉字文化圈,亦曾传播到欧洲等世界的其他地域。

自清末迄今,中国文化主要受到西方文化的磨砺,主要内容就是科学和民主,这是关乎外王的。虽然西方文化早已传入中国,但其撼动中国文化的时间则是在清朝末年。清末的洋务运动主张"中体西用",想仅仅学习西方的科学技术而图自强;而维新变法开始触及中国传统的政治文化;孙中山引入西方的民主思想,形成了他的新旧三民主义;中国共产党学习和发展了马克思主义,成就了毛泽东思想、邓小平理论,短短百多年,变化多端,这说明,东西方文化的交流与融合正在逐步走向深入,时下马克思主义中国化研究的热潮,也是这种文化融合走向深入的表现。

那么我们是否可以进一步追问:儒学能够凤凰涅槃、浴火重生,再次稳住中国文化的主导地位吗?如果中国文化能够做到这一点,方可以称之为中国文化的第三期,是为中国文化的再展开。而这次的思想视域是全球性的。

一、中国文化的初次展开

从上述回顾可以发现,中国文化有着丰富的内涵,亦有其自身独特的文化个性,同时,中国文化也是开放的、发展的,这从中国文化的初次展开中就可以清楚地看出来。中国文化的初次展开,是因为佛学的传入。印度佛学产生于公元前五世纪左右,公元前三世纪前后,在孔雀王朝的全盛时期,开始向中亚各国传播,传入中国的时间约在公元二世纪左右,具体时间现无定论,最早明确记载佛教传入的典籍是《三国志·魏书·东夷传》。

佛教的传入,首先固然是当时的社会需要,但更重要的是,接受了中国文化对它的改造，推动了中国自身传统文化对它的接纳和认同，如此佛教才得以在中华大地广泛传播。佛教初传中国，便在思想上依附道家，尤其是黄老道，在魏晋时间亦曾与玄学相磨荡。从汉朝到魏晋南北朝时期，中国文化对佛教的吸收，经历了一个从"格义"到"得意"的过程，汤用彤先生说，佛教初传中国，由于文化观念不同，"初均抵牾不相入"，"乃以本国之义理，拟配外来思想"，"所以有格义之方法兴起"，"殆文化灌输甚久，了悟更深，于是审知外族思想自有其源流曲折遂了然其毕竟有异"，"格义自卫不必要之工具矣"。① 从"格义"到"得意"的转变，鲜明地表现了佛教与中国文化由概念的拟配到思想的融会贯通这样一个过程，其结果便是"六家七宗"的出现。

佛教在中国进一步传播的结果就是中国佛学的产生和发展壮大，在隋唐的鼎盛时期产生了唯识宗、天台宗、华严宗以及禅宗等著名佛教宗派。以慧能的《坛经》为代表的中国佛学经典的出现，代表着中国佛学的成熟，意味着中国文化不仅能够很好地吸纳印度文化，而且还能发展之。这里，应该很清楚地意识到，中国佛学不是印度佛学的简单的翻版，吕澂先生明确说："总之，我们不能把中国佛学看成是印度佛学的单纯'移植'，恰当地说，乃是'嫁接'。两者是有一定距离的，中国佛学的根子在中国而不在印度。"②应该说，中国佛学是中国文化初次展开的成果之一。但是，仅只如此还是不够，还得说到中国文化初次展开的成果之二：宋明理学。

要说到这第二个成果，不得不提到韩愈，对于中国文化的初次展开而言，韩愈的思想尤其是《原道》有特别重要的意义，下面尝试分析之：

> 博爱之谓仁，行而宜之之谓义；由是而之焉之谓道，足乎己无待于外之谓德。仁与义为定名，道与德为虚位。……今其法曰："必弃而君臣，去而父子，禁而相生养之道。"以求其所谓清净寂灭

---

① 汤用彤：《汉魏两晋南北朝佛教史》第九章，中华书局1988年版，第168页。
② 吕澂：《中国佛教源流略讲·序论》，中华书局1979年版，第4页。

者。……《传》曰:"古之欲明明德于天下者,先治其国;欲治其国者,先齐其家;欲齐其家者,先修其身;欲修其身者,先正其心;欲正其心者,先诚其意。"然则古之所谓正心而诚意者,将以有为也。今也欲治其心,而外天下国家,灭其天常,子焉而不父其父,臣焉而不君其君,民焉而不事其事。孔子之作《春秋》也,诸侯用夷礼则夷之,进于中国则中国之。……曰:斯吾所谓道也,非向所谓老与佛之道也。尧以是传之舜,舜以是传之禹,禹以是传之汤,汤以是传之文、武、周公,文、武、周公传之孔子,孔子传之孟轲。轲之死,不得其传焉。荀与扬也,择焉而不精,语焉而不详。由周公而上,上而为君,故其事行;由周公而下,下而为臣,故其说长。然则如之何而可也?曰:不塞不流,不止不行。人其人,火其书,庐其居,明先王之道以道之,鳏寡孤独废疾者有养也。其亦庶乎其可也。①

韩愈先说了自己对仁义道德的理解,然后从理论上批判佛老"弃君臣,去父子,以求其所谓清净寂灭"之道,接着他从中国文化传统发掘出《大学》的三纲八目作为依据,批判佛老是"欲治其心,而外天下国家,灭其天常",为了增强说服力,他进一步创造了一个"道统说",认为自己继承的就是从尧舜到文武周公再到孔孟的内圣外王之"道"。

韩愈的思想难说精微,也有人批评说,对于形而上者,韩愈是有所不知的。但是应该看到,固然韩愈对于形而上者有所不知,但并非完全不知的,实际上韩愈有着深刻的思想感悟,比如,他用家国天下之外王来批评佛老,却认为专论此道的荀子与杨雄"择焉而不精,语焉而不详",而对孟子情有独钟,认为是孟子而不是荀子接续了道统,开启儒学的心性论传统。自韩愈而后,孟子在中国文化中的地位得以急剧提升而成为亚圣,《孟子》最终

---

① 韩愈:《韩愈文集》,人民文学出版社1980年版,第216—219页。

也成为儒家十三经的最后一部经典。不仅如此，韩愈从传统经典拈出的《大学》也从此而受到重视，直至成为四书五经之首。

我个人认为，韩愈实际上指出了中国文化后来的发展路径，那就是，中国文化要想很好吸纳印度文化，应该是内圣不离外王，但是重点在于发展儒家的内圣之学。看宋明理学后来的发展进程就可以很清楚地看出这一点。

儒家讲格物致知正心诚意的时候是不外家国天下的，在所谓本体论的意义上持"有"的立场，在"有"的立场上如何吸收佛老"无"的智慧就是宋明理学的主题之一，应该说，这个问题到王阳明这里才从理论上得到彻底解决。

在宋明理学中，先是张载用变化多端且具有物质属性的"气"来对治佛家之空，道家之无。他说："气之聚散于太虚，犹冰凝释于水。知太虚即气，则无无。"（《正蒙·太和》）他的意思就是说，如果我们知道太虚是由气构成的话，那就没有"无"。在张载的气本体论之后是二程和朱子的理本体论，朱子说：

> 天地之间，有理有气，理也者，形而上之道也，生物之本也。气也者，形而下之器也，生物之具也。是以人物之生，必禀此理然后有性，必禀此气然后有形。①

如果说张载气本体是从形而下的角度应对佛家的无本体的话，那么程朱理学的理本体则是直接从形而上的角度与佛家的无本体相反对，显然后者进了一层。

最后到了王阳明这里，则是采取釜底抽薪的办法，以儒家本有的"无"的智慧来收摄佛老之"无"。王阳明说：

---

① 《答黄道夫》，《朱文公文集》卷五十八。

> 仙家说到虚,圣人岂能虚上加得一毫实?佛氏说到无,圣人岂能无上加得一毫有?但仙家说虚,从养生上来;佛氏说无,从出离生死苦海上来:却于本体上加却这些子意思在,便不是他虚无的本色了,便于本体有障碍。圣人只是还他良知的本色,更不着些子意在。良知之虚,便是天之太虚;良知之无,便是太虚之无形。①

这里的意思是说,佛家说到"无",儒家也不能在无上加得一点点"有",道理很简单,加得一点点"有"便不再是"无",但道家说虚,从养生上来的,用的虽然是清静无为之法,但却执著于养生了,佛家从出离生死苦海上来说"无",其法门众多,但慧定双修,修的就是心,六根清净,清净的是心,六道轮回,轮回的也是心,总而言之,佛家是"空现象不空本体",所以,王阳明说佛老"却于本体上加却这些子意思在,便不是他虚无的本色了"。他接着说:"圣人只是还他良知的本色,更不着些子意在。"

下面进一步看王阳明怎么理解儒家"无"的智慧。《论语》中记载有:"子绝四:毋意,毋必,毋固,毋我。"(《论语·子罕》)《传习录》中有一段对话,

> 问:"孔门言志:由、求任政事,公西赤任礼乐,多少实用;及曾皙说来,却似耍的事,圣人却许他,是意何如?"曰:"三子是有意必,有意必便偏着一边,能此未必能彼;曾点这意思却无意必,便是'素其位而行,不愿乎其外','素夷狄行乎夷狄,素患难行乎患难,无入而不自得'矣!三子,所谓'汝器也';曾点,便有'不器'意。然三子之才,各卓然成章,非若世之空言无实者,故夫子亦皆许之。"②

---

① 王守仁:《王阳明全集·传习录下》,吴光等编校,上海古籍出版社1992年版,第106页。
② 王守仁:《王阳明全集·传习录上》,吴光等编校,上海古籍出版社1992年版,第14页。

所以阳明说:"圣人之学,以无我为本。"(《别方叔贤序》)又说:"诸君常要体此,人心本是天然之理,精精明明,无纤介染著,只是一无我而已;胸中切不可有,有即傲也。古先圣人许多好处,也只是无我而已。"①

融贯儒释道的牟宗三先生曾说:"王学一出,佛教就衰微而无精彩了。"②牟先生的这个判断从一个侧面表明,王阳明在继承宋明诸儒成果的基础上,最后在所谓形而上的角度完成了对佛学的消化吸收,再次稳住了儒学在中国文化中的主导地位。

从中国文化的初次展开中可以看出:首先,中国文化自身的特点是在与外来文化交流与融合中展现出来的,那就是内圣不离外王;其次,中国文化是开放而非故步自封的;最后,中国文化本身就是多元的,有多种资源应对外来文化的冲击,但也是有其核心和灵魂的,儒学就是她的核心和灵魂。

二、中国文化的再展开

中国文化的第一次展开经历了一个从"格义"到"得意"的过程,显然中国文化的再展开也要经历同样的过程。但这次"格义"不同以往的是,这次是双向格义同时进行的,一方面是中国文化对西方文化的"格义",另一方面西方文化也在进行着对中国文化的"格义",是为双向格义。中西文化的双向格义是伴随着基督教的传教活动开始的。

基督教初传中国是在唐贞观年间,时称"景教"。第二次传入是在元代,当时称为"也里可温教",由于元朝的势力直至欧洲,元代的基督教是得到罗马教廷认可的。但这两次都没有留下什么影响,明清之际基督教第三次伴随着西方学术的传入,才对中国文化有些影响。

基督教在第三次传入之初就发生了所谓的"译名之争",主要是关于拉丁文"Deus"如何翻译成中文的争论,"Deus"在基督教中,是全知全能全在的真神,是天地万物唯一创造者和主宰者。开始有人主张音译为"陡斯",

---

① 王守仁:《王阳明全集·传习录上》,吴光等编校,上海古籍出版社1992年版,第125页。
② 牟宗三:《中西哲学会通十四讲》,上海古籍出版社1997年版,第19页。

壹 中国文化的再展开

但这让中国人不明就里，不利于在中国传教，因此，罗明坚、利玛窦便翻译为"天主、上帝、天"等词语，反对派认为，在中文中，上帝没有造物主的含义，天也可以是"苍天"，所以应该废除，有人主张中文没有"天主"一词，也就不存在用中国固有观念诠释基督教最高真神的问题，可以采用。

如果说"译名之争"仅限于传教士内部，是西方文化对中国文化的"格义"，那么"礼仪之争"，就是"双向格义"的结果，由于在1645年罗马教廷的传信部颁发命令"禁止中国教徒参加祭祖、祭孔等礼仪活动"，康熙批示："尔教王条约与中国道理，大相悖戾，尔天主教在中国行不得，务必禁止。"[①]自此而后清朝采取了"节取其技能，而禁传其学术"[②]的基本国策，直至清末的洋务运动。这次"双向格义"以失败告终，由此中断了中西方文化交流。

在中国，"礼仪之争"中断了中西文化交流，中国学习西方技能的愿望基本落空，而在欧洲，却引起了宗教界、思想界对中国文化的关注，并掀起了一股"中国风"。四书五经最早是由利玛窦介绍到欧洲的，至1592年底，利玛窦将四书翻译成了拉丁文，传教士们也对其他一些中国文化典籍进行了介绍和翻译，引起了欧洲学术界的关注，从而对欧洲学术的发展产生了积极的影响，欧洲学术界从中国儒学中所得到的收获，突出表现于哲学、政治学、伦理学领域。顾立雅在他的《孔子与中国之道》一书的开头明确说：

> 众所周知，哲学的启蒙运动开始时，孔子已经成为欧洲的名人。一大批哲学家包括莱布尼茨、沃尔夫、伏尔泰，以及一些政治家和文人，都用孔子的名字和思想来推动他们的主张，而在此进程中，他们本人亦受到了教育和影响。法国和英国的实情是，中国在儒学的推动下，早就彻底废除了世袭贵族政治，现在儒学又成为攻击这两个国家的世袭特权的武器。在欧洲，在以法国大革命为背景的民主理想的发展中，孔子的哲学起到了相当重要的作

---

① 顾卫民：《中国基督教编年史》，上海书店出版社2003年版，第253页。
② 《四库全书总目》上册，中华书局1965年版，第1081页。

用。通过法国思想，它又间接地影响了美国民主的发展。①

但是应该注意到，中国文化对他们的影响只是一种借鉴。近年来，东西方学者开始探讨中国文化西传欧洲的问题，张成权、詹向红两位对这些研究做了"综述"，他们认为：

> 欧洲对中国、对儒学的兴趣，主要来自两个方面的需要：一是在现实世界找出一个由理性支配的国家，作为欧洲的参照；而是用理性主义态度挣脱基督教的枷锁。……在欧洲人的"他者"与"自我"的分际中，中国始终是"他者"。所以当他们抛弃中国和儒学之后，又回到古希腊—罗马去找寻欧洲文化的源头。在他们心目中，那里才是他们真正的根。②

他们还认为："儒学在欧洲的命运，恰好与它在中国的相反，当社会处于变革时期，人们大多肯定它，而当社会变革时期过去，人们对它就不那么看好。"③这恰恰说明了文化交流与融合中的一个现象，当社会进行变革的时候，往往会在可能的条件下，从不同质的文化那里寻找能够支持社会变革的思想资源作为借鉴；当社会稳定的时候，他们又会回到自身的文化传统，毕竟对自身文化传统的认同更有利于社会的稳定。西方启蒙运动借用儒学的理性主义态度挣脱基督教神本主义的枷锁，中国近现代学习西方的科学和民主都是如此。

由于这一次是"双向格义"，对"格义"也就提出了更高的要求。先是严复先生提出了"信、达、雅"的三个条件，基本满足这三个条件的就是合格的翻译，这是翻译的一般原则，对于哲学思想方面的翻译，陈康先生进一步提

---

① 顾立雅：《孔子与中国之道》，高专诚译，山西人民出版社1992年版。
② 张成权、詹向红：《1500—1840 儒学在欧洲》，安徽大学出版社2010年版，第308页。
③ 张成权、詹向红：《1500—1840 儒学在欧洲》，安徽大学出版社2010年版，第12页。

出了自己的看法,他在解释了严复"信、达、雅"的三个条件之后说:

> 如若我们再统观这三个条件,我们可以发现,这里有一个缄默的假设。……即翻译只是为了不了解原文的人的。……在学说方面有价值的翻译,同时是了解原文的人所不可少的……如若一种翻译在学说方面是有价值的,凡遇着这一类问题时,读者皆可从它看出,译者的看法怎样。……希望他对我们表示他对这一问题的看法,以扩充我们的眼界,以便自动地解答问题。……也能使欧美的专门学者以不通中文为恨(这决非原则上不可能的事,成否只在人为),甚至因此欲学习中文,那时中国人在学术方面的能力始真正的昭著于全世界;否则不外乎是往雅典去表现武艺,往斯巴达去表现悲剧,无人可与之竞争,因此也表现不出自己超过他人的特长来。①

陈康先生的看法很有见地,欧美哲学思想的翻译当然是为了不了解原文的人而做的,同时翻译也是为欧美的专门学者准备的,首先翻译者对这些思想有很深入的研究,有自己独特的看法,是专门学者必须要了解的,这是对翻译者学术研究的要求,即是说,格义者必"得意"。其次,翻译也必然蕴涵了一个文化对外来哲学思想的理解与阐释,这也是专门的学者所希望了解的。如果中国文化对西方文化的学习要从"格义"到"得意"的话,这样的翻译是必不可少的,进一步,如果文化的交流与融合是大势所趋的话,这样的翻译与研究也是题中应有之义。

这次的"双向格义"也确实呈现出了不同以往的形态。一方面,中国对西方文化的格义产生了中国的自由主义、演变中的中国式民主和中国的马克思主义;另一方面,出现了"文化中国"的概念,文化中国圈以海外新儒家

---

① 陈康:《巴曼尼得斯篇》序,商务印书馆1982年版,第8—10页。

为主体,也出现"波士顿儒学"(Boston Confucianism),他们自称为"儒家的基督徒"(Confucian Christians),"波士顿儒学"其实往往就是指南乐山、白诗郎所代表的纯粹西方人士对于儒学的理解、诠释和建构。① 还有安乐哲(Roger Ames)、郝大维(David Hall)将儒学作为一种理论资源与美国本土的实用主义相结合进行新建构的尝试,当然还有欧美汉学家对中国文化进行的所谓客观性研究。这与曾经盛行一时的"冲击—反应"模式对中国文化的研究是不一样的,这个模式是西方文化中心论的产物。还有中国在海外开办的孔子学院、孔子中医学院等等。

通过以上事实,可以看出,中国文化的第二次展开与第一次展开只涉及宗教不同,这次的再展开是从外王到内圣全面的交流与融合,其地域也不仅仅是中国本土,而是全球范围的,参与的也不仅仅是宗教界的人士,而是包含了政治、文化、经济以及科技等各种人群。

三、中国文化再展开的理路和任务

这也表明,中国文化再展开的总体框架仍然是内圣不离外王,如果说上次内圣外王的理路仅仅限于学术层面,那么这一次则是实实在在的内圣外王的全面展开。就新内圣而言,如何重建信仰就是首要的问题。启蒙运动之后,理性主义盛行,信仰难以植根,各大宗教花果飘零。由于启蒙理性实际上代表的是一种世俗的人文精神,很难完成道德劝善,缺少终极关怀。在今日,儒学对于重建信仰当有所作为,因为儒学比其他宗教更理性一些,能够与理性主义相融合。

这一点从利玛窦对儒学的看法中就可以看出来,他认为:第一,儒学"承认和崇拜一位最高的天神"——天帝,它"还教导说,理性之光来自上天,人的一切活动都必须听从理性的命令";第二,儒学的信条中包含一种"善有善报、恶有恶报的学说",尽管只是把报应局限于现世,而且只适用于

---

① 彭国翔:《儒家传统与中国哲学:新世纪的回顾与前瞻》,河北人民出版社 2009 年版,第24页。

干坏事的人并按他们的功过及于其子孙;第三,它"不大怀疑灵魂不朽",因为他们常常谈到死去的人,说他们上了天;第四,在儒学著作中,详尽地解说了仁爱的第二戒:"己所不欲、勿施于人";第五,"儒家这一教派的最终目的和总的意图是国内的天平和秩序。他们也期待家庭的经济安全和个人的道德修养。他们所阐述的箴言确实都是指导人们达到这些目的,完全符合良心的光明与基督教的真理"。①

从上述利玛窦的论述可以看出,儒学包含了宗教的基本要素,但重要的是,儒学更理性一些。这就是说,在启蒙理性之后,儒学可以为信仰植根,对于重建信仰大有可为。

就新外王而言,民主思潮进入中国已有百多年的时间了,但中国社会与民主总让人觉得有些扞格。究其原因,我认为民主政治是以"不破不立"的方式强力进入中国的,没有经历中国文化从"格义"到"得意"的过程,所以融入中国社会有些困难。这就需要从中国文化内部顺理成章地推出民主思想的要素来,并与西方的民主思想相比较,成就有中国文化特色的民主思想和民主政治。从民主在全球范围的发展来看,每个国家在接受和实践民主的过程中,都经过了本民族文化的损益,也做了符合本国国情的调整。中国也应如此,眼下中国的改革进入了政治改革的深水区,对这一问题的研究和探讨尤为迫切。

对于科学不得不说的是,植根于西方文化的西医并不能解释产生于中国文化中的中医的有效性,这意味着西方的认识论范式并不能涵盖中国传统的认识论模式,因此,需要在元认识论层面,研究新的学术范式,以说明中西医各自的有效性及有限性。这个问题也应该在中西方文化的"双向格义"中开展起来,中国在海外的孔子中医学院之开办,欧美对中医中药研究的开始,都是解决这一问题的新契机。

时下中国文化的任务,首先是要解释中国经济的快速强力崛起,因为

---

① 【意】利玛窦、【法】金尼阁:《利玛窦中国札记》,何高济等译,中华书局1983年版,第99—104页。转引自张成权、詹向红:《1500—1840儒学在欧洲》,安徽大学出版社2010年版,第132页。

民主、自由、市场经济、马克思主义以及中国文化的单一因子都不能很好地说明这一现象。而说明中国经济的崛起对中国、对世界都有非常重要的意义。对于中国而言,合理解释中国经济的崛起,有利于中国下一步的发展,如果这一步都没有解释清楚,那么下一步就会陷入盲目和被动。对于世界而言,解释了中国的崛起,可以为后发国家乃至于发达国家提供参照。

其次,由于中国文化的再展开是与全球化相伴随的,所以中国文化不仅应该思考本国的问题,也应对国际关系问题提出不同于西方的理念并付诸实践。现代世界,西方国家往往打着民主、自由、人权乃至人道主义的旗号干涉他国内政,局部战争不断,从根子上,这是西方文化中心论在作怪。而中国文化,无论从历史到现在,其理念和做法则完全不同,在历史上,利玛窦对此有敏锐的观察,他说:

> 虽然他们有装备精良的陆军和海军,很容易征服邻近的国家,但他们的皇上和人民却从未想过要发动侵略战争。他们很满足于自己的东西,没有征服的野心。在这方面,他们和欧洲人很不相同,欧洲人常常不满意自己的政府,并贪求别人所享有的东西。西方国家似乎被最高统治权的念头消耗到筋疲力尽,但他们连老祖宗传给他们的东西都保持不住,而中国人却已经保持数千年之久。①

四百多年前,切身感受到中西文化差异的利玛窦之真知灼见,在后来的历史进程中得到了印证,最先发展起来的英国曾殖民全球,号称"日不落帝国","被最高统治权的念头消耗到筋疲力尽",但最终差点连老祖宗传给他们的东西都保持不住。试问今日充当"国际警察"之美国又将如何?阿富汗战争之后,在没有得到联合国授权的情况下,就悍然发动伊拉克战争,

---

① 【意】利玛窦、【法】金尼阁:《利玛窦中国札记》,何高济等译,中华书局1983年版,第58—59页。

时下又主导对利比亚的空袭,随后又不得不把指挥权交给北约,因为美国已经感到了"精疲力竭"的滋味。

而中国则采取了完全不同的对外策略,从周恩来的"和平外交五项基本原则"到邓小平的"韬光养晦",再到今天"和谐世界"观念与实践,这和中国历史上,虽有装备精良之军队,却从未想过要发动侵略战争,以及"厚往薄来"善待邻国的做法一样,都渊源于中国文化中主张"悦近来远",反对"以邻为壑"的思想。这也就是说,中国文化完全可以提供一种不同于西方处理国际关系的观念和实践。

综上所述,中国文化的再展开是从内圣到外王的以"双向格义"的方式全面展开的,这就注定了其视野是世界性的,其地域是全球范围的。就新内圣而言,它面临着重建信仰的重任,这需要深入的文明对话和文化融合,就新外王来说,仅仅靠学习西方的民主是不够的,还需要从中国文化传统中发掘民主的思想资源,科学问题则需要从元认识论层面整合中西方文化资源。而时下紧迫的任务是合理解释中国的快速强力崛起,其次是提供一种不同于西方处理国际关系的观念和实践,这对当今世界来说是福音。

贰 先秦儒家的正义思想研究

第一篇　论儒家正义思想的形成①

一、"义"字考

在西学东渐的背景下,人们谈论政治哲学时,言必称"正义",而众所周知,自由主义者和新左派所谈论的这个正义(Justice)观念乃是西方的舶来品。那么,中国传统文化,尤其是儒家思想中,有没有正义思想呢?如果有,它是什么呢?我们认为,它就是"义"的范畴。在中国文化,尤其是儒家思想中,义是一个很重要的范畴。在儒家的"仁义礼智"四个基本范畴中,义对勾连仁和礼至为关键,起着重要的内外转换作用;不仅如此,义的观念对塑造中国人的道德直觉起了很重要的作用。那么,儒家的正义思想是如何形成的呢?它和现代正义观念的关联又是怎样的呢?中国这个历史悠久的文明古国号称"礼仪"之邦,礼仪之"仪"和"义"又有什么关联?要回答这些问题,当然要从"义"字本身开始,厘清它的基本含义及其假借义和引申义的演变。

"義"在甲骨文中有二十几种写法,一是因为"羊"和"我"的写法在甲骨文中多种多样,二是"羊"和"我"的搭配方式不同,有"羊"在"我"的上面、左面、右面三种,但没有"羊"在"我"下面,这似乎可以看出"義"在上古的时候确实与原始的宗教祭祀仪式有关,写法虽然多样,但从"羊""我"是一定的。②故许慎

---

① 原载《原道》第十辑,北京大学出版社2005年版。
② 在周法高等编的《金文诂林》,香港中文大学1974年版,第7048-7049页中列出了这二十几种写法。

《说文·我部》有:"義,己之威仪也。从我羊。"①但这显然不是"义"的本训,其本训是什么呢?《礼记·祭义》有:"义者,宜此者也。"②《礼记·中庸》有:"仁者人也,义者宜也。"③这是在早期文献中直接的训释。在同期及以前的文献中的"义"字,汉代及以后的注家也多采此说。《诗经·大雅·荡》:"不义从式。"毛亨传:"义,宜也。"④《诗经·大雅·荡》:"而秉义类。"郑笺:"义之言宜也。"《尚书·康诰》:"其义刑义杀。"孔安国传:"义,宜也。"⑤《论语·学而》:"信近于义。"朱熹注:"义者,事之宜也。"⑥如此训义者很多,不能一一列举。故段玉裁《说文解字注》:"义之本训为礼容各得其宜。"⑦

既然义之本身为宜,又为何许慎说"义,己之威仪也"呢?即是说:义和威仪之仪有什么关系呢?《周礼·肆师》"凡国之大事,治其礼仪,以佐宗伯"。郑玄注:"义每读为仪,古者书仪但为义,今时所谓义为谊。"⑧段玉裁对此作了进一步的发挥:

> 义,各本作仪,今正。古者威仪字作义,今仁义字用之。仪者,度也。今威仪字用之。谊者,但为义。今情谊用之。

而且段玉裁在"谊"字条下做了进一步的阐发,并给出了关于古今字的一个例说:

> 谊,义,古今字。周时作谊,汉时作义,皆今之仁义字也。其

---

① 许慎:《说文解字》,中华书局1963年版,第267页。
② 《礼记》:《汉魏古注十三经》,中华书局影印本,中华书局1998年版,第172页。
③ 《礼记》:《汉魏古注十三经》,中华书局影印本,中华书局1998年版,第196页。
④ 《诗经》:《汉魏古注十三经》,中华书局影印本,中华书局1998年版,第173页。
⑤ 《诗经》:《汉魏古注十三经》,中华书局影印本,中华书局1998年版,第50页。
⑥ 朱熹:《四书章句集注》,中华书局1983年版,第52页。
⑦ 段玉裁:《说文解字注》,上海古籍出版社1988年版,第633页。
⑧ 《周礼》:《汉魏古注十三经》,中华书局影印本,中华书局1998年版,第126页。

威仪字则周时作谊,汉时作义。凡读经传,不可不知古今字。古今无定时,周为古而汉为今,汉为古则晋为今。随时异用者谓古今字。非如今人言古文,籀文谓古文,小篆隶书为今字也。①

高田宗周说:"铭用本字本义,经传借仪为义,又借义为仁谊字。"②朱骏声《说文通训定声》"经传多以仪为之"也可为佐证。

至于义、谊、宜之间的关系,《王力古汉语字典》作了很好说明:

> (同源字)宜、谊、义。三字同声同韵,宜、谊同音。《说文》:"宜,所安也。"又谊,人之所宜也。音近义通,是同源字。在典籍中,谊义本可通用,只有后起义只作谊,不作义。班固的《幽通赋》有"舍生取谊"。③

关于义字从羊的探求,前人多有阐发。徐铉在校《说文》时附有:臣铉等曰:"此与善美同意,故从羊。"④段玉裁《说文解字注》:

> 义之本训,为礼容各得其宜。礼容得宜则善矣。故文王、我将、毛传皆曰,义,善也。引申之训也。从羊者,与善、美同意。⑤

段玉裁没有对此进一步明确。《甲骨文集释》用罗振玉的一个说法:"按羊有美善之意者,以其假为祥也。"⑥杨树达另有一个说法:

---

① 段玉裁:《说文解字注》,上海古籍出版社1988年版,第94页。
② 周法高等编:《金文诂林》,香港中文大学1974年版,第7048页。
③ 王力主编:《王力古汉语字典》,中华书局1983年版,第1280页。
④ 许慎:《说文解字》,中华书局1963年版,第267页。
⑤ 段玉裁:《说文解字注》,上海古籍出版社1988年版,第633页。
⑥ 李孝定编述:《甲骨文字集释》,台湾历史语言研究所专刊之五十,第3801页。

> 二徐及段氏谓与善、美同意,殊嫌肤泛,今按羊盖假为像,说文八篇上人部云,像,象也,从人,从象,亦声,读若养。故字变为样,今通言人之样子是也。像读若养,养从羊声,故制义字者假羊为像,然则文从我羊。实言我像,我像即今言我样,故以己之威仪立训矣。①

虽然对义与善、美同意的原因的探求意见不一,但对这一结论却都是赞同的。

而关于义字从我,《说文·我部》:"我,古杀字。"②李孝定《甲骨文字集释》:"契文'我'象兵器之形,以其柲似戈故与戈同,非从戈也。"在林沄《说"戚"与"我"》(载《古文字研究》第十七辑)一文中表明:更多的文字学家倾向于认为该兵器是戉。吴其昌说:"(戉)本义既为斧钺之象形,斧钺可以刑牲,故引申之义为刑牲。"唐兰先生认为,戉"谓割牲以祭也"。祭必用杀,杀必用牲。义从我(戉、杀)羊,作威仪解,表明义与祭祀有密切的关联。③

由此,可以知道,义在古代与祭祀有密切的关联。在字源上与善、美同义。在中华文明之初,义、善、美这几个基本范畴是同源同义的。在上古的文字材料中表示,表现在外的礼节、容貌、法度等,此义后作仪。④ 而其本训为宜,即社会认为合宜的道理和行为。⑤

综上所述:义之本训为宜,在上古文献中借用为仪,引申之后与善、美同义。至于今天所用的正义一词,它又是什么意思呢?它最早见于何典籍?与义的关系如何?再来看近现代人的解释。根据《辞海》止部正字条下有:

---

① 周法高等编:《金文诂林》,香港中文大学1974年版,第7050页。
② 许慎:《说文解字》,中华书局1963年版,第267页。
③ 这一段转引自陈明:《"以義为利":制度本身的伦理原则》,载郭齐勇主编:《儒家伦理争鸣集》,湖北人民出版社2004年版,第523页。
④ 王力主编:《王力古汉语字典》,中华书局1983年版,第962页。
⑤ 王力主编:《王力古汉语字典》,中华书局1983年版,第1280页。

正义:(1)公正的道理。如正义感、主持正义。《荀子·儒效》有:不学问,无正义,以富利为隆,是俗人者也。(2)旧时注释经史,常以正义为名。如孔颖达的《五经正义》。①

从这里可以看出:正义一词在中国由来已久。不像哲学、逻辑一类的词,是今天为了翻译西方文献而新造的一个词。而且还发现正义与西方的 justice 的用法基本一样。不仅如此,西方的 justice 还含有审判、评判的意思,中文的义也有此意。《礼记·表记》:"仁者人也,道者义也。"郑笺:"义也谓断以事宜也。"②荀子有言:"分何以能行? 曰:义。"杨倞注:"义,谓裁断也。"③由此可以看到:对正义(justice)一词,中西方有着共通的语义平台,用法基本相当。因此,寻找儒家正义思想便有了文字学基础,绝不是空穴来风的妄谈。

还有一个问题就是:《说文》有:羛,墨翟书义从弗。并附有字证。魏郡有羛阳乡,读若锜。王力在他的《王力古汉语字典》中给出了另外的一个例证,马王堆汉墓帛书战国纵横家苏秦献书赵王章:"然则齐羛,王以天下就之;齐逆,王以天下□之。"这说明到汉代仍然有人在使用墨子的这个羛字,所以许慎特别加以说明。墨翟为何书义为羛,段玉裁认为:"从弗者。盖取矫弗合宜之意也。"

二、孔子:君子喻于义

前面弄清了义的本训为宜,借用为仪,经过引申后与善、美同义。也理清了儒家仁义礼智的义与正义的内在关系。为进一步探求儒家正义思想的形成铺平了道路。既然正义一词是由儒家仁义礼智的义拓展而来,那么就可以围绕先秦儒家对义字的阐发,而展开对儒家正义思想的探求。谈儒

---

① 《辞海》,上海辞书出版社 1979 年版,第 3120 页。
② 《汉魏古注十三经》,中华书局影印本,中华书局 1998 年版,第 201 页。
③ 王先谦:《荀子集解》,中华书局 1988 年版,第 164 页。

家当然得自孔子开始,虽然孔子的正义思想在很多文献中都有表现,但我们只能从研究孔子思想最可靠的材料《论语》着手。

从《论语》中可以看出,首先,孔子论及最多的是君子和义的关系。君子在《论语》中有两个基本义项,指有道德的人或居于高位的人。"君子喻于义,小人喻于利。"(《论语·里仁》)孔子把君子和小人、义和利对起来讲,把义作为君子者流的精神寓所,并且说"君子义以为质"(《论语·卫灵公》)、"君子义以为上"(《论语·阳货》),就是讲君子应该把义放在个人道德修养的首位,并作为本质内容。那么孔子是仅仅把义作为个人的道德修养就为止了吗?不是,孔子认为君子在完成道德修养后应该"君子之仕也,行其义也"(《论语·微子》),其使民也义(《论语·公冶长》),否则就不可能真正完成其道德修养:"不仕无义"(《论语·公冶长》)。所以说:"君子之于天下也,无适也,无莫也,义之与比。"(《论语·里仁》)孔子论述义的着力点主要在个人的道德修养,并把个人和社会作为一个融贯的整体来谈,就是内圣外王。有以义为上为质的君子居于高位,他使民以义,社会正义就可以得以实现。那么君子就可以行义以达其道。

君子应该义以为质为上,把义植根于自己的道德修养之中,然后才能入仕行其义也。如果用一句话概括的话:君子喻于义。义是靠君子者流去感悟、体认,并把它展现出来。至于如何展现,孔子说:"君子义以为质,礼以行之,孙以出之,信以成之。"(《论语·卫灵公》)当然《论语》中的礼主要指周礼及其中的一套礼仪规范制度。但一套固化的礼仪规范制度对儒家来讲,并不是最重要的。因为作为制度的礼是有损益的。在《论语·为政》中,子曰:"殷因于夏礼,所损益,可知也;周因于殷礼,所损益,可知也;其或继周者,虽百世可知也。"那么孔夫子的"克己复礼",当然是指向一个更重要维度,即复礼之精神。也就是说"法圣人之所以为法"才是最重要的。体会圣人之所以制礼作乐的精神对儒家来讲才是最重要的,无论孟子的法先王,还是荀子的法后王都是这一精神的体现,只不过,他们在不同的时代,所选择的路向不一样而已。当然他们对礼和义的阐释都不太相同,这一点在下面会看到。

从《论语》中的这些记叙可以发现,孔子主要把义范畴作为个人道德修养的主要内容。在孔子那里,君子是个人道德修养的完美体现,介于圣人和小人之间。至于圣人,孔子说:"圣人吾不得而见之矣,得见君子者,斯可矣。"(《论语·述而》)而小人是道德修养不够好的现实中的芸芸众生,需要通过学而时习之的途径以达成君子人格,而君子道德修养的主要内容和标准就是义。因此,孔子对义的基本解释仍然是:义者,宜也。而在前面所论述的是:在殷周之际甚或更早的时候,义与祭祀有密切的关联。从这里可以看出儒家把作威仪之仪讲的义内在化了。义在中国文化中的意义就有了新的生长,成为了中国文化中一个很重要的范畴。

孔子还开启了长达两千多年的义利之辨。辩论的主要内容之一就是:义和利的不同阐释,这是辩论最根本的文字学基础。孔子最初是怎样阐释义和利的呢?孔子在论义时是与利相对待的,把义和利作为两种不同道德人格的追求的目的:"君子喻于义,小人喻于利。"(《论语·里仁》)认为人们应该"见利思义"(《论语·述而》)、"见得思义"(《论语·季氏》)。这些论述表明了孔子认为的义就是宜,利就是个人的私利。因此他还说:"不义而富且贵,于我如浮云。"(《论语·述而》)而如果合宜地谋取个人利益则是没有问题:"义然后取,人不厌其取。"(《论语·宪问》)

三、孟子:仁义内在

孔子讲仁,确立了儒家思想的根,孟子继其统,仁义并举。首先从根源处讲,孟子认为"君子所性,仁义礼智根于心"(《孟子·尽心上》),而且用有名的"四端说"进一步明言此根源。孟子曰:

> 人皆有不忍人之心。先王有不忍人之心,斯有不忍人之政矣。以不忍人之心,行不忍人之政,治天下可运之掌上。所以谓人皆有不忍人之心者,今人乍见孺子入于井,皆有怵惕恻隐之

心,非所以内交于孺子之父母也,非所以要誉于乡党朋友也,非恶其声而然也。由是观之,无恻隐之心,非人也,无羞恶之心,非人也,无辞让之心,非人也,无是非之心,非人也。恻隐之心,仁之端也;羞恶之心,义之端也;辞让之心,礼之端也;是非之心,智之端也。(《孟子·公孙丑上》)

上面从根源处,孟子认为仁义礼智都根源于心。那么他又是怎样进一步阐释仁、义、礼之间的关系的呢?孟子讲:"仁,人之安宅也,义,人之正路也,旷安宅而弗居,舍正路而不由,哀哉!"(《孟子·离娄上》)仁,人心也;义,人路也(《孟子·告子上》)。朱子解释说:"义者行事之宜,谓之人路,则可以见其为出入往来必由之道,而不可以须臾舍矣。"①在这里仁就是人心,是人所住之安宅,而义就是人所要走的正路。由此我们可以看出,虽然仁义礼智都根源于心,但只有仁才具有最根本的奠基性意义,义只是仁的显发。

那么义和礼的关系又是如何呢?孟子说:"夫义,路也,礼,门也,惟君子能由是路出入是门也。"(《孟子·万章下》)这就告诉了我们:义是通达礼门的必由之路。舍此无他。相比较而言礼又是被义奠基的。所以说义对勾连仁和礼之间的关系至关重要。义被仁奠基而又奠基礼,从仁到义再到礼,由内而外逐步显发。如果用孟子的话来说就是:由人之安宅(仁)而出,通过人之正路(义),才能找到门(礼)。这里会带出一个问题。从字面上看,有人会问:此礼门是否作为人之安宅的仁之门? 如果是,那么作为人之正路的义又有什么用? 如果不是,此门又是何宅之门? 应该说这个问题提得好,要回答这个问题,就不能仅局限于从字面上来理解孟子。必须对孟子的思想有一个整体的把握才行。首先,孟子论仁义礼智的根源,是把它们当着一个整体来看待的。它们都根源于心,是"人之所以异于禽兽者

---

① 朱熹:《四书章句集注》,中华书局1983年版,第333页。

几希"的那么一点东西。是同一颗人心在不同方面的表现。从这个意义上讲礼门就是仁宅的门,义在此只有进出之用。进一步也可以这样讲:在一种理想状态中,仁义礼浑然而为一,义和礼被仁收摄,而只剩下一个仁即是人心。其次,也应该看到孟子认为仅仅如此是不够的。出于对现实的关照,还需分言之。因为现实不是一种理想状态,不然孟子也不必说什么仁宅义路礼门了。在非理想状态的现实中,人们居于仁宅而不自知,还在努力探索义路、寻找礼门。也可以说:在理想状态中浑然而为一的仁义礼,在非理想的现实中分而各为其用。这是应然与实然的两种状态。所以我们能够说:礼门应是依稀、仿佛的仁宅,而不是一个本然的仁宅。那么要进出依稀、仿佛之仁宅的礼门,就更加只能通过义这条正路了。

在弄清了义的根源和仁义礼的关系之后,再来看,孟子论叙义范畴的着力点是在个人道德修养还是在社会制度层面上呢?孟子有言:"仁之实,事亲是也,义之实,从兄是也。"(《孟子·离娄上》)"为人臣者怀仁义以事其君,为人子者怀仁义以事其父,为人弟者怀仁义以事其兄。"(《孟子·告子上》)从这里我们可以认为,孟子在讲仁义对个人道德修养的关系。孟子还说:"尊德乐义,则可以嚣嚣也矣。故士穷不失义,达不离道。穷不失义,故士得己矣,达不离道,故民不失望焉。"(《孟子·尽心上》)很明显这里的义是对个人的道德修养而言的。孟子还有一句名言讲:"生,亦我所欲;义,亦我所欲也。二者不可得兼,舍生而取义者也。"虽然在此"义"有了超越个体存在的形上意义,但它是作为对个体而言的道德标准的形上意义。孟子基本上是把义在个人和社会中的显发连在一起讲的。着力点在把义作为个体的道德标准而非社会制度的道德标准。

四、荀子:行义以礼

如果说孟子解决了仁义礼智的来源问题,而且开口便讲仁义,着重解决了仁和义的关系,那么荀子着重讲的就是礼义,他主张:"行义以礼,然后义也。"(《荀子·大略》)用今天的话来说,就是正义原则一定要落实到制

度层面,才能成就真正的正义。因此,他从多个角度阐述礼义的重要性:

> 礼义者治之始也。(《荀子·王制》)
> 礼义之谓治。(《荀子·不苟》)
> 礼义之道,然后出于辞让,和于文理,而归于治。(《荀子·不苟》)
> 凡礼义者,是生于圣人之伪,非故生于人之性也。(《荀子·性恶》)
> 人无礼义则乱,不知礼义则悖。(《荀子·性恶》)
> 伪起而生礼义,礼义生而制法度;然则礼义法度者,是圣人之所生也。(《荀子·性恶》)

荀子认为只有礼义才是治理社会的开始,有了礼义之后才能制法度,礼义的来源是圣人之伪。

从现存的传世文献来看,是荀子首先使用了"正义"一词,为此我遍查先秦典籍。荀子不仅正、义连用,而且也基本上形成了儒家的正义思想。在《荀子》中有三处,还有一处明确提出"行义以正"说法,引文如下:

> 不学问,无正义,以富利为隆,是俗人者也。(《荀子·儒效》)
> 正义直指,举人之过,非毁疵也。(《荀子·不苟》)
> 正利而为谓之事,正义而为谓之行。(《荀子·正名》)
> 行义以正,事业以成。(《荀子·赋》)

但黄克剑先生有不同的看法,在考察了正、义与正义的东西方渊源之后,黄先生指出,在孟子之前绝无正、义连用,荀子可能是连正与义而用为正义的较早的儒者。但是他认为:

荀子著述中偶有"正义"的构词,但其意与孔孟所称之"义"一脉相贯而同西人"正义"之谓并不相类。《荀子·儒效》所谓"不学问,无正义,以富利为隆,是俗人者也",或《荀子·正名》所谓"正利而为谓之事,正义而为谓之行",究其实,都只是"君子喻于义,小人喻于利"的又一种说法,前一句中的"正义"与"富利"相对,犹如"富利"仍不过是"利","正义"亦仍不过是"义";后一句中的"正义"与"正利"配称,犹如"正利"并不就是对于"利"说来独立而内涵自足的概念。"正义"亦不就是"正义"说来独立而内涵自足的概念。"正义"从来就不是荀子学说的意有专属的范畴,也从未在中国哲学史、伦理学史、政治学史获得某种范畴地位。后世中国人的"正义"之谈,多流于民间,其义亦多相对于邪恶,与西人愈到后来愈从权利或者权益之公正公平意味上说"正义"甚少相合。……"正"、"义"是中国儒家"成德之教"(成全人的道德品德的教化)或"为己之学"(为着人的本己心灵安顿的学问)所孜孜以求的价值,"正义"在西方所提撕的价值却自始即在伦理与政治之间。①

应该说黄先生不无洞见,儒家的正义思想确实并未完全撑开而使正义获得范畴地位,但"义"却是有范畴地位的,只不过很多人仅仅把它当做伦理范畴,实际上,中国的正义思想是从"义"范畴长期演变中发展出来的,这需要另文论述。就算我们同意黄先生的文字分析,但也不能说儒家的义利之辨仅仅只有伦理价值而没有政治价值。儒家强调为己成德,但儒家并不是道德一元论,否则无法解释中国历史曾经长时间的繁荣昌盛,所以说仅仅从文字训诂的角度来论思想是绝对不够的。

下面分析一下荀子仅仅只是从道德伦理的角度把"义"与"正"关联起

---

① 黄克剑:《"正"、"义"与"正义"——中西人文价值趣求之一辨》,载《福建论坛》(人文社会科学版)2002年第2期,第49—52页。

来，而没有政治意义上的正义思想。荀子说：

> 皇天隆物，以示施下民，或厚或薄，常不齐均。桀纣以乱，汤武以贤。涽涽淑淑，皇皇穆穆。周流四海，曾不崇日。君子以修，跖以穿室。大参乎天，精微而无形，行义以正，事业以成。可以禁暴足穷，百姓待之而后泰宁。（《荀子·赋》）

很显然，这里就是从政治的角度谈"行义以正"，"行义以正"就是要用政治措施实现"禁暴足穷"，其目的是希望"百姓待之而后泰宁"。这表明荀子是主张政治正义就是要公正。荀子还说："故公平者，职之衡也；中和者，听之绳也。"（《荀子·王制》）

而且荀子强调公平首先就在于政治机会的公平。

> 请问为政？曰：贤能不待次而举，罢不能不待须而废，元恶不待教而诛，中庸不待政而化。分未定也，则有昭缪。虽王公士大夫之子孙也，不能属于礼义，则归之庶人。虽庶人之子孙也，积文学，正身行，能属于礼义，则归之卿相士大夫。（《荀子·王制》）

而罗尔斯说："依系于在机会公平平等的条件下职务和地位向所有人开放。"[①]这不是很显然地表明了荀子和罗尔斯都认为：公平最重要的原则就是机会的公平原则。

荀子之所以把"义"与"正"关联起来，是因为荀子身处中国新旧制度转换的关键时期，他的政治诉求比孟子强烈，而孟子与墨子杨朱辩论是为了稳住儒家的道德根基，在孟子那里，义就是行事之宜。义之端是人内在的羞恶之心，只有合宜即合义的问题。即是说从内在根源处讲义天生就是正

---

① 罗尔斯：《正义论》，何怀宏、何包钢、廖申白译，中国社会科学出版社1988年版，第302页。

贰 先秦儒家的正义思想研究

的。而荀子则从义的发用流行处着眼,重点阐发义在现实社会中的显发,在社会制度层面的落实。把礼义连起来讲。强调社会制度的建构,把孔子"克己复礼"的思想落到实处。

下面来看荀子是怎样论述义的。荀子说:

> 水火有气而无生,草木有生而无知,禽兽有知而无义,人有气、有生、有知、亦且有义,故最为天下贵也。力不若牛,走不若马,而牛马为用,何也?曰:人能群,彼不能群也。人何以能群?曰:分。分何以能行?曰:义。故义以分则和,和则一,一则多力,多力则强,强则胜物;故宫室可得而居也。故序四时,裁万物,兼利天下,无它故焉,得之分义也。(《荀子·王制》)

荀子这一段是在探讨国家社会制度的起源,提出了他的群分说的思想,他在这一层面上强调了义范畴的重要性。把义从个人的道德标准明确地上升到了社会制度的道德标准的高度。这和今天说的正义的首要目标就是社会制度的构建是基本吻合的。他进一步强调说:

> 凡奸人之所以起者,以上之不贵义不敬义也。夫义者,所以限禁人之为恶与奸者也。今上不贵义不敬义,如是,则下之百姓皆有弃义之志而有趋奸之心矣,此奸人之所以起也。……夫义者,内节于人而外节于万物者也;上安于主而下调于民者也;内外上下节者,义之情也,然则凡为天下之要,义为本,而信次之。(《荀子·强国》)

这里义是治理天下之本,义的功用就是内外上下的节制。从君主到民众、从人到物,由上而下、由内而外,所适用的标准只有一个,那就是"义"。因此可以说,荀子基本上完成了儒家正义思想。

那么荀子又是怎样看待仁义礼三者之间的关系呢？荀子说：

> 亲亲、故故、庸庸、劳劳，仁之杀也。贵贵、尊尊、贤贤、老老、长长，义之伦也。行之得其节，礼之序也。仁，爱也，故亲。义，理也，故行。礼，节也，故成。仁有里，义有门。仁，非其里而虚之，非礼也；义，非其门而由之，非义也。推恩而不理，不成仁；遂理而不敢，不成义；审节而不知，不成礼；和而不发，不成乐。故曰：仁义礼乐，其致一也。君子处仁以义，然后仁也；行义以礼，然后义也；制礼反本成末，然后礼也；三者皆通，然后道也。（《荀子·大略》）

这里仁是本，礼是末，义则连通两者。仁之里就是义，义之门就是礼。所以荀子说：君子处仁以义，然后仁也；行义以礼，然后义也。义在仁和礼之间就起到了一种内外勾连的作用。关于仁、义、礼三者之间的关系，孟子和荀子的看法是基本一致的。他们都认为仁是本，礼是末，义则是起一种内外勾连的作用。这表明，儒家的正义思想是以仁爱思想为根据的，落实到礼仪制度层面，只不过孟子强调"义"的内在性和道德性，所以孟子主性善，而荀子强调现实的政治层面的制度建构，故而用性恶论惊醒人们关注现实政治生活中公平正义的落实。

为什么认为荀子形成了儒家正义思想呢？那是因为荀子把由义奠基的礼重点阐发为制度建构。为当时的社会制度建构提供了儒家正义原则。可以进一步讲，正义思想应包含：正义观，以及由正义原则所确立的制度建构。没有制度建构的正义思想是不完整的正义思想，只能算一种正义观。换言之，建立公正合理完善的社会政治制度乃是任何正义思想的最终指向。孔子一生的理想和活动都在于"克己复礼"。虽然孔子思想中蕴涵着儒家正义思想。但由于孔子"述而不作"，《论语》言辞简奥，从现有的文字材料，不容易清楚明白地看到完整的儒家正义思想。而孟子把仁义礼智植根于人的心中，重点发挥从正义观到正义感的养成这个向度。而荀子则既宗孔子的儒家正义观,确立儒家正义原则,突现正义的制度建构。所以我才认为荀子基本上形成了儒家正义思想。

五、儒家正义

"正义"(justice)一词在西方也是由来已久。其基本义项有:正义、正当、公平、公正、合法、司法、审判等。在希腊早期的文献中它主要也是用于人的行为。如柏拉图的《理想国》和亚里士多德的有关著作中都是如此。然而,在近现代的西方思想家那里,正义的概念越来越多地被专门用作评价社会制度的一种道德标准,被看作社会制度的首要价值。尤其是在当代,罗尔斯把以洛克、卢梭、康德为代表的契约论提升到一个更高的抽象水平,用无知之幕后面的原初状态取代自然状态,确立了他的两个正义原则(在更一般的意义上是正当原则),提出了"作为公平的正义"的理论。在他的《正义论》中明确说:"正义的主要问题是社会的基本结构。"① 可以说罗尔斯所诉求的是社会制度建构的正当性,只不过与功利主义、自由主义、马克思主义等众多的正义理论相比较而言,罗尔斯更注重公平,把公平作为了他的正义理论的首要价值。

不少人都认为无论是孔子的"克己复礼"所要回复的,还是荀子的《礼论篇》所要确立的,都是封建宗法的等级制度。没有像今天人们耳熟能详的自由、平等、公平可言,因而他们说儒家没有正义思想。其实只要区分一下正当、正义和公平的关系,就会明白正义是正当的一个子范畴,而公平只是正义的诉求之一。当然正当一定包含某种正义,而正义也必定有着某种程度的对公平的追求。人们也可以进一步追问儒家正义思想的正当性何在?儒家正义思想是否有对公平的诉求?那就是"以养人之欲,给人之求,使欲必不穷于物,物必不屈于欲,两者相持而长"(《荀子·礼论》)。而对公平的诉求就在于"以礼分施,均遍不偏"(《荀子·君道》)。所以荀子说:

---

① 罗尔斯:《正义论》,何怀宏、何包钢、廖申白译,中国社会科学出版社1988年版,第7页。

"故公平者,职之衡也。"(《荀子·王制》)

众所周知,伦理道德和政治制度是有密切关联的,但这两者毕竟是不同层面的东西。在罗尔斯的正义理论中,对正义观、正义感和正义原则是做了明显区分的。他说:"我希望强调,正义观只是一种理论有关道德情感的理论,它旨在建立指导我们的道德能力,或更确切地说,指导我们的正义感的原则。"[1]从这里可以看到正义观和正义感的区分和它们之间的关联。关于制度建构,罗尔斯说:"社会正义原则的主要问题是社会的基本结构,是一种合作体系中的主要的社会制度安排。"[2]很显然,正义观和正义感是为人们确立道德规范的理论,而正义原则关乎社会制度的安排。这是两个不同层面的东西。

由此可以看出,无论在中国还是在西方,正义思想都经过了从个人到社会制度的变化。而在中国,这种转换来得更早,在荀子那里就已经基本完成,荀子论礼之起源、义之发用流行都是从国家社会的层面上谈的。下面来看荀子的儒家正义的基本思想。首先,他认为:"今人之性恶,必将待师法然后正,得礼义然后治。"(《荀子·性恶》)从此出发他说明了礼之起源:

> 礼起于何也?曰:人生而有欲;欲而不得,则不能无求;求而无度量分界,则不能不争。争则乱,乱则穷。先王恶其乱也,故制礼义以分之,以养人之欲,给人之求,使欲必不穷于物,物必不屈于欲,两者相持而长,是礼之所起也。(《荀子·礼论》)

先王制礼的目的是为了让人之欲和物两者相持而长,既满足人的欲求,也不会导致争则乱、乱则穷的恶果。强调了社会制度建构的重要性。人为什么能进行社会制度建构呢?"曰:人能群,彼不能群也。"(《荀子·王

---

[1] 罗尔斯:《正义论》,何怀宏、何包钢、廖申白译,中国社会科学出版社1988年版,第50页。
[2] 罗尔斯:《正义论》,何怀宏、何包钢、廖申白译,中国社会科学出版社1988年版,第54页。

制》）人与禽兽的不同就在于人能群,这与孟子从道德伦理的角度论述人之异于禽兽,显然异趣。接下去就是:"人何以能群?曰:分。分何以能行?曰:义。"(《荀子·王制》)人又如何群分,建构社会制度呢?必然需要一套君、臣、士、民的等级制度。我们知道无论君主制还是民主制都是等级制度。清理儒家正义思想并非为已经失去存在意义的君主制唱挽歌,而是为今天建立更合理的社会制度找寻历史资源,找寻儒家正义思想的合理内核,探求儒家的仁政、王道对今天的意义。这是为避免误解而说的几句题外话。"君者,何也?曰:能群也。"(《荀子·君道》)"而人君者,所以管分之枢要也。"(《荀子·富国》)这里应该清楚地知道先秦儒家没有后来汉儒的所谓君权天赋的思想,而是本周人"皇天无亲、惟德是辅"的思想。他们强调的是王道和仁政。请看:"王者之论:无德不贵,无能不官,无罪不罚,朝无幸位,民无幸生。"(《荀子·王制》)"行一不义、杀一无罪而得天下,仁者不为也。"(《荀子·王霸》)由此可以看出儒家正义思想的最终源头是"仁"。

先秦儒家的正义思想,由孔子开端发轫,经过思孟学派进一步阐发,到荀子总其大成,落实到社会层面,逐次贯通。孔子在整理上古文献的过程中,凸显仁义礼智四个儒家基本范畴。重点阐发其仁学思想,确立了儒家思想的根。孔子把他的正义思想融贯在个人道德修养之中,君子喻于义,君子之仕行其义也。这是儒家内圣外王思想最初表述。孟子则从心学的角度提出了有名的"四端说"。解决了仁义礼智的形上根源。重点发挥了仁义思想,用仁宅义路礼门来说明仁、义、礼三者之间的关系。从舍生取义可以看出,义在孟子那里有了超越个体存在的形上意义,是对个人而言的形而上的道德标准。荀子则着重从仁义礼智在社会现实层面的落实处着力,重点阐释礼义思想。从社会制度的起源来阐发礼和义,强调社会制度(礼)的道德标准就是义。认为仁是本、礼是末;仁有里(义)、义有门(礼)。是荀子认为义起到了内外勾连仁和礼的重要作用,这样荀子就把儒家正义思想从其形上根源,到个体道德修养方面的显现,再到社会制度层面的构建,从仁到义再到礼进行了一个完整的衔接。

第二篇　孔子的正义思想及其现代意义[①]

一、政治哲学的形而上学困境

政治哲学在全球化时代的今天,在多元文化并存并且相互竞争的格局,有一个理论上的困境被凸显出来,在伦理和政治之间,政治哲学面临着一个形而上学困境。这个困境就是:如果必须以某种道德伦理作为政治的形而上学基础,就会丧失其中立性而导致专制主义;而无道德的政治中立就会危及政治哲学的根本目标,也就是社会的稳定性。这正如麦金太尔所指出的那样,对于一个缺乏基本正直美德的人来说,即使是再普遍、再明确不过的正义原则(规范)也等于零。很显然,这个困境是一种形而上学式的困境,因为它是在政治哲学要求把伦理作为政治的形而上学基础的情况下产生的,可以称之为政治哲学的形而上学困境。

政治哲学的形而上学困境并不是今天才有的,在儒家思想中,这个问题也是由来已久,以前对孔子思想的研究中,或者关注仁,或者关注礼,虽不至于言不及义,但注重者寡。言仁者,或以之为内圣之学,心性之学,有内在超越的宗教性,并且把子思、孟子、程朱陆王纳入这一线索。言礼者,以为外王之学,政治之学,有经世致用的实用性,把荀子、董仲舒、何休、陈亮、叶适、顾炎武、黄宗羲归入这一系统。于是在后世儒家那里,似乎就有了仁与礼,或者说是内圣与外王之间的紧张。西学东渐以来,新儒家意欲

[①] 原载《退溪学》第18辑,韩国安东大学校退溪学研究所,2009年版。

老树发新枝,试图内圣开出新外王,自由主义者则想移花接木,以革新现实的中国政治为目的,从政治的角度对儒家伦理进行了批判。但总的说来,仍然纠缠在伦理与政治的紧张之中。

伦理与政治之间的紧张,在西方也一样,而且有愈演愈烈之势。在古希腊,比如柏拉图,伦理思想与其政治思想高度统一,由于他认为人有一个欲望、激情、理智的心灵三重结构,个人正义意味着理智、激情和欲望都保持它们适当的界限,与此相对应,国家中有三个阶级——劳动者、军人和统治者,国家正义在于三种人各做各的事,国家应该由智慧的哲学王进行理性专制主义的统治。而近代西方政治学的先驱马基亚维里则批评柏拉图说:

> 许多人曾经幻想那从未有人见过更没有人知道曾经在哪里存在过的共和国和君主国,可是从人们实际上怎样生活到应当怎样生活距离是如此之大,以至一个人要是为了应当怎样而忘记了实际怎样,那么他不但无法生存,而且会自取灭亡。①

由此开始,西方政治哲学的基础由道德移向权力。

在伦理与政治的紧张之中,形成了近代西方民主思想的两大传统,其一是由洛克开端的英美传统,经过英国自由主义思想家及美国一些开国元老的鼓吹,奠定了英、美两国民主的基调。其二是肇始于卢梭的欧洲大陆传统,其间经过法国思想家的鼓吹而导致了法国大革命,其后再由德国哲学家,尤其是黑格尔加以继承。这两大传统的分歧就在于他们对积极自由和消极自由的看法不同,这个问题由柏林总结出来,柏林认为:"消极自由是要回答:主体(一个人或者一群人)被允许或必须被允许不受别人干涉地做他有能力做的事情,成为他能成为的人的那个领域是什么?持积极自由

---

① 马基亚维里:《君主论》,张志伟等译,陕西人民出版社2001年版,第92页。

观念的人则要回答:什么东西或什么人,是决定某人做这个、成为这样,而不是做那个、成为那样的那种控制和干涉的根源?① 消极自由主要指外在的行动自由,可称之为政治自由;积极自由主要诉求内在的自由,与价值观念相关,甚至要涉及与道德相关的形而上学问题,这就意味着,消极自由仅仅与政治相关,而只有积极自由才涉及与道德相关的形而上学问题。

在当代,美国人罗尔斯曾试图融合这两大传统,改变这一状况,他说:

> 我一直试图做的就是要进一步概括洛克、卢梭和康德所代表的传统的社会契约理论,使之上升到一种更高的抽象层次。……并构成一个民主社会的最恰当的道德基础。②

但是,在饱受批评之后,罗尔斯改变了初衷,放弃了为其正义理论建立道德基础的企图,而转向纯粹的政治哲学,提出了他所谓的政治自由主义理论。他认为:

> 政治自由主义的问题是:一个由自由而平等的公民——他们因各种合乎理性的宗教学说、哲学学说和道德学说而产生了深刻的分化——所组成的稳定而公正的社会之长治久安如何可能?这是一个政治的正义问题,而不是一个关于至善的问题。③

他还认为:"古代人的中心问题是善的学说,而现代人的中心问题是正义观念。"④这就是说,他要解决的是现代人所面临的政治问题,而不是道德问题。

---

① 柏林:《自由论》,胡传胜译,译林出版社2003年版,第189页。
② 罗尔斯:《正义论》,何怀宏、何包钢、廖申白译,中国社会科学出版社1988年版,第2页。
③ 罗尔斯:《政治自由主义》,万俊人译,译林出版社2000年版,第13页。
④ 罗尔斯:《政治自由主义》,万俊人译,译林出版社2000年版,第26页。

罗尔斯这一转向的理由就在于,他认为:

> 对于现代人来讲,宗教乃是基督教的救赎宗教,它已在宗教改革时代发生了内在分裂和冲突,譬如天主教和新教;而这些宗教已然包括一种善——即一种救赎之善的学说。但是,当它们相互竞争的超验性因素不能达成妥协时,依赖教会或《圣经》的相互冲突的权威,无法解决它们之间的矛盾。①

但是,这样的情形并不具有事实上的普遍性。宗教冲突是欧美国家的特例,在中国以及亚洲,并不存在严重的宗教冲突,更没有发生过宗教战争,在这个意义上,可以说罗尔斯的政治自由主义是依据欧洲传统,为多元文化并存的美国量身定制的。

而在理论上,他的这个转向将危及社会的稳定性,罗尔斯很清楚:"对于政治哲学来说,稳定性问题至关重要。"②在政治自由主义的政治正义观念之下,稳定性由两个方面的因素决定:一是个人是否有正常而充分的正义感;二是该政治观念能否成为重叠共识的核心。为了解决这个问题,他把道德主体转换成了政治主体,就是:"作为拥有道德人格及其充分的道德行为主体之能力的个人理念则被转换为公民的理念。"③在这样的转换之后,"为了发挥其政治角色的作用,公民被看作是具有适合于这一角色的理智能力和道德能力的,诸如,由一种自由主义观念所给定的政治的正义感的能力。遵循和修正其个体善学说的能力;还有他们具有维持正义的政治社会所需要的政治美德能力"④。如此一来,社会的稳定性就托付给了政治正义感及其修正能力,这就意味着,罗尔斯要用政治来规范以及修正伦理,

---

① 罗尔斯:《政治自由主义》,万俊人译,译林出版社 2000 年版,第 27 页。
② 罗尔斯:《政治自由主义》,万俊人译,译林出版社 2000 年版,第 5 页。
③ 罗尔斯:《政治自由主义》,万俊人译,译林出版社 2000 年版,第 31 页。
④ 罗尔斯:《政治自由主义》,万俊人译,译林出版社 2000 年版,第 33 页。

那么他就应该从政治的角度来说明怎样获得此正义感,遗憾的是,后期的罗尔斯却没有很好地说明这一点。罗尔斯由《正义论》滑向《政治自由主义》,用政治来修正伦理的做法,在现代语境中,政治哲学的形而上学困境被凸显出来。我认为孔子的正义思想也许可以提供某种借鉴,帮助我们破解这个困境,接下来,在了解孔子正义思想的基本结构之后,就可以找出破解的办法与理由。

二、义:道德正义

可以说,孔子对"义"范畴及其相关的论述就代表了他的道德正义思想。那么孔子的道德正义思想是如何展开的呢?《论语》论及最多的是君子和"义"的关系,君子在《论语》中有两个义项,其一,是指有道德的人,也就是所谓德行君子,这是君子一词的基本用法。其二,是有道德并且居于高位的人,如子产等人就是既有政治地位也有部分君子德行的人。"子谓子产,'有君子之道四焉:其行己也恭,其事上也敬,其养民也惠,其使民也义'"(《论语·公冶长》)。在孔子这里,只有政治地位而没有德行的人是不可以称为君子的,从下面一段话就可以很清楚地看出这一点:"'今之从政者何如?'子曰:'噫!斗筲之人,何足算也。'"(《论语·子路》)那么,对君子而言,最重要的是什么呢?孔子有言:"君子义以为上。"(《论语·阳货》)就是讲君子应该把义放在个人道德修养的首位,并且还要把它作为内在的本质:"君子义以为质。"(《论语·卫灵公》)简言之,君子就是义以为上、义以为质的人。

君子又是如何做到"义以为质"呢?孔子说:"君子喻于义,小人喻于利。"(《论语·里仁》)如果说,与君子相对是小人,那么与义相对的就是利,这就是说,个人正义的核心问题就是利益问题。"君子喻于义"是否就意味着,孔子一味反对君子谋利呢?显然不是,孔子强调的是"见利思义"(《论语·宪问》)、"见得思义"(《论语·季氏》)。这就是说,孔子认为人应该"义然后取"(《论语·宪问》)。还说:"不义而富且贵,于我

如浮云。"(《论语·述而》)

哪些行为算是"不义"呢？孔子说："君子有勇而无义为乱，小人有勇而无义为盗。"(《论语·阳货》)人如果没有正义感，像君子这样有德行而且有一定社会地位的人，如果有勇而又无义的话就会作乱，然后从乱中谋取地位或者利益，其结果是祸国殃民；而那些道德修养不好又胆大妄为的人就会去偷盗。这就是说，不义的行为就是破坏社会秩序以谋取私利的行为。

究竟怎样的行为才算是正义的行为呢？孔子说："君子义以为质，礼以行之，孙以出之，信以成之。"(《论语·卫灵公》)"义"是君子的本质，是做君子的条件和基础，它展开为合"礼"的行为，谦和的风度，最后用诚信来成就它。礼意味着社会规范，合乎正义的行为必然是合乎一定社会规范的行为，孔子说"不学礼，无以立"(《论语·季氏》)。合乎社会规范只是初步的要求，还要用谦逊的态度表现出来，用诚信来成就它。如果没有谦逊的态度，就会骄奢淫逸，孔子说："奢则不孙，俭则固。与其不孙也，宁固。"(《论语·述而》)甚至于有勇无义而犯上作乱，所以孔子说："恶居下流而讪上者，恶勇而无礼者。"(《论语·阳货》)而诚信则是为人之根本，孔子说："人而无信，不知其可也。大车无輗，小车无軏，其何以行之哉？"(《论语·为政》)因此，君子就应该做到"言必信，行必果"(《论语·子路》)。这就是说，"义"表现出来，是见之于一个人的礼、逊和信的行为。只要做到了"礼以行之，孙以出之，信以成之"，这个人就做到了"义以为质"，就可以称之为君子，他的个人正义也就基本实现了。

做到了"义以为质"的君子，还应该做到"闻义而徙"，并且能够"见义勇为"。孔子讲："德之不修，学之不讲，闻义不能徙，不善不能改，是吾忧也。"(《论语·述而》)而要做到"闻义而徙"，是需要勇气的，孔子说："见义不为，无勇也。"(《论语·为政》)这就要求君子见义勇为，子路曰："不仕无义。长幼之节，不可废也；君臣之义，如之何其废之？欲洁其身，而乱大伦。君子之仕也，行其义也。道之不行，已知之矣。"(《论语·微子》)这是因为，在现实社会之中，从政者往往是斗筲之人。

孔子说："圣人，吾不得而见之矣；得见君子者，斯可矣。"（《论语·述而》）君子并不完美，还应该："见贤思齐焉，见不贤而内自省也。"（《论语·里仁》）君子只是意味着个人正义的基本实现，君子还应该有更高的追求。孔子说："君子上达，小人下达。"（《论语·宪问》）这不仅要求君子应该上达，当然还在于君子能够上达。孔子说："君子而不仁者有矣夫，未有小人而仁者也。"（《论语·宪问》）要求君子上达是因为君子也有不仁的时候，上达的办法就是见贤思齐，向贤人学习，如颜回等人，子曰："贤哉，回也！一箪食，一瓢饮，在陋巷。人不堪其忧，回也不改其乐。贤哉，回也！"（《论语·雍也》）

但是，即使贤如颜回，也还是不够的，孔子说："回也，其心三月不违仁，其余则日月至焉而已矣。"（《论语·雍也》）因为，像颜回这样安贫乐道的贤人，做到最好也只能独善其身，而要真正为仁就要像圣人那样"修己以安百姓"，也只有做到"博施于民而能济众"才可以称为圣人。《论语》有：

> 子贡曰："如有博施于民而能济众，何如？可谓仁乎？"子曰："何事于仁，必也圣乎！尧舜其犹病诸！夫仁者，己欲立而立人，己欲达而达人。能近取譬，可谓仁之方也已。"（《论语·雍也》）
>
> 子张问仁于孔子。孔子曰："能行五者于天下，为仁矣。"请问之。曰："恭、宽、信、敏、惠。恭则不侮，宽则得众，信则人任焉，敏则有功，惠则足以使人。"（《论语·阳货》）
>
> 若圣与仁，则吾岂敢？抑为之不厌，诲人不倦，则可谓云尔已矣。（《论语·述而》）

这是因为孔子自认为未能在政治上像圣人那样"修己以安百姓"。孔子之所以被后世称为圣人，则是在"文"或者"道"的意义上做到了"博施于民而能济众"。

由此可见，孔子关于"义"范畴的相关论述正是今天所谓道德正义的话题。在道德正义的问题，孔子的着力点在于培养个人良好的正义感，通过适当的道德教育，从而在道德的意义上，把小人变成君子，并且指出了君子上达仁人、圣人的途径。

三、正：政治正义

君子上达的途径就在于"行义以达其道"，也就是子路所说的："不仕无义。长幼之节，不可废也；君臣之义，如之何其废之？欲洁其身，而乱大伦。君子之仕也，行其义也。"（《论语·微子》）这就是说，君子应该出来从事政治工作，实现政治正义，所以说："君子之于天下也，无适也，无莫也，义之与比。"（《论语·里仁》）那么社会的政治正义又如何实现呢？

首先是正名，也就是要进行政治制度建设。孔子说："政者，正也。"（《论语·颜渊》）政治就是要以"正"为治，而且首先从正名开始，《论语》有："子路曰：'卫君待子而为政，子将奚先？'子曰：'必也正名乎！'子路曰：'有是哉，子之迂也！奚其正？'子曰：'野哉由也！君子于其所不知，盖阙如也。名不正，则言不顺；言不顺，则事不成；事不成，则礼乐不兴；礼乐不兴，则刑罚不中；刑罚不中，则民无所措手足。故君子名之必可言也，言之必可行也。君子于其言，无所苟而已矣。'"（《论语·子路》）这就是说，治理国家要以正名为先，否则就会带来一系列的严重后果。《左传》成公二年记载有孔子的话，说："唯器与名不可以假人，君之所司也。名以出信，信以守器，器以藏礼，礼以行义，义以生利，利以平民，政之大节也。若以假人，与人政也。政亡，则国家从之，弗可止也已。"因为"名"乃是天下之公器，代表着国家社会的制度、规范和秩序，社会和国家必须建立在一定的行为规范与伦理秩序上面，这些规范和秩序通常又是由一套典章制度来表现，因此，"名"的混乱必然会导致社会的混乱。名的内容首先是指礼乐制度，孔子说："天下有道，则礼乐征伐自天子出。"（《论语·季氏》）在一个正常秩序的社会中，礼乐制度是由最高权力机关来制定的，孔子还说："谨权量，审法度,修废官,四方之政行焉。"(《论语·尧曰》)在度量衡和法度这些具体的礼乐制度审定好了,并让废弃的官僚机构正常运转起来,那么政治也就正常运行起来。

其次是正位。在一个社会之中,人各有其位,此"位"不外两类,一类是家庭,一类是社会。《论语·颜渊》有:"齐景公问政于孔子。孔子对曰:'君君,臣臣,父父,子子。'"这里君臣代表上下级关系,是社会伦理,父子代表家庭伦理。而这其中,父子之位,一旦确立就不会乱,但是君臣之位这种相对的上下级关系却很容易乱。春秋乱世,这种情况尤其严重,孔子总结说:"天下有道,则礼乐征伐自天子出;天下无道,则礼乐征伐自诸侯出。自诸侯出,盖十世希不失矣;自大夫出,五世希不失矣;陪臣执国命,三世希不失矣。天下有道,则政不在大夫。言不得专政。天下有道,则庶人不议。"(《论语·季氏》)上下级关系混乱,就会危及社会的稳定。所以孔子说:"不在其位,不谋其政。"(《论语·宪问》)

其三是正身。子曰:"其身正,不令而行;其身不正,虽令不从。"(《论语·子路》)这就是说,正身可以树立执政者的威信,保证政令畅通。正身的具体内容有两点,一曰位,二曰利。正身首先就是要正位,就是按照社会制度的要求正确处理上下级关系。孔子说过,君使臣以礼,臣事君以忠。(《论语·八佾》)其次是为民谋利,孔子说:"因民之所利而利之。"(《论语·尧曰》)孔子说:"禹,吾无间然矣。菲饮食,而致孝乎鬼神;恶衣服,而致美乎黻冕;卑宫室,而尽力乎沟洫。禹,吾无间然矣。"(《论语·泰伯》)执政者谋利应该像大禹那样,为民而不是为己。

其四,施政应该有正确的顺序,要循序渐进,否则欲速则不达,孔子说:"无欲速,无见小利。欲速则不达;见小利则大事不成。"(《论语·子路》)孔子自谓:"苟有用我者。期月而已可也,三年有成。"(《论语·子路》)子曰:"善人教民七年,亦可以即戎矣。"(《论语·子路》)子曰:"如有王者,必世而后仁。"(《论语·子路》)子曰:"善人为邦百年,亦可以胜残去杀矣。诚哉是言也!"(《论语·子路》)循序渐进的路径就是庶、富、教。《论语》

有:子适卫,冉有仆。子曰:"庶矣哉!"冉有曰:"既庶矣,又何加焉?"曰:"富之。"庶而不富,则民生不遂,故制田里,薄赋敛以富之。曰:"既富矣,又何加焉?"曰:"教之。"(《论语·子路》)

所谓庶,就是聚集百姓,孔子的办法是:"近者说,远者来。"(《论语·子路》)就是要修文德以来之,而不是用武力去掠夺人口。再说富,孔子说:"道千乘之国:敬事而信,节用而爱人,使民以时。"(《论语·学而》)治理国家,应该节约开支,爱护老百姓,让他们适时从事生产。在富民的过程中,要注意社会公正,防止贫富过于悬殊,孔子指出:"不患寡而患不均,不患贫而患不安。盖均无贫,和无寡,安无倾。"(《论语·季氏》)意思是说,财富分配的不均,会导致诸侯国的颠覆;若是财富相对平均,就不会有赤贫者,国境之内就团结、平安、和睦,不会危及国家安全。在国富民强之后,就应该教化百姓,子以四教:文,行,忠,信。(《论语·述而》)要对百姓进行必要知识、伦理以及政治的教育,还要进行必要的军事教育,孔子说:"以不教民战,是谓弃之。"(《论语·子路》)

显然,孔子关于"正"的一系列思想正是关于政治正义的内容。在孔子思想中,政治正义主要是通过君子、仁人和圣人"行义以达其道"来实现的,要求从事政治工作的人正名、正位、正身,并且懂得正确的施政顺序。在政治领域,孔子把正名放在首要位置就已经表明政治制度对政治正义的重要性。

四、伦理与政治的平衡互动

由此可见,孔子的正义思想包含道德正义和政治正义两个方面,这两方面的关系是:道德正义是政治正义不可或缺的基础,政治正义反过来为道德正义提供良好的政治环境。因此,在孔子的思想中,伦理与政治并不存在一种形而上学的对应关系,而是相即不离、平衡互动且内在融贯的。首先,在伦理与政治相即不离的意义上,道德正义是政治正义的基础,离开了这一点,社会的稳定性无从谈起。其次,伦理与政治是一种相互修正的平衡互动关系。当政治远离甚至违背道德伦理的时候,它就应该得到修正。反之,当旧的道德观念明显不合时宜的时候,就需要用政治正义来修正道德正义。孔子说:"君子义以为质,礼以行之,孙以出之,信以成之。"(《论语·卫灵公》)礼是社会行为的规范,这样外在的规范是变动不居的,所谓"礼有损益"正是此意。"礼以行之"就是说,道德正义的行为是要符合社会行为的规范,礼的变化就意味着个人行为规范的变化,所以说伦理与政治是一种平衡互动的关系。

而且在政治与伦理之间,孔子给出很大的空间供人们选择,人们在显与隐之间,可以自己选择,你可以离群索居修身养性,也可以乘桴浮于海,还可以大隐隐于朝,孔子说:"笃信好学,守死善道。危邦不入,乱邦不居。天下有道则见,无道则隐。"(《论语·泰伯》)孔子自己的做法是可以仕则仕,可以止则止,可以久则久,可以速则速,因此孔子说:"无可无不可。"(《论语·微子》)如果对显与隐作一个现代解读的话,你可以参与到政治之中,也可以与政治脱离接触。政治治理的范围是有限度的,并不是水银泻地无孔不入的,政治权力也不是可以奴役到灵魂的。这说明,孔子并没有把政治绑定在伦理基础之上。

正是因为在孔子的正义思想中,伦理与政治之间并不存在一种形而上学的对应关系,所以就可以为破解政治哲学的形而上学困境提供思想资源。进一步分析,可以发现,政治哲学的形而上学困境其实是两个问题,第一个问题是如何保证正义原则的价值中立,从而避免专制主义;其二是如何保证社会的稳定性。

对于第一个问题而言,首先应该认识到,保证绝对的价值中立是不可能,解决的办法应该是寻求价值共识,现代政治的理论基础在于达成共识,无论是哈贝马斯的交往理论还是罗尔斯的重叠共识都说明了这一点。问题的关键就在于能否形成共识,世界伦理运动或许可以给我们一些启示,世界伦理运动确认了所谓的世界伦理金律,其肯定的表达是:己欲立而立人,己欲达而达人;否定的表达是:己所不欲,勿施于人。《世界伦理宣言》

也得到多个宗教团体与领袖的支持与签署。这说明,即使在世界范围内,也是有可能就伦理价值问题达成共识的。

而且从历史的角度来说,价值中立的问题之所以在西方被凸显出来,是因为各个宗教之间相互竞争的超验性因素不能达成妥协,如果人们以"己所不欲,勿施于人"的态度对宗教的超验性因素存而不论,用"和而不同"的理性主义方法转而寻求理性共识,则完全有可能形成价值共识,进而保证价值中立。

如果用"和而不同"的方法寻求共识也就不会导致专制主义。孔子是坚决反对道德凌驾于政治之上,并借用政治的强制力量乱杀无辜。"季康子问政于孔子曰:'如杀无道,以就有道,何如?'孔子对曰:'子为政,焉用杀?子欲善,而民善矣。君子之德风,小人之德草。草上之风,必偃。'"(《论语·颜渊》)这也说明,道德作为政治的基础,绝不意味着,可以使用"杀无道以就有道"这样的专制主义手段。

对社会的稳定性来说,从孔子的正义思想中可以发现,首先,良好的个人正义感是社会稳定的伦理基石,其次是建立良好的政治制度是社会稳定的政治基础,然后是让这一套政治制度以一种正确的施政顺序正常运转,尤其是注意社会的公平正义,孔子指出:"不患寡而患不均,不患贫而患不安。盖均无贫,和无寡,安无倾。"(《论语·季氏》)这就是说,不解决好财富分配的公正与公平就会危及社会的政治稳定性。

面对当今凸显的政治哲学的形而上学困境,为什么要选择孔子而不是别的思想家呢?理由有三:一是,东西方文化中的政治传统以及呈现的问题和解决的方式都不尽相同,这种差异性使得相互借鉴成为可能,西方曾因宗教冲突而发生过血腥的宗教战争,这是西方的政治思想家首先必须面对并要竭力避免的,东方虽有宗教冲突,但没有发生过宗教战争,东方人则要首先考虑如何避免"家天下"所带来的血腥的改朝换代等问题。其二,孔子是一个非形而上学的思想家。第三,政治哲学的形而上学困境是在超验的层次上凸显出来的,而孔子对待超验的态度是:"敬鬼神而远之。"(《论语·雍也》）孔子不否认超验纬度的存在，"死生有命，富贵在天"（《论语·颜渊》）。"祭如在，祭神如神在。"（《论语·八佾》）孔子思想的中心在启发人的理性，先做好人应该做的事情。"季路问事鬼神。子曰：'未能事人，焉能事鬼？'敢问死。曰：'未知生，焉知死？'"（《论语·先进》）

　　孔子的正义思想为破解政治哲学的形而上学困境提供了这样的可能：首先是为伦理与政治之间的形而上学关系松绑，在伦理与政治之间建立一种相即不离、平衡互动的关系。其次对超验的纬度存而不论，这一方面保留了信者自信的空间，保证宗教信仰的自由；另一方面，也拒绝了宗教直接参与政治的可能性，避免了发生宗教战争的可能，然后在先验和经验的层次上，求得理性共识，并以此理性共识作为建构政治正义理论的基础，比如在先验的层次上，用人皆有之的恻隐之心保障个人的生命权、健康权，在经验层次上，用见利思义等有关义利之辨的思想，保证个人的财产权等。

第三篇　孟子的正义思想①

建立合乎正义的社会制度是人类孜孜以求的事情,这是一件很困难但又不得不做的事情。不少人以为西方自由主义的民主制度为最佳,甚至称之为历史的终结。其实不然,因为他们的制度与他们的宗教和哲学有密切的关系,唯其如此,就很难说,自由主义的民主制度有普适性,同时也说明今天中国政治制度的新发展必然跟自身的文化和历史有关联。研究孟子的正义思想就是为今天的社会制度找寻历史资源,所谓孟子的正义思想就是孟子关于政治制度的理论及其根据。这一目的就要求我们不能从《孟子》里面寻章摘句,这样的方法很难避免断章取义的嫌疑。这里把《孟子》作为整体,从政治学的角度,来研究孟子有什么样的正义思想。当用这样的眼光打量《孟子》的时候,就会发现《孟子》从梁惠王篇的义利之辨开始到尽心篇,是从政治学说入手逐次推演到其道德学说的,而其政治学说与道德学说是通贯而为一的。下面分开来看,孟子究竟有怎样的正义观和正义原则? 其现实前提是什么? 其政治学说与道德理论的关系是怎样的? 更重要的是,孟子的正义思想对中国今天的制度设计又有什么样的借鉴意义?

一、孟子的正义观

众所周知,孟子仁义并举,有功于圣门,"义"范畴在孟子这里被特别地凸显出来。他之所以如此,是因为他看到社会混乱,有"失天下"之危险,他

---

① 原载《中共济南市委党校学报》2008 年第 1 期。

认为社会混乱的原因在于人们正义感的缺失,而正义感的缺失则是由于正义观的混乱,这是处士横议所造成的,而他认为其中危害最大的就是杨朱和墨子,因此,他的主要任务就是拒邪说、辟杨墨、正人心。宣扬自己的正义观,以图重塑人们的正义感,以达到平治天下的目的。

以上这些说法,完全可以从《孟子》中看出来。孟子曰:

> 圣王不作,诸侯放恣,处士横议,杨朱、墨翟之言盈天下。天下之言不归杨,则归墨。杨氏为我,是无君也;墨氏兼爱,是无父也;无父无君,是禽兽也。(《滕文公下》)

所谓诸侯放恣,就是诸侯不遵守社会秩序,随意越级越权。正是因为诸侯放恣,引得人们竞相效仿,导致天下混乱。孟子曰:"五霸者,三王之罪人也;今之诸侯,五霸之罪人也;今之大夫,今之诸侯之罪人也。"(《告子下》)造成这种情况的原因就是:"杨墨之道不息,孔子之道不著,是邪说诬民,充塞仁义也。"(《滕文公下》)如果任由其继续发展,其后果将会是:"仁义充塞,则率兽食人,人将相食。"(《滕文公下》)如果以改朝换代为失国的话,这也就是"失天下"了。故而孟子说:"吾为此惧,闲先圣之道,距杨墨,放淫辞,邪说者不得作。"(《滕文公下》)他这样做的理由是:"作于其心,害于其事;作于其事,害于其政。"《滕文公下》由于邪说充盈其心,人们不依"义"行事,那么政治就必然不正。

为天下立言,是孟子的志业之所在,这还在于孟子通过对历史的考察认为,天下总是处于治乱的循环之中。孟子曰:

> 天下之生久矣,一治一乱。当尧之时,水逆行,泛滥于中国,蛇龙居之,民无所定;下者为巢,上者为营窟。《书》曰:"洚水警余。"洚水者,洪水也。使禹治之。禹掘地而注之海,驱蛇龙而放之菹;水由地中行,江、淮、河、汉是也。险阻既远,鸟兽之害人者

消,然后人得平土而居之。尧舜既没,圣人之道衰,暴君代作,坏宫室以为污池,民无所安息;弃田以为园囿,使民不得衣食。邪说暴行又作,园囿、污池、沛泽多而禽兽至。及纣之身,天下又大乱。周公相武王,诛纣伐奄,三年讨其君,驱飞廉于海隅而戮之,灭国者五十,驱虎、豹、犀、象而远之,天下大悦。《书》曰:"丕显哉,文王谟!丕承者,武王烈!佑启我后人,咸以正无缺。"世衰道微,邪说暴行有作,臣弑其君者有之,子弑其父者有之。孔子惧,作《春秋》。(《滕文公下》)

这里的乱既有天灾也有人祸,洪水是天灾,暴君代作和邪说暴行有作则是人祸。这就需要圣人出来治理这些天灾人祸。所以就有:"昔者禹抑洪水而天下平,周公兼夷狄,驱猛兽而百姓宁。孔子成《春秋》而乱臣贼子惧。"孟子认为自己也处于乱世,他说:"我亦欲正人心,息邪说,距诐行,放淫辞,以承三圣者。"(《滕文公下》)

关于治乱循环,孟子还有一个著名的说法,就是五百年必有圣人出。曰:

由尧舜至於汤,五百有余岁;若禹、皋陶,则见而知之;若汤,则闻而知之。由汤至于文王,五百有余岁,若伊尹、莱朱,则见而知之;若文王,则闻而知之。由文王至于孔子,五百有余岁,若太公望、散宜生,则见而知之;若孔子,则闻而知之。由孔子而来至于今,百有余岁,去圣人之世,若此其未远也,近圣人之居,若此其甚也,然而无有乎尔,则亦无有乎尔。(《尽心下》)

有人以为此说法是天命循环论,这样的解读也不无道理,但依此处的文本来看,基本上是对历史的经验总结。在一定意义上,治乱循环应该说确实也是人类社会的一个规律。孟子是指望圣贤出来治乱,今天的问题是，在一个常态的没有圣贤的社会中，如何能够长治久安？这一切都有赖于在常态社会中的人们有好的正义观。

孟子的正义观又是怎样的呢？为了批驳杨朱为我和墨子兼爱，他提出了仁义内在的思想。孟子认为仁义是人之所以为人的根本，是人之所以异于禽兽者的几希，是目的本身，孟子曰："人之所以异于禽兽者几希，庶民去之，君子存之。舜明于庶物，察于人伦，由仁义行，非行仁义也。"（《离娄下》）为了进一步说明这个几希是根本，孟子旗帜鲜明地宣扬："仁义"是内在于人的。"君子所性，仁义礼智根于心。"（《尽心上》）内在于人心的"义"是什么呢？就是人的羞恶之心，孟子曰：

> 人皆有不忍人之心。先王有不忍人之心，斯有不忍人之政矣。以不忍人之心，行不忍人之政，治天下可运之掌上。所以谓人皆有不忍人之心者，今人乍见孺子入于井，皆有怵惕恻隐之心，非所以内交于孺子之父母也，非所以要誉于乡党朋友也，非恶其声而然也。由是观之，无恻隐之心，非人也，无羞恶之心，非人也，无辞让之心，非人也，无是非之心，非人也，恻隐之心，仁之端也；羞恶之心，义之端也；辞让之心，礼之端也；是非之心，智之端也。（《公孙丑上》）

因为仁义是人之所以为人的根本，而且是内在于人的，所以孟子认为依"义"而行就是人之正路。孟子讲："仁，人之安宅也；义，人之正路也，旷安宅而弗居，舍正路而不由，哀哉！"（《孟子·离娄上》）仁，人心也；义，人路也。（《孟子·告子上》）"夫义，路也，礼，门也，惟君子能由是路出入是门也。"（《孟子·万章下》）义为什么是人的正路呢？可以从这里仁宅义路礼门的说法给出解释，恻隐之心是仁之端，此恻隐之心是对生命的本然之爱，是宇宙万物生生不息的根基，而作为义之端的羞恶之心就是依此根基而来，人们理所当然应依此羞恶之心而做人行事。

既然,义是人之正路,那么要走正路,就需要集义:"'敢问何谓浩然之气?'曰:'难言也。其为气也,至大至刚,以直养而无害,则塞于天地之间。其为气也,配义与道;无是,馁也。是集义所生者,非义袭而取之也。行有不慊于心,则馁矣。'"(《公孙丑上》)所谓集义就是扩充人的羞恶之心。

孟子还说:"生,亦我所欲;义,亦我所欲也。二者不可得兼,舍生而取义者也。"《告子上》舍生取义的说法并不是意味着孟子不重视生命,儒家对生命本身的重视自不待言,这里说的是一种极端的情况,无须多说。

以上孟子关于"义"的思想都是从个体的角度来说的,是否也可以扩展到国家社会呢？这一点在孟子看来是很显然的。孟子曰:"人有恒言,皆曰,'天下国家'。天下之本在国,国之本在家,家之本在身。"(《离娄上》)这里是说,天下是由国家构成的,而国家由家庭构成,家庭是由人组成的,如果每个人都由仁义而行,则天下也就合乎正义了。孟子曰:"舜明于庶物,察于人伦,由仁义行,非行仁义也。"(《离娄下》)

因为"义"是人之为人的根本,是目的本身,所以孟子反对以"利"为终极目的,也就有了"义利之辨":

> 孟子见梁惠王。王曰:"叟不远千里而来,亦将有以利吾国乎?"孟子对曰:"王何必曰利? 亦有仁义而已矣。王曰,'何以利吾国?'大夫曰,'何以利吾家?'士庶人曰,'何以利吾身?'上下交征利而国危矣。万乘之国弑其君者,必千乘之家;千乘之国弑其君者,必百乘之家。万取千焉,千取百焉,不为不多矣。苟为后义而先利,不夺不餍。未有仁而遗其亲者也,未有义而后其君者也。王亦曰仁义而已矣,何必曰利?"(《梁惠王上》)

这里孟子是从国家的角度在宣扬自己所主张的执政理念:以义为先。这段话很容易让人联想到功利主义,这个在西方几百年以来占主导地位的政治理论,其最有吸引力的主张就是:为了最大多数人的最大利益。

这一理论就是以"利"为先的、以国家利益为前提的，依此理论，为了一个国家的最大多数人的最大利益，对其他国家进行殖民统治是合理的，因此，全球几百年的殖民浪潮可以说就是这个理论的后果之一，可以说，功利主义对国家而言是有其有限的合理性的，但对"天下"而言则是非正义的。随着时间的推移，这一理论必将被人类抛弃，因为从根子上讲它是非正义的。

当然义利之辨并不是反对正当谋利，而是反对国家的不义而取。《孟子》有：

> 王子垫问曰："士何事？"孟子曰："尚志。"曰："何谓尚志？"曰："仁义而已矣。杀一无罪非仁也，非其有而取之非义也。"（《尽心上》）

不能因为自己"穷"就去不义而取，所以他主张"穷不失义"："尊德乐义，则可以嚣嚣也矣。故士穷不失义，达不离道。穷不失义，故士得己矣，达不离道，故民不失望焉。"（《孟子·尽心上》）

总的说来，孟子的正义观认为，治理国家应该以"义"为先，不是你自己的东西你去巧取豪夺就是不正义的。而国家是由人组成的，如果一个国家，从最高领导者到老百姓都依仁义而行，那么这个国家就一定合乎正义，一定可以长治久安。唯其如此，道德教化的作用就非常重要，通过教化让人们都能集义以养浩然之气，以行"义"之正路。"义"之端是人的羞恶之心，是内在于人的，是人之为人的根本。而且作为义之端的羞恶之心是依恻隐之心是仁之端而来的，这也就是所谓仁宅义路礼门。

二、仁政及正义原则

要论及孟子的政治思想，首先必须把天下和国家分开，这里的国家当然指的诸侯国，因为孟子说："不仁而得国者，有之矣；不仁而得天下者，未之有也。"（《尽心下》）为天下计，孟子提出了自己的仁政思想，仁政就是规

矩,没有仁政,必定不能平治天下。孟子曰:

> 离娄之明,公输子之巧,不以规矩,不能成方圆;师旷之聪,不以六律,不能正五音;尧舜之道,不以仁政,不能平治天下。(《离娄上》)

何谓仁政?在孟子看来由仁义而行政就是仁政,他曾举舜的例子加以说明。孟子曰:"人之所以异于禽兽者几希,庶民去之,君子存之。舜明于庶物,察于人伦,由仁义行,非行仁义也。"(《离娄下》)

仁政以何为先?首先是要保障人民的生命安全,也就是所谓"保民而王"。孟子说:

> 庖有肥肉,厩有肥马,民有饥色,野有饿莩,此率兽而食人也。兽相食,且人恶之;为民父母,行政不免于率兽而食人,恶在其为民父母也?仲尼曰:"始作俑者,其无后乎!"为其象人而用之也。如之何其使斯民饥而死也?(《梁惠王上》)

对于用木偶从葬的人,因为木偶很像人形,所以孔子深恶痛绝,用了他们将没有后人这样近乎诅咒的语言。更何况使人民饥饿而死这样的事又怎么能出现呢?孟子用孔子的话来告诫诸侯要保障人民的生命安全。

而保障人民的生命安全,孟子认为首先应该是鳏寡孤独这些社会的弱势群体:"老而无妻曰鳏,老而无夫曰寡,老而无子曰独,幼而无父曰孤。此四者,天下之穷民而无告者。文王发政施仁,必先斯四者。"(《梁惠王上》)文王是怎么做的呢?《孟子》也作了一些说明:

> 伯夷辟纣,居北海之滨,闻文王作兴,曰:"盍归乎来,吾闻西伯善养老者。"太公辟纣,居东海之滨,闻文王作兴,曰:"盍归乎

来，吾闻西伯善养老者。"天下有善养老，则仁人以为己归矣。五亩之宅，树墙下以桑，匹妇蚕之，则老者足以衣帛矣。五母鸡，二母彘，无失其时，老者足以无失肉矣。所谓西伯善养老者，制其田里，教之树畜，导其妻子，使养其老。五十非帛不煖，七十非肉不饱。不煖不饱，谓之冻馁。文王之民无冻馁之老者，此之谓也。(《尽心上》)

孟子不仅对文王的做法赞誉有加，而且认为也是很容易做到的，就像为老人折一根树枝那么简单："故王之不王，非挟太山以超北海之类也；王之不王，是折枝之类也。老吾老，以及人之老；幼吾幼，以及人之幼。天下可运于掌。"(《梁惠王上》)这一做法，就算今天以国家制度为理论前提的任何政治理论也会认同。

关于国家制度，孟子认为："诸侯之宝三：土地，人民，政事。"(《尽心下》)关于土地分配的问题，孟子认为应该是井田制。政事就是要保证财用充足，这就涉及利益的管理和分配，他说："不信仁贤，则国空虚；无礼义，则上下乱；无政事，则财用不足。"(《尽心下》)这三宝中最关键的应该是人民，就是要的民心。孟子对此曾有所辨析，孟子曰：

今之事君者皆曰："我能为君辟土地，充府库。"今之所谓良臣，古之所谓民贼也。君不乡道，不志于仁，而求富之，是富桀也。"我能为君约与国，战必克。"今之所谓良臣，古之所谓民贼也。君不乡道，不志于仁，而求为之强战，是辅桀也。由今之道，无变今之俗，虽与之天下，不能一朝居也。(《告子下》)

这就是说，孟子反对当时的一些能员干吏的说法，如果一味的"辟土地和充府库"，虽然国家的土地有了，国家的财用也充足了，但会失去了民心，因为充实国家之府库，必定是取之于民，国富民穷也是不能长久的。

因此要得民心,制民之产是根本。孟子说:

> 无恒产而有恒心者,惟士为能。若民,则无恒产,因无恒心。苟无恒心,放辟邪侈,无不为己。及陷于罪,然后从而刑之,是罔民也。焉有仁人在位,罔民而可为也?是故明君制民之产,必使仰足以事父母,俯足以畜妻子,乐岁终身饱,凶年免于死亡。然后驱而之善,故民之从之也轻。(《梁惠王上》)

制民之产就是让老百姓富足,能够养活自己的父母妻儿,风调雨顺之年能吃饱,灾荒之年也不至于饿死。

如何制民之产?孟子说:

> 不违农时,谷不可胜食也;数罟不入洿池,鱼鳖不可胜食也;斧斤以时入山林,材木不可胜用也;谷与鱼鳖不可胜食,材木不可胜用,是使民养生丧死无憾也,养生丧死无憾,王道之始也。五亩之宅,树之以桑,五十者可以衣帛矣。鸡豚狗彘之畜,无失其时,七十者可以食肉矣。百亩之田,勿夺其时,数口之家可以无饥矣。(《梁惠王上》)

这里孟子给出了几个原则性的意见,一是不违背农业耕作的时间,不能在农耕时节让农民服兵役或劳役。二是保证可持续发展,所谓"数罟不入洿池",就是不用密网到深水池里捕鱼,以免把小鱼苗也捕捞上来,这样就可以保持渔业资源再生产,目的就是为了可持续发展,斧斤以时入山林也是为了林业可持续的再生产。三是给农民一定的土地,让他们有田可耕、有地植桑,使他们生活富足,身体很弱的老人可以衣帛食肉,免受寒冷和饥饿之苦。这些原则对以农业为主的社会,其重要性是不言而喻的。

在制民恒产之后紧接着就是教育。孟子曰:"为政不难,不得罪于巨室。巨室之所慕,一国慕之;一国之所慕,天下慕之;故沛然德教溢乎四海。"(《离娄上》)这里的巨室,孟子不是从爵位、财产等方面来说的,而主要从道德教化的角度说明德教的重要性。孟子还说:"仁言不如仁声之入人深也,善政不如善教之得民也。善政,民畏之;善教,民爱之。善政得民财,善教得民心。"(《尽心上》)这就是说,教育比行政更重要,只有善教才能得民心。至于如何教育,孟子说:

  设为庠序学校以教之。庠者,养也;校者,教也;序者,射也。夏曰校,殷曰序,周曰庠,学则三代共之,皆所以明人伦也。人伦明于上,小民亲于下。有王者起,必来取法,是为王者师也。(《滕文公上》)

  薄赋税,孟子主张赋税既不能重也不能太轻。首先他是反对加重赋税的。孟子曰:"有布缕之征,粟米之征,力役之征。君子用其一,缓其二。用其二而民有殍,用其三而父子离。"(《尽心下》)对当时已经有的这三种征税办法,孟子认为只能用其中一种。薄赋税的理由就是让老百姓富裕起来,然后才能保证国家有财可用,孟子说:"易其田畴,薄其税敛,民可使富也。食之以时,用之以礼,财不可胜用也。"(《尽心上》)

  其次,他也反对赋税太轻,如果那样就无法满足礼制和政事的需要。

  白圭曰:"吾欲二十而取一,何如?"孟子曰:"子之道,貉道也。万室之国,一人陶,则可乎?"曰:"不可,器不中用也。"曰:"夫貉,五谷不生,惟黍生之;无城郭、宫室、宗庙、祭祀之礼,无诸侯弊帛饔飧,无百官有司,故二十取一而足也。今居中国,去人伦,无君子,如之何其可也?陶以寡,且不可以为国,况无君子乎?欲轻之于尧舜之道者,大貉小貉也;欲重之于尧舜之道者,大桀小桀也。"(《告子下》)

他这里反对赋税太轻的理由有两条:一是当时的所谓"中国"的自然条件比较好,可以适当征税;二是礼制教化以及国家政治的需要。

赋税既不能太重也不能太轻,多少合适呢?在当时的情况下,孟子认为"什一税"比较合适。他说:"无君子,莫治野人;无野人,莫养君子。请野九一而助,国中什一使自赋。"(《滕文公上》)而且他还认为什一税就是古制,他说:"夏后氏五十而贡,殷人七十而助,周人百亩而彻,其实皆什一也。"(《滕文公上》)《孟子》中有一段对话可以说明孟子为什么主张什一税。

> 戴盈之曰:"什一,去关市之征,今兹未能,请轻之,以待来年,然后已,何如?"孟子曰:"今有人日攘其邻之鸡者,或告之曰:'是非君子之道。'曰:'请损之,月攘一鸡,以待来年,然后已。'——如知其非义,斯速已矣,何待来年?"(《滕文公下》)

这说明当时的税制远远超过了什一税,仅《孟子》中提到的就有布缕之征、粟米之征、力役之征和关市之征等四种税征。可以想见,当时的诸侯为了征兵备战的需要,也必然要加重赋税。由此也可以说明,孟子主张什一税并不仅仅是为了复古,而是为了当时人们赋税沉重,来给出的一种适宜的相对较轻的税制找出历史的支撑。

如何保障公共权利不被乱用?孟子以为应该从教育入手,措施有两条:一是为王者师。

> 设为庠序学校以教之。庠者,养也;校者,教也;序者,射也。夏曰校,殷曰序,周曰庠,学则三代共之,皆所以明人伦也。人伦明于上,小民亲于下。有王者起,必来取法,是为王者师也。(《滕文公上》)

二是格君心之非。孟子曰："人不足与适也，政不足间也；唯大人为能格君心之非。君仁，莫不仁；君义，莫不义；君正，莫不正。一正君而国定矣。"(《离娄上》)孟子自己就在这样做，孟子告诫齐宣王说：

"君之视臣如手足，则臣视君如腹心；君之视臣如犬马，则臣视君如国人；君之视臣如土芥，则臣视君如寇雠。"王曰："礼，为旧君有服，何如斯可为服矣？"曰："谏行言听，膏泽下于民，有故而去，则君使人导之出疆，又先于其所往；去三年不反，然后收其田里。此之谓三有礼焉。如此，则为之服矣。今也为臣，谏则不行，言则不听；膏泽不下于民；有故而去，则君搏执之，又极之于其所往；去之日，遂收其田里。此之谓寇雠。寇雠何服之有？"(《离娄下》)

其次，孟子说："民为贵，社稷次之，君为轻。"(《尽心下》)他还进一步认为民意即天心。《孟子》中有：

万章曰："尧以天下与舜，有诸？"孟子曰："否；天子不能以天下与人。""然则舜有天下也，孰与之？"曰："天与之。""天与之者，谆谆然命之乎？"曰："否；天不言，以行与事示之而已矣。"曰："以行与事示之者，如之何？"曰："天子能荐人于天，不能使天与之天下；诸侯能荐人于天子，不能使天子与之诸侯；大夫能荐人于诸侯，不能使诸侯与之大夫。昔者，尧荐舜于天，而天受之；暴之于民，而民受之；故曰：天不言，以行与事示之而已矣。"曰："敢问荐之于天，而天受之；暴之于民，而民受之，如何？"曰："使之主祭，而百神享之，是天受之；使之主事，而事治，百姓安之，是民受之也。天与之，人与之，故曰，天子不能以天下与人。舜相尧二十有八载，非人之所能为也，天也。尧崩，三年之丧毕，舜避尧之子于南河之南,天下诸侯朝觐者,不之尧之子而之舜;讼狱者,不之尧之子而之舜;讴歌者,不讴歌尧之子而讴歌舜,故曰,天也。夫然后之中国,践天子位焉。而居尧之宫。逼尧之子,是篡也,非天与也。《泰誓》曰,'天视自我民视,天听自我民听,'此之谓也。"(《万章上》)

这一段的基本意思很清楚,就是民意即是天心。那时候的老百姓可以自由地选择他们认为贤能的君主,孟子的很多论述都是在此基础之上的,这和今天的情形是不同的,所以,在今天就需要在国家的意义上把民意即天心制度化。可以说,孟子对权力的制衡基本上是从道德教化和警告的角度来说,从今天政治学的角度来看,这些措施都是可以制度化的。尤其是民意即天心是可以朝着民主的制度化转化的。

从上面的这些材料可以看出,针对政治制度的建构,孟子的正义原则就是:适宜原则。

这个原则表现在很多方面,比如制定合适的税收政策,农业生产的适时性等。

三、孟子正义思想的现代意义

应该注意到,孟子的正义思想和今天无论何种形态的正义思想的前提是不同的,孟子是为天下立言,而今天的正义思想的前提是国家。纵观人类历史,可以发现,轴心期之前的思想家基本都是为天下,虽然他们的天下各不相同,也基本上不是今天意义上的天下,但天下不同于国家,则是很明显的,轴心期之后的思想家政治思想的着眼点基本上是国家。分清这一点非常重要,出发点不同,其制度设计就会大不相同。所以我们应该适当分开"天下"和国家来理解孟子的正义思想,天下的问题是普世伦理的问题,目前取得的共识很少,只是大部分人同意把孔子的恕道:"己所不欲,勿施于人"作为普世金律。这应该是稍后一些时期的人们考虑的问题,而且也不是这里的主题。在此简单说一点,孟子曰:"杀一无罪非仁也,非其有而取之非义也。"(《尽心上》)这里主要想谈的是,孟子的正义思想对于推进中国的现代民主制度有什么样的借鉴意义?

说民主就不能不说平等和自由,它们是当今人类政治领域的两大诉求,那么孟子的平等观是怎样的呢?首先,必须分清社会的政治等级制度和个人的政治平等是两个不同的问题,等级制并不必然导致不平等。建构社会的政治制度,是为了有一个良好的社会秩序,而社会秩序一定是等级制的权力结构,就这一点而言,古今中外概莫能外,无论何种政治制度一定是等级制,目的就是为了差等有序。道理很简单,因为众不能治众,只有寡才能治众。拿美国的自由主义民主制来说,各级官员不也是等级森严吗?命名为空军一号的美国总统专机绝不是随便什么人都可以坐上去周游世界的。

毫无疑问,儒家是主张君君臣臣,主张用礼制来治理国家,显然就是一种等级制,但等级制本身并没有错。等级制并不必然导致专制。曾经有不少人认为,儒家和专制有联系,最极端的就是亨廷顿的观点:儒家和民主很显然在字眼上是矛盾的。郝大维和安乐哲认为,像亨廷顿这样的观点说明他对儒学、"民主"这些含义极为丰富的概念的理解存在严重误解。他们认为:

> 尊崇祖先与文化英雄的儒家民主模式真正是一种"先贤的民主"。虽然这个共同体包括那些已不在人世者,但是这个"先贤的民主"仍然很有生气。①

美国民主越来越变得程序化和中立,带来了一些问题,这会导致现在占支配地位的美国自由主义民主的概念没有长久的活力,因此需要找寻新

---

① 郝大维、安乐哲:《先贤的民主——杜威、孔子与中国的民主之希望》,何刚强译,刘东校,江苏人民出版社2004年版,第110页。

的思想资源加以变革。不少美国学者通过研究发现,实用主义和儒学在民主问题上有很多相通之处。他们还以此对一些亚洲人提出他们的忠告:

> 当代美国的问题对一些亚洲文化可以起到警戒作用,因为一些亚洲文化有抛弃儒学的某种遗产的倾向,但却没有研究这个遗产有可能对一种亚洲风格的民主做出贡献。①

它山之石,可以攻玉,美国人都可以这样看待儒家思想,那我们为什么非要说儒家必然导致专制必然导致不平等呢?

相反,在《孟子》中可以发现,孟子主张政治等级制也主张人人平等。孟子主张圣人与我同类:"圣人,与我同类者。"(《告子上》)与圣人同类的意思不是别的,而是人皆可以为尧舜:"曹交问曰:'人皆可以为尧舜,有诸?'孟子曰:'然。'"(《告子下》)从政治的角度来说,尧舜是君王,这也就是说人人都有资格成为最高的领导者。最高领导者尚且如此,那么小人和大人就更加不能从政治上的不平等的角度来理解。《孟子》中有:"公都子问曰:'钧是人也,或为大人,或为小人,何也?'孟子曰:'从其大体为大人,从其小体为小人。'曰:'钧是人也,或从其大体,或从其小体,何也?'曰:'耳目之官不思,而蔽于物。物交物,则引之而已矣。心之官则思,思则得之,不思则不得也。此天之所与我者。先立乎其大者,则其小者不能夺也。此为大人而已矣。'"(《告子上》)

关于自由问题,尤其是政治上的自由,在孟子时代并不成其为一个问题。那时的人们享有充分的人身自由,他们可以自由的迁徙,言论自由就更不必说了,那是一个百家争鸣的时代。那时真正成其为问题的就是"心"的自由,这一点在与孟子同时的庄子那里可以看出来。如果非要问孟子关于自由的表达,那就是:"穷则独善其身,达则兼善天下。"(《尽心上》)这里

---

① 郝大维、安乐哲:《先贤的民主——杜威、孔子与中国的民主之希望》,何刚强译,刘东校,江苏人民出版社2004年版,第97页。

不能说得更多,以避免误读的嫌疑,因为这是两个不相干的问题。

这是由于西方的自由是以个人主义为基础的,自由主义是以权利为基础的,因此现代西方的民主制度也是以个人主义为基础,这正如郝大维和安乐哲所说:

> 自由主义的、以权利为基础的民主的现代形式不是带有对原子主义个人主义的理解(这与洛克、休谟和亚当·斯密的经济观点是一致的),就是带有对绝对原则的康德式强调。①

接着他们援引杜威的话对此予以批判:

> 根本不存在诸如把人界定为带有权利的生灵这样的原则。个人权利源于共同体,是后者给予了前者权利。此外,民主与资本主义和技术的结盟是一种欧洲人特别是英国人的现象,这一现象又与这样一种情况相联系:把工业革命的活动与现代民主制度错误地排列在一起。②

虽然郝大维和安乐哲他们用社群主义、实用主义这样的美国立场来理解儒学,这对儒学本身而言是否妥当,还是一个尚可以讨论的问题。但是我仍然认为他们下面的说法对中国人而言是很有价值的:

> 我们认为从总体上说,在儒学传统内仍有不少可资利用的东西,可以借以构建一个有活力、充满人情味、有条理的民主模式。

---

① 郝大维、安乐哲:《先贤的民主——杜威、孔子与中国的民主之希望》,何刚强译,刘东校,江苏人民出版社2004年版,第78页。
② 郝大维、安乐哲:《先贤的民主——杜威、孔子与中国的民主之希望》,何刚强译,刘东校,江苏人民出版社2004年版,第78页。

这个民主模式一方面可以与传统中国的社群主义意识相吻合,另一方面有可以避免建立在权利基础之上的自由主义的许多弊端。①

如果儒家传统可以构建一个新的民主模式的话,那么孟子正义思想的重要性就不言而喻了。其现代意义可能首先在于:一个人们普遍缺乏了正义感的社会是很危险的,正确的正义观对于一个良好的社会是非常重要的。其次,孟子是以其道德学说来统摄他的政治学说的,他的政治制度的设计是以人性本善为基础的。虽然人性善恶的争论仍然在继续,各种理论及其解释也千差万别,但显然不能否认孟子人性理论的价值。如果站在同情孟子的立场上,在政治制度设计的问题上,是可以在相信人性本善的基础上,以民主的方式来选贤任能,同时为了拒腐防变,以民主的方式进行监督,这样的制度也绝不是不可能的。最后,应该注意到,今天的社会比孟子时代要复杂得多,他的许多具体的制度设计不符合今天的社会实际,但是他的正义原则——适宜原则仍然闪耀着智慧的光芒。

---

① 郝大维、安乐哲:《先贤的民主——杜威、孔子与中国的民主之希望》,何刚强译,刘东校,江苏人民出版社2004年版,第10页。

第四篇　荀子正义思想述要

清末维新派英雄谭嗣同曾说:"二千年来之政,秦政也,皆大盗也;二千年来之学,荀学也,皆乡愿也。"①这是谭英雄为了在中国创立新的君主立宪制度造舆论,而对旧制度和旧的政治学进行的有力批判。毫无疑问,荀子不是乡愿,他说:"从道不从君,从义不从父,人之大行也。"(《荀子·子道》)但谭嗣同指出了一个基本可以成立的事实,那就是,自秦迄清,中国的基本政治制度就是秦始皇所创立的郡县制,而其依据的政治学则是荀学,而非荀子的弟子韩非李斯之流的法家思想。那么荀子除了为郡县制大一统提供政治思想资源之外,他还有没有更为一般的政治哲学思想,为当今的政治哲学研究提供思想资源呢?

荀子身处中国社会从分封制到郡县制大转型的变革期,夏商周的分封建国制度已经不适合时代的需要,而新的郡县制大一统呼之欲出,春秋战国几百年战乱就是因为分封制的大一统已经不能维持中华大地基本的政治秩序。为了新的政治制度,荀子思考了政治制度的起源,制定政治制度的基本原则、政治制度的作用等更为一般的政治哲学思想。

对于今天的政治哲学而言,荀子的正义思想主要有以下三点可资借鉴:

一、义者循理:政治理性

古今中外的政治思想家们对政治的理论基础从多个角度进行过探讨,

---

① 谭嗣同:《仁学》,《谭嗣同全集》(下册),中华书局1981年版,第337页。

归结起来主要是从神和人两个方面来展开的,以神学作为政治基础的,典型的表达,如奥古斯丁,人类依上帝之城而建立了地上的国,其政治实践的典型代表就是西方中世纪长达一千多年的政教合一,还有一些是介于两者之间的,时至今日,政治哲学家们基本把政治的理论基础落实到人类的理性共识,哈贝马斯的交往理性与罗尔斯的公共理性就是其代表。

两千多年前的荀子就是主张政治的理论基础在于人的理性本身。

> 水火有气而无生,草木有生而无知,禽兽有知而无义,人有气有生有知亦且有义,故最为天下贵也。力不若牛,走不若马,而牛马为用,何也?曰:人能群,彼不能群也。人何以能群?曰:分。分何以能行?曰:义。故义以分则和,和则一,一则多力,多力则强,强则胜物;故宫室可得而居也。故序四时,裁万物,兼利天下,无它故焉,得之分义也。(《荀子·王制》)

这是荀子探讨政治制度的起源,提出的群分说思想,首先人们必须结合人群才能在天地之间生存,其次是必须"分",就是构成人群的基本要求就是分工合作。而人能群能分的基础就在于义。王先谦集解:"义,谓裁断也。"①义就是人分析判断能力。这也就是说,人有气有生命有知觉能力,最重要的是,人有分析判断能力,而人类理性的这种分析判断能力就是人类社会得以组成的基础。荀子还说:"今人之性,固无礼义,故强学而求有之也;性不知礼义,故思虑而求知之也。"《荀子·性恶》这就是说,自然而生的人本来是没有礼义,礼义是人类通过学习和思考而制定出来的。

进一步,荀子多次谈到义和理的关系,他说:"仁者爱人,义者循理。"(《荀子·强国》)"义,理也,故行。"(《荀子·大略》)"诚心行义则理,理则明,明则能变矣。"(《荀子·不苟》)从荀子这些说法可以看出,义就是对理

---

① 王先谦:《荀子集解》(上册),中华书局1988年版,第164页。

的遵循,因为义遵循理,所以能够行得通,如果人诚心行义就能懂得"理",懂得了"理"就会变得聪明起来,所以,义在荀子这里与人的理性以及道理是有着密切的关联的,荀子的理性主义态度也是一以贯之的。

荀子理性政治的思想在其《天论》和《非相》中从天与人两个方面进行了详细讨论。先从天的方面,荀子说:"天行有常,不为尧存,不为桀亡。应之以治则吉,应之以乱则凶。"他论证说:

> 治乱,天邪?曰:日月、星辰、瑞历,是禹桀之所同也,禹以治,桀以乱;治乱非天也。时邪?曰:繁启蕃长于春夏,畜积收臧于秋冬,是禹桀之所同也,禹以治,桀以乱;治乱非时也。地邪?曰:得地则生,失地则死,是又禹桀之所同也,禹以治,桀以乱;治乱非地也。(《荀子·天论》)

这就是说,政治层面的治与乱与天、时、地都无关,而只是与人类的政治有关,所以他说:"天有其时,地有其财,人有其治。"

然后从人的维度,荀子说:"星坠木鸣,国人皆恐。曰:是何也?曰:无何也!是天地之变,阴阳之化,物之罕至者也。怪之,可也;而畏之,非也。"星坠木鸣乃天地之变化,只不过很少发生而已。可怪而不必畏,可怪是一种理性态度,如果你对这些现象觉得奇怪,可以去研究它,对自然现象的畏惧则会导致蒙昧主义。荀子本理性主义态度认为,人类所要畏惧的不是自然之灾异,而在人妖。他说:

> 人祅则可畏也。楛耕伤稼,耘耨失岁,政险失民;田薉稼恶,籴贵民饥,道路有死人:夫是之谓人祅。政令不明,举错不时,本事不理,夫是之谓人祅。礼义不修,内外无别,男女淫乱,则父子相疑,上下乖离,寇难并至:夫是之谓人祅。祅是生于乱,三者错,无安国。其说甚尔,其菑甚惨。勉力不时,则牛马相生,六畜作

贰　先秦儒家的正义思想研究

祅,可怪也,而不可畏也。传曰:"万物之怪书不说。"(《荀子·天论》)

荀子的结论就是"国之命在礼";(《荀子·天论》)"礼义之谓治"。(《荀子·不苟》)

所以荀子说:"先王之道,人之隆也,比中而行之,曷谓中? 曰:礼义是也。道者,非天之道,非地之道,人之所以道也,君子之所道也。"(《荀子·儒效》)意思就是说,先王之道,是用礼义实行"比中而行之",此道不是天道也不是地道,它就是人道,是人用理性的思考推导出正义原则并进而制定礼仪。这是因为天地虽然重要,但是:"天能生物,不能辨物也,地能载人,不能治人也。"(《荀子·礼论》)

但人不是天生就能够知此"人道"的,大多数人往往是:"凡人之患,蔽于一曲,而闇于大理。"(《荀子·解蔽》)不过,人具有天生的认知能力:"凡以知,人之性也;可以知,物之理也。"(《荀子·解蔽》)可以通过"虚壹而静"的办法而"求道",荀子说:

> 人何以知道? 曰:心。心何以知? 曰:虚壹而静。心未尝不臧也,然而有所谓虚;心未尝不满也,然而有所谓一;心未尝不动也,然而有所谓静。人生而有知,知而有志;志也者,臧也;然而有所谓虚;不以所已臧害所将受谓之虚。心生而有知,知而有异;异也者,同时兼知之;同时兼知之,两也;然而有所谓一;不以夫一害此一谓之壹。心卧则梦,偷则自行,使之则谋;故心未尝不动也;然而有所谓静;不以梦剧乱知谓之静。未得道而求道者,谓之虚壹而静。(《荀子·解蔽》)

在汉以后,董仲舒利用人们对一些自然现象无法做出科学合理的解释,而把遣告说运用到政治思想之中,他这种"申天而曲君"的政治思想也影响了中国政治两千多年,尤其是在最高统治者的问题上。但显而易见,在人类进入充分除魅的所谓现代文明社会之后,荀子理性政治的思想更适合现代社会。此其一也。其二是,在文化多元尤其是宗教多元的现代社会,人们应该通过理性寻求政治共识,因为宗教往往涉及神秘的超越体验,难以达成共识。诚如罗尔斯所言:

> 对于现代人来讲,宗教乃是基督教的救赎宗教,它已在宗教改革时代发生了内在分裂和冲突,譬如天主教和新教;而这些宗教已然包括一种善——即一种救赎之善的学说。但是,当它们相互竞争的超验性因素不能达成妥协时,依赖教会或《圣经》的相互冲突的权威,无法解决它们之间的矛盾。①

因此,荀子以理性作为政治理论的思想对于今天中国的政治哲学而言,有着特别重要的意义。

二、行义以礼:制度建构

荀子不仅认为是人类用天赋的理性创造了礼仪制度,还进一步认为人类也能够运用理性实施制度运作。他主张"行义以礼"。他说:

> 仁、爱也,故亲;义、理也,故行;礼、节也,故成。仁有里,义有门。仁,非其里而虚之,非礼也;义,非其门而由之,非义也。推恩而不理,不成仁;遂理而不敢,不成义;审节而不知,不成礼;和而不发,不成乐。故曰:仁义礼乐,其致一也。君子处仁以义,然后仁也;行义以礼,然后义也;制礼反本成末,然后礼也;三者皆通,然后道也。(《荀子·大略》)

---

① 罗尔斯:《政治自由主义》,万俊人译,译林出版社2000年版,第27页。

这也就是说,制度是奠基于正义原则的。荀子把由义奠基的礼重点阐发为制度建构,为当时的社会制度建构提供了儒家正义原则。

这里需要说明的是,荀子的"礼"既包含了伦理也涵盖了政治,同样,他的义既包含伦理正义,也有政治正义,这一点也不奇怪,因为人类组成社会,既需要伦理也需要政治,而且伦理与政治都需要制度化,这并不意味着,荀子主张伦理凌驾于政治之上,或者以伦理代政治。只是荀子认为伦理和政治都是人之所以能"群"不可或缺的基本要素,故而往往把两者连在一起说。

曾经有学者认为儒家移"孝"作"忠",是伦理代政治的家国同构思想。实际上,儒家并不主张家国同构,像孟子"天与"的思想:"天子能荐人于天,不能使天与之天下……天视自我民视,天听自我民听。"(《孟子·万章上》)比如荀子说:

> 天下有圣而在后者,则天下不离,朝不易位,国不更制,天下厌然与乡无以异也;以尧继尧,夫又何变之有矣!圣不在后子而在三公,则天下如归,犹复而振之矣。天下厌然与乡无以异也;以尧继尧,夫又何变之有矣!(《荀子·正论》)

这就是说,天子老了或者死去,继位的人应该从后子和三公中选,谁是才德兼备的人就选谁,而不是只能"父死子继"。只是儒家的这些思想在后来中国的政治实践中未曾实现过,如何解决这个问题,是今天的中国政治哲学要解决的问题。

要建立制度,首先必须明确正义原则的重要性,所以荀子说:

> 夫义者,内节于人,而外节于万物者也;上安于主,而下调于民者也;内外上下节者,义之情也。然则凡为天下之要,义为本,而信次之。(《荀子·强国》)

这里荀子明确提出,义有内外的双重属性,对内在于人的义可以调节人的行为,而这个有着内在根据的义外展开来可以节制万物,所以,义是治理天下之本,义的功用就是内外上下的节制。从君主到民众、从人到物,由上而下、由内而外,所适用标准只有一个,那就是"义"。

但是仅有"义"是不够的,虽然人们知道"遇君则修臣下之义,遇乡则修长幼之义,遇长则修子弟之义,遇友则修礼节辞让之义,遇贱而少者,则修告导宽容之义。无不爱也,无不敬也,无与人争也,恢然如天地之苞万物"(《荀子·非十二子》)。但是如果不把这些制度化也会导致混乱,因此,必须制定礼乐制度作为人们的行为规范。荀子说:"礼义之谓治,非礼义之谓乱也。故君子者,治礼义者也,非治非礼义者也。"(《荀子·不苟》)荀子进一步强调说:"礼之于正国家也,如权衡之于轻重也,如绳墨之于曲直也。故人无礼不生,事无礼不成,国家无礼不宁。君臣不得不尊,父子不得不亲,兄弟不得不顺,夫妇不得不欢,少者以长,老者以养。故天地生之,圣人成之。"(《荀子·大略》)

荀子进一步探讨礼仪制度的起源,他说:

> 礼起于何也?曰:人生而有欲,欲而不得,则不能无求。求而无度量分界,则不能不争;争则乱,乱则穷。先王恶其乱也,故制礼义以分之,以养人之欲,给人之求。使欲必不穷于物,物必不屈于欲。两者相持而长,是礼之所起也。故礼者养也。(《荀子·礼论》)

荀子指出,为了避免财产与权力分配上的混乱与争斗,先王制定礼义来划分人群,使他们有贫富、贵贱的差别,但贫富、贵贱的差别一定要相称,符合中道,不能失去平衡。荀子主张的"礼"是使"贵贱有等,长幼有差,贫富轻重皆有称"(《荀子·礼论》)。"礼"是社会的公共生活规范与秩序,"礼"的功能是使社会财富与权力的分配与再分配有等级、有节度、有秩序,只有这样人类才能和谐而非争斗地生存下去。

那么礼又是通过哪些具体的途径去做到这一点呢？荀子说："礼者,以财物为用,以贵贱为文,以多少为异,以隆杀为要。"(《荀子·礼论》)这就是说,用财物作行礼之用,以车马、服饰、旌旗、名章等为文饰来区别政治等级,多少差异的制度化以分别上下。礼的丰厚或者减降,主要看它是否合宜适当。这里说的主要是祭礼。荀子说："祭者、志意思慕之情也。忠信爱敬之至矣,礼节文貌之盛矣。"祭祀的作用就是用礼节之文表达忠信爱敬的情意,关于丧礼的作用,荀子说："三年之丧,何也？曰:称情而立文,因以饰群,别亲疏贵贱之节,而不可益损也。"(《荀子·礼论》)儒家继承上古敬天法祖的传统,人生于天地之间,故不能不敬天地,人来源于父母祖先,也应该祭祀祖先。荀子认为这些礼仪是基于人的自然情感,而不是为求通天通神的原始宗教仪式。这些礼仪的目的是赋予自然情感以伦理与政治文化的内涵,分别亲疏贵贱,让人类能够以人群共同体的社会形态长久地存在下去。

关于礼的作用及其意义,荀子说：

> 故尚贤使能,等贵贱,分亲疏,序长幼,此先王之道也。故尚贤使能,则主尊下安;贵贱有等,则令行而不流;亲疏有分,则施行而不悖;长幼有序,则事业捷成而有所休。故仁者,仁此者也;义者,分此者也;节者,死生此者也;忠者,惇慎此者也;兼此而能之,备矣;备而不矜,一自善也,谓之圣。不矜矣,夫故天下不与争能,而致善用其功。有而不有也,夫故为天下贵矣。(《荀子·君子》)

荀子也论述了具体的政治措施,他说：

> 王者之等赋、政事、财万物,所以养万民也。田野什一,关市几而不征,山林泽梁,以时禁发而不税。相地而衰政。理道之远

近而致贡。通流财物粟米,无有滞留,使相归移也,四海之内若一家。故近者不隐其能,远者不疾其劳,无幽闲隐僻之国,莫不趋使而安乐之。夫是之谓人师。是王者之法也。(《荀子·王制》)

荀子主张十分取一的税制,而关口和集市,只稽查坏人,不征收税;山林和水泽,按照季节关闭或开放,也不征税;依据土地的肥薄程度而征收赋税;流通财物,转运粮食,不能无故滞留;要做到"四海之内若一家"。近者尽力发挥自己的才能,远者不以劳苦为疾患,都能安乐地生活。荀子又进一步论证了"惠民"的理由就在于政治的稳定,他说:

马骇舆,则君子不安舆;庶人骇政,则君子不安位。马骇舆,则莫若静之;庶人骇政,则莫若惠之。选贤良,举笃敬,兴孝弟,收孤寡,补贫穷。如是,则庶人安政矣。庶人安政,然后君子安位。传曰:"君者、舟也,庶人者、水也;水则载舟,水则覆舟。"此之谓也。(《荀子·王制》)

关于礼仪制度的社会作用,荀子说:"礼者、断长续短,损有余,益不足,达爱敬之文,而滋成行义之美者也。"(《荀子·礼论》)进一步,荀子也谈到了对于个人养生及修身的作用,他说:

扁善之度,以治气养生则后彭祖;以修身自名则配尧禹。宜于时通,利以处穷,礼信是也。凡用血气、志意、知虑,由礼则治通,不由礼则勃乱提僈;食饮、衣服、居处、动静,由礼则和节,不由礼则触陷生疾;容貌、态度、进退、趋行,由礼则雅,不由礼则夷固、僻违、庸众而野。故人无礼则不生,事无礼则不成,国家无礼则不宁。(《荀子·修身》)

荀子认为，人无论养生还是修身都要依礼而行，所以说"人无礼则不生"。

荀子也进一步谈到了礼和法的关系，"礼者，法之大分，类之纲纪也"（《荀子·劝学》），"类"指法的律例。礼是法的理论基础，是法的指导原则。《荀子·修身》说："故非礼，是无法也。"还说："好法而行，士也；笃志而体，君子也；齐明而不竭，圣人也。人无法，则伥伥然；有法而无志其义，则渠渠然；依乎法，而又深其类，然后温温然。"

三、行义以正：公平正义

荀子主张"行义以礼"，制礼是为了返本成末，政治制度奠基于正义原则，"正义"一词首出《荀子》，共有三处，"不学问，无正义，以富利为隆，是俗人者也"（《荀子·儒效》）。这里是说，如果一个人不学也不问，没有基本的道德正义，以富利为人生的主要价值追求，就是一个庸俗的人，此处强调个人基本道德正义对于个体人格的重要性。"君子崇人之德，扬人之美，非谄谀也；正义直指，举人之过，非毁疵也；言己之光美，拟于舜禹，参于天地，非夸诞也；与时屈伸，柔从若蒲苇，非慑怯也；刚强猛毅，靡所不信，非骄暴也；以义变应，知当曲直故也。诗曰：'左之左之，君子宜之；右之右之，君子有之。'此言君子以义屈信变应故也。"（《荀子·不苟》）传统注释认为"义"读为"议"，但这里的"义"不是议论之意那么简单，荀子在这段强调的是君子"以义变应"的行为准则，君子应该以内在的道德正义为根据去应对变化多端的世间事务。"正利而为谓之事，正义而为谓之行。"（《荀子·正名》）可见荀子是用正义原则为政治制度奠基的，荀子在《赋》的一段论证可以为证，他说：

"皇天隆物，以示施下民，或厚或薄，常不齐均。桀纣以乱，汤武以贤。涽涽淑淑，皇皇穆穆。周流四海，曾不崇日。君子以修，跖以穿室。大参乎天，精微而无形，行义以正，事业以成。可以禁暴足穷,百姓待之而后泰宁。"

由此可见,所谓"正义而为谓之行"或者"行义以正"就是要"禁暴足穷",其目的是希望"百姓待之而后泰宁"。这表明荀子是主张政治正义就是要公正。由此可见,荀子不仅首先给出了"正义"一词,而且其内涵也涵盖了道德正义和政治正义两个方面。

荀子"正义而为谓之行"以及"行义以正"的思想把义与正关联,是对儒家正义思想的进一步扩展,而且这一扩展是非常必要的。因为在孟子那里,仁义内在,义之端是人的羞恶之心。而当荀子把礼义连起来讲,重点阐发"义"在政治层面发用流行的时候,就有一个公正与否的问题,正义一词首出荀子也就不奇怪了。在中国思想史上,首先将义与正关联的是墨子,他说:"义者,正也。何以知义之为正也？天下有义则治,无义则乱,我以此知义之为正也。"(《墨子·天志下》)①墨子贵义,主张兴天下之利,所以把义阐释为正。这也可以说明,当义用之于社会利益调整的时候就会和正联系起来。但墨子是尚利尚同之义,是外在的,经过孟子仁义内在的批判之后,荀子把义内外勾连起来,以仁为义的根基,然后强调"行义以正",荀子认为,"墨子蔽于用而不知文"。这是说,荀子认为,墨子蔽于节用而不知道礼仪制度的文化意义。

荀子认为政治就在于公正与公平。关于政治公正,荀子说:"公生明,偏生闇。"(《荀子·不苟》) 公正则政治清明,偏向特定人群则政治黑暗,他说:

> 无德不贵,无能不官,无功不赏,无罪不罚。朝无幸位,民无幸生。尚贤使能而等位不遗;析愿禁悍而刑罚不过。百姓晓然,皆知夫为善于家,而取赏于朝也;为不善于幽,而蒙刑于显也。夫

---

① 孙诒让:《墨子闲诂》,中华书局2001年版,第209页。

是之谓定论。是王者之论也。(《荀子·王制》)

政治公正就是要具体依据德、能、功、罪进行赏与罚,实现"行义以正"。

孔子所谓"政者,正也"是儒家一以贯之的政治主张,政治的根基就在于公正,而要体现政治公正,就是要在具体的政治经济制度中践行公平原则,政治哲学家几乎都会同意政治的理论基础就在于公平,不同之处往往就在于如何从理论上理解公平,以及如何在政治实践中实现公平。下面分析一下荀子的公平思想的特质以及对今天政治哲学的意义。

荀子强调政治公平,他说:"故公平者,职之衡也。"(《荀子·王制》)而政治公平首先就在于参与政治的机会的绝对公平。他说:

> 请问为政?曰:贤能不待次而举,罢不能不待须而废,元恶不待教而诛,中庸不待政而化。分未定也,则有昭缪。虽王公士大夫之子孙也,不能属于礼义,则归之庶人。虽庶人之子孙也,积文学,正身行,能属于礼义,则归之卿相士大夫。(《荀子·王制》)

公平最重要的就是机会的公平,罗尔斯说:"依系于在机会公平平等的条件下职务和地位向所有人开放。"[①]可以看出,先秦的荀子和当今美国之罗尔斯的公平主张如出一辙。

荀子不仅主张机会公平,也主张在选人的机制上体现公平,他说:

> 论德而定次,量能而授官,皆使人载其事,而各得其所宜,上贤使之为三公,次贤使之为诸侯,下贤使之为士大夫:是所以显设之也。(《荀子·君道》)

---

① 罗尔斯:《正义论》,何怀宏、何包钢、廖申白译,中国社会科学出版社1988年版,第302页。

荀子的这些思想以及"大道之行也,天下为公,选贤与能,讲信修睦"(《礼记·礼运》)的理想,在古代的教育制度与官僚制度中得到不同程度的体现。在西方前现代文明史上,等级制森严,很少有所谓"朝为田舍郎,暮登天子堂"的事情。中国历史上一直有一种思想,就是天下乃天下人的天下,每个人都应该有参政的权利和机会。举荐制、九品中正制与科举制等都有弊端,但从总体上看,这些制度贯穿了机会平等的原则,是中国文官制的依托。

荀子除了主张政治的公正与公平以外,还主张经济的相对公平,他认为一个国家贫富悬殊会危及社会的稳定,荀子说:

> 仅存之国富大夫,亡国富筐箧,实府库。筐箧已富,府库已实,而百姓贫:夫是之谓上溢而下漏。入不可以守,出不可以战,则倾覆灭亡可立而待也。故我聚之以亡,敌得之以强。聚敛者,召寇、肥敌、亡国、危身之道也,故明君不蹈也。(《荀子·王制》)

荀子之所以主张经济的相对公平,是因为,对于政治哲学而言,在公平原则之外,还要考虑到差别原则,关爱弱势群体,体现仁道精神。关于差别原则,荀子的主张与罗尔斯的主张也是相应的。罗尔斯依据西方的博爱传统说:

> 社会和经济的不平等应这样安排,使它们:在与正义的存储原则一致的情况下,适合于最少受惠者的最大利益。……为了平等地对待所有人,提供真正的平等机会,社会必须更多地注意那些天赋较低和出生于较不利的社会地位的人们。[①]

[①] 罗尔斯:《正义论》,何怀宏、何包钢、廖申白译,中国社会科学出版社1988年版,第302页。

而荀子本儒家的仁爱思想说:"收孤寡,补贫穷。"(《荀子·王制》)又说:"五疾,上收而养之,材而事之,官施而衣食之,兼覆无遗。"(《荀子·王制》)王先谦集解:"五疾,瘖、聋、跛足、断者、侏儒。各当其材而使之,谓若矇瞽修声,聋聩司火之属。"①这就是说,公平不是经济上的绝对平均主义,绝对平均主义的做法恰恰会导致事实上的不公平。

绝对平均主义也会影响政治效率以及社会的经济效率。荀子说:

> 分均则不偏,埶齐则不壹,众齐则不使。有天有地,而上下有差;明王始立,而处国有制。夫两贵之不能相事,两贱之不能相使,是天数也。埶位齐,而欲恶同,物不能澹则必争;争则必乱,乱则穷矣。先王恶其乱也,故制礼义以分之,使有贫富贵贱之等,足以相兼临者,是养天下之本也。书曰:"维齐非齐。"此之谓也。(《荀子·王制》)

这就是说,如果平均分配没有偏向的话,结果就是"众齐则不使",政治就失去了行政效率,更严重的后果则是"物不能澹则必争;争则必乱,乱则穷矣"。

特别值得一提的是,荀子不仅关注了人的道德正义和政治正义,也强调了人与自然之间的正义原则。他说:

> 圣王之制也:草木荣华滋硕之时,则斧斤不入山林,不夭其生,不绝其长也。鼋鼍鱼鳖鳅鳝孕别之时,罔罟毒药不入泽,不夭其生,不绝其长也。春耕、夏耘、秋收、冬藏,四者不失时,故五谷不绝,而百姓有余食也。污池渊沼川泽,谨其时禁,故鱼鳖优多,而百姓有余用也。斩伐养长不失其时,故山林不童,而百姓有余

---

① 王先谦:《荀子集解》(上册),中华书局1988年版,第149页。

材也。(《荀子·王制》)

这就是说,人对自然的利用要适时、适当、适度。荀子的这些思想是值得今天的生态伦理学借鉴。

综上所述,荀子的正义思想特别值得今天的政治哲学借鉴的主要有三点:一是,因为"人有气有生有知亦且有义",义,理也。人有天赋的理性,能够分析判断,所以人能群,能够制定礼仪制度组成人类社会。在多元文化并存的今天,唯有理性是达成政治共识的可靠基石。其二,行义以礼。仅有理性的分析判断能力并由此明确了正义原则还是不够,还必须落实到制度建构的层面上来,建立合宜的伦理制度和政治制度。第三,行义以正。政治制度应该体现机会公平、经济公平以及对弱势群体的关怀,还有人对自然的利用要适时、适当、适度。

第五篇　让罗尔斯对话孔子

"人类要生存下去,就必须回到二十五个世纪之前,去汲取孔子的智慧。"这段话是1988年,在巴黎召开的面向21世纪第一届诺贝尔奖获得者国际学术大会上,一批国际著名学者和诺贝尔奖得主探讨了21世纪科学的发展与人类面临的问题,会议接近尾声的时候,获得1970年诺贝尔物理学奖的瑞典科学家汉内斯·阿尔文博士发表了精彩的演说,得出上述结论。笔者试图依据阿尔文博士的结论进行一次有益的尝试。让罗尔斯对话孔子,是希望带着21世纪由罗尔斯所引发的问题,回到二十五个世纪之前,去汲取孔子的智慧。

一、罗尔斯问题

万俊人先生指出:我所谓的"罗尔斯问题",既不单单是指学界或我本人对罗尔斯理论的质疑("Rawls' Problem"),也不只是简单陈述罗尔斯所提出的问题本身("Rawls' Question"),而是两个方面兼而有之,所以我特意选用英文"Rawls' Problematic"来表示我的意思。[①]

先说罗尔斯所提出的问题本身("Rawls' Question")。此问题可以简述为:在一个文化多元的现代民主国家中,如何实现实质的而不仅仅是形式的公平正义?于是就有了《正义论》的问世,正如哈贝马斯等人所指出的那样,《正义论》的问世扭转了20世纪70年代及其后整个欧美哲学界的研究

---

① 万俊人:《罗尔斯问题》,《求是学刊》2007年第7期,第15-23页。

方向。与现实有密切关联的政治哲学开始勃兴，对现实少有关切的分析哲学开始退隐，哲学开始重新关注人的存在本身。而对罗尔斯理论的质疑则让对人的存在本身的关注走向深入。

对罗尔斯理论的质疑（"Rawls' Problem"）主要有两个方面，一方面是自由主义内部对罗尔斯赋予正义原则以道德色彩的批判，批判的主要目标是差别原则，其代表人物诺齐克（Robert Nozick）认为，罗尔斯的正义主张，尤其是其差异原则，很容易滋生强势政府，为政府以兼顾"处于最不利者"利益的名义，干涉另一部分社会成员的基本权利提供道德借口。进一步说，政府要"有利于最不利者"，就必须进行繁复的社会财富的制度化分配和再分配，如此一来，政府机构就会庞大起来，而政府的变"大"也会加重对个人自由、个人权利的限制，最终违背了自由主义的社会价值理想。诺齐克坚信，只有尽可能限制国家和政府的政治权力，才能确保公民个体的自由权利。因此，他所主张的是所谓"最小国家"（minimal state）与最大个人自由。诺齐克认为，任何强势政府都不可避免地会损害个人权利和个人自由的发展可能，因此都必须予以严格地禁止和限制。

由此看来，诺齐克主要目的在于，不给政府的分配与再分配以任何的道德借口，哪怕是照顾最不利者这样的社会弱势群体也不行，也就意味着，诺齐克主张，政府的政治运作不能有丝毫的道德色彩，政治只能是无道德的政治。

而第二个方面是共同体主义（the communitarianism）思想家针对罗尔斯把道德规则化而轻视美德对人和社会的奠基性作用的倾向，其代表人物麦金太尔（Alasdair MacIntyre）从历史主义和特殊主义的立场进行了批评。他说："德性与法律之间还有另一种关键性的联系，因为只有那些具有正义德性的人才可能了解怎样运用法律。"[1]在麦金太尔看来，无论道德规则多么规范多么周全，如果人们不具备基本美德，是不可能对人们的行为发生任

---

[1] 麦金太尔：《德性之后》，龚群等译，中国社会科学出版社1995年版，第192页。

何实际的影响的,更不要说成为人们信奉并遵守的道德行为规范了,对政治、法律规则就更是如此。麦金太尔的批评和质疑,是古老而全新的,可以看作是西方正义理论所面临的最主要的也最难以回应的挑战。

如果说,诺齐克是遵循西方启蒙运动以来的自由主义传统,从政治本身对罗尔斯进行挑战的话,那么麦金太尔则是遵照古希腊尤其是亚里士多德传统,从美德伦理学的角度对罗尔斯进行批判的。问题的关键都集中到了政治与伦理的关系上,这也就是万俊人先生把罗尔斯问题称之为政治伦理问题的原因。他认为:

> 简言之,现代政治与道德伦理的决裂乃是其制度化特征的内在要求和必然结果。这样,我们就不得不面对这样一种理论两难困境:一方面,现代政治要摆脱技术工具主义的官僚体制化困局,重新找回人类政治生活的真实目的和内在价值意义,从而使其政治实践不再只是一种权力游戏或治理技术;另一方面,现代政治的"制度依赖"又必须保持其"道德(价值)中立性",避免道德文化等"不可普遍化"因素的干扰,而失却道德伦理和文化价值的意义支撑,政治又难以在其根本目的的层面上证成其正当合法性。这的确是一个"现代性"的政治哲学难题。[①]

这个现代性的政治哲学难题之所以是现代性的,是因为现代政治一直致力于"以权力制约权力"的方向发展,这对于制约权力的滥用以及权力腐败的顽症是有价值的,对防止集权与专制的滋生与发展也是必要的,但时至今日现代政治学已经发展成了专门的政治技术,甚至成了一种权力游

---

① 参见万俊人:《政治如何进入哲学》,载《中国社会科学》2008年第2期,第23页。在这篇文章中万先生深化了对罗尔斯问题的研究,他在该文19页的注释4中说:"罗尔斯问题的问题之要害,正是政治与道德的相关性问题,有时我也将之概括为政治伦理问题。"

戏,政治的技术化倾向使得政治学得以兴盛,而作为要不断探求政治之价值基础的政治哲学则隐而不显。

西方现代政治文明的根本变革最早就是以"政教分离"为前提而得以成功实现的。首先是马基雅维利开其端绪,西方政治学的基础由道德移向权力,随后的霍布斯、洛克、卢梭等西方的政治思想家用契约论的权力让渡理论说明了世俗政治权力的合法性,而且用"以权力制约权力"的方式保证世俗政治权力的运作,如此一来,政治成功地脱离了宗教,而带来的另一个效应就是政治也离伦理越来越远,直到罗尔斯让政治哲学重新回到西方哲学的中心地带时,人们才发现西方自启蒙运动以来发展只是政治学而非政治哲学,当罗尔斯的正义原则(主要是差别原则)要稍微给政治加上一些道德价值的色彩时,自由主义者就感到了莫大的诧异。殊不知,这正是西方的传统,不过是他们古希腊、基督教传统而非启蒙运动以来的近代自由主义传统。

可以说《正义论》中的罗尔斯是希望回复西方由来已久的政治哲学传统的,而《政治自由主义》的罗尔斯则固守了启蒙运动以来的近代自由主义传统。从《正义论》到《政治自由主义》的转向中,罗尔斯把道德主体转换成了政治主体,就是:"作为拥有道德人格及其充分的道德行为主体之能力的个人理念则被转换为公民的理念。"①在这样的转换之后,"为了发挥其政治角色的作用,公民被看作是具有适合于这一角色的理智能力和道德能力的,诸如,由一种自由主义观念所给定的政治的正义感的能力;一种形成,遵循和修正其个体善学说的能力;还有他们具有维持正义的政治社会所需要的政治美德能力"。②

那么罗尔斯为什么会有这样的转向呢?罗尔斯转向的理由就在于他认为:

---

① 罗尔斯:《政治自由主义》,万俊人译,译林出版社2000年版,第31页。
② 罗尔斯:《政治自由主义》,万俊人译,译林出版社2000年版,第33页。

> 对于现代人来讲,宗教乃是基督教的救赎宗教,它已在宗教改革时代发生了内在分裂和冲突,譬如天主教和新教;而这些宗教已然包括一种善——即一种救赎之善的学说。但是,当它们相互竞争的超验性因素不能达成妥协时,依赖教会或《圣经》的相互冲突的权威,无法解决它们之间的矛盾。①

这就是说,罗尔斯认为,宗教里面的超验性因素是相互竞争甚至是相互冲突的,因此不可能达成政治上的妥协。罗尔斯在《政治自由主义》中说:

> 政治自由主义的问题是:一个由自由而平等的公民——他们因各种合乎理性的宗教学说、哲学学说和道德学说而产生了深刻的分化——所组成的稳定而公正的社会之长治久安如何可能?这是一个政治的正义问题,而不是一个关于至善的问题。②

因此,罗尔斯认为,在现代民主政治和文化多元论的社会条件下,政治自由主义的核心理念只能是"政治正义",因而也必须超脱一切道德价值或宗教价值,寻求"政治中立"。罗尔斯由《正义论》滑向《政治自由主义》,用政治来修正伦理的做法,在现代语境中,把政治哲学的形而上学困境凸显出来。

二、政治哲学的形而上学困境

所谓的罗尔斯问题,也就是伦理与政治之间的紧张,实际上有更为遥远的历史背景和更深刻的理论困境,只是在今天多元文化并存并且相互竞

---

① 罗尔斯:《政治自由主义》,万俊人译,译林出版社2000年版,第27页。
② 罗尔斯:《政治自由主义》,万俊人译,译林出版社2000年版,第13页。

争的格局,这个困境被凸显出来,我称之为政治哲学的形而上学困境,这个困境表明:没有一个普适意义的宗教或者道德学说可以作为文化多元的现代社会的政治之价值基础,如果必须以某种宗教或者道德伦理学说作为政治的形而上学基础,就会丧失其政治中立性的立场,而与现代社会多元文化共存的事实严重不符;而政治中立就会导致无道德的政治,那么随之而来的问题必然就是政治的价值合法性何在? 这也就不能不让人联想到奥古斯丁所提的著名问题:"除去正义,国王与巨盗何异?"(《上帝之城》第四卷第四章的标题)而庄子"盗亦有道"的名言则说明,即使是强盗要组成团伙也是需要价值支撑的,这就表明了,没有任何价值支撑的政治根本就没有任何存在的可能性。

很显然,这种困境是一种形而上学式的思维方式带来的一种镜像困境,因为它是在政治哲学要求把伦理作为政治的形而上的价值基础,或者以政治为基础去规范伦理的情况下产生的,所以才称之为政治哲学的形而上学困境。它与人类思考问题的方式有着某种深层的联系,轴心期之后,人类开始思考"天道、人性、理念、至善"等一些所谓形而上的问题,进入了一个形而上学化的时期,形成了一种形而上学式的思维方式。

至于形而上学式的思维的特点,下面通过亚里士多德,可以去管窥一二,亚里士多德说:

> 凡能得知每一事物所必至的终极者,这些学术必然优于那些次级学术;这终极目的,个别而论就是一事物的"本善",一般而论就是全宇宙的"至善"。上述各项均当归于同一学术;这必是一门研究原理与原因的学术;所谓"善"亦即"终极",本为诸因之一。①

---

① 亚里士多德:《形而上学》,吴寿彭译,商务印书馆1959年版,第4页。

这表明,这种思维方式以探究事物的本质为目的,希望用"一"说明"多",所以一般都预设有一个终极本体,并且预设了所有杂多的事物、形式乃至于原理和规律都依据某种因果关系而指向终极本体,并反过来由此唯一的终极本体来说明一切的杂多。如此就不奇怪,思想家们要么从伦理规范政治,要么用政治规范伦理。

在古希腊,比如柏拉图,伦理思想与其政治思想高度统一,并且主张用公共化的国家政治正义为蓝本去规定个人正义,他说:"我们以什么为根据承认国家是正义的,我们也将以同样的根据承认个人是正义的。"①这是因为柏拉图认为,国家中有三个阶级——劳动者、军人和统治者,国家正义在于三种人各做各的事,国家应该由智慧的哲学王进行理性专制主义的统治。与此相对应,人有一个欲望、激情、理智的心灵三重结构,个人正义意味着理智、激情和欲望都保持它们适当的界限。这里要进一步说明的是,在柏拉图看来确定国家中三个阶级或者阶层的依据在于他们人性上的差别:"在有些人的身上加入了黄金,这些人因而是最可宝贵的,是统治者。在辅助者(军人)的身上加入了白银。在农民以及其他技工身上加入了铁和铜。但是又由于同属一类,虽则父子天赋相承,有时不免金父生银子,银父生金子,错综变化,不一而足。"②

奥古斯丁是早期教会中最深刻的政治思想家之一,在西方政治思想史上有承前启后的重要作用。奥古斯丁作了两座城的区分:"两座城是被两种爱创造的:一种是属地之爱,从自爱一直延伸到轻视上帝;一种是属天之爱,从爱上帝一直延伸到轻视自我。"③圣奥古斯丁区分上帝之城和世俗之城的目的也很明确,他是希望人类能模仿至善上帝之城来构建世俗之城。

---

① 柏拉图:《理想国》,郭斌和、张竹明译,商务印书馆2002年版,第169页,441d。
② 柏拉图:《理想国》,郭斌和、张竹明译,商务印书馆2002年版,第128页,415a。需要说明的是,这里金、银、铜等应该喻指具有心灵美德程度的差异。
③ 奥古斯丁:《上帝之城》,王晓朝译,人民出版社2006年版,第631页。

以奥古斯丁为例来说明这其中伦理与政治的紧张。

罗尔斯很清楚古希腊和基督教传统是道德形而上学居于主导地位,他说:

> 柏拉图、亚里士多德和由奥古斯丁、阿奎那所代表的基督教传统,属于主张理性的和合理的善的正义观念的一方。……的确,从古希腊思想开始,占支配地位的传统似乎一直都认为只存在一种理性和合理的善观念。这样,政治哲学的主要目的——政治哲学总是被目为道德哲学的一部分,且与神学和形而上学联系在一起——也就是决定它的本性和内容。①

罗尔斯也分析了现代西方政治传统的形成原因,他认为有三次历史性的发展深刻地影响了道德哲学和政治哲学的性质,他分析说:

> 第一次发展是十六世纪的宗教改革。……第二次发展是现代国家及其中央行政管理的发展。……第三次是发轫于十七世纪的现代科学发展。②

这就是说,宗教改革使中世纪的宗教统一分崩离析,并导致了宗教多元论,并进而形成各种各样的多元论,而多元论的事实,使得信仰自由、言论自由成为可能;然后是绝对的君主权力被分享,"以权力制约权力"成为可能;最后现代科学的发展使得理性主义大行其道。所以,罗尔斯断言:"政治自由主义(以及更一般意义上的自由主义)的历史起源,乃是宗教改革及

---

① 罗尔斯:《政治自由主义》,万俊人译,译林出版社2000年版,第142页。
② 罗尔斯:《政治自由主义》,万俊人译,译林出版社2000年版,第10页。

其后果,其间伴随着十六、十七世纪围绕着宗教宽容所展开的漫长讨论。"①

罗尔斯大致表明了,在古希腊和中世纪是道德哲学居于主要地位,而近代则是政治哲学为主,用罗尔斯自己的话说就是,古代是个至善的问题,而近代则是政治正义的问题。所以说,近代西方从马基雅维利开始直至罗尔斯,也陷入了一个形而上学困境,而这次则是关于政治的。按照通行的解释,近代西方的政治理论是从自然法和自然人性观推导出来的。自然法是合乎理性的规律和法则,依据自然法,人都具有天赋的理性和平等的权利、天生都是自由的、都有保护自己企求平安的欲望等等。但由于人性本身是自私自利、残暴好斗的,在社会和国家建立之前,人类就处于一种充满争斗、恐惧不安的自然状态。为了摆脱自然状态,每个人必须自愿让渡自己的部分自然权利,以建立国家和社会,从而保障每个人的安全和福利。由此可以看出,近代西方的政治理论假定了自然状态中的人性本恶,并进而创造了"以权力制约权力"的政治权力的运作模式。

从西方三个阶段的杰出思想家的经典论述中可以看出,政治哲学的形而上学困境就是源自于对人本身的形而上学理解。如果人本身有至善之性或者有至善的上帝作为依据或保证,就用伦理道德以及宗教扬善,用人性最善者治理国家,或者依据至善的上帝之城来管理世俗之城。反之,如若人本身是理性、自私和相互冷淡的,就要依靠政治的强制显性力量来抑恶扬善,而伦理道德以及宗教就退化为一种隐性的背景,当然这一时期的道德学说以及宗教已然多元化。所以,近代西方用"以权力制约权力"的理性政治的方式保证世俗政治权力的运作。这就是说,由罗尔斯问题凸显的伦理与政治的紧张,以及更深层次的政治哲学的形而上学困境,其实就潜藏在人类对人本身本质的理解即人性本身。

而对东西方哲学稍作考察就会发现,人性论问题其实是在轴心期之后

---

① 罗尔斯:《政治自由主义》,万俊人译,译林出版社2000年版,第12页。

不到百年的一段时间之内骤然兴起的,西方是从柏拉图和亚里士多德开始,而在中国就是思孟学派和荀子,而这一时期正是人类的思维方式形而上学化的时期。由此可以推断,罗尔斯问题乃至更深层次的政治哲学的形而上学困境就是由于人类形而上学化的思维方式,尤其是对人性本身做了单向度的形而上学理解造成的。

在中国文化中,尤其是在儒家思想中,政治哲学的形而上学困境也并非不存在,而且这个问题也是由来已久,以前对儒家思想的研究中,或者以为儒家是伦理本位,或者以为儒家是政治本位,以为儒家是伦理本位者,以人性善为依据,坚持主张儒家就是内圣之学、心性之学,以思孟学派和宋明理学为代表。以为儒家主干是政治本位者,突出其经世致用的实用性,把儒家视为外王之学、政治之学,把荀子和董仲舒、黄宗羲等归入这一系统。于是在后世儒家那里,似乎就有了伦理与政治或者说是内圣与外王之间的紧张。西学东渐以来,新儒家意欲老树发新枝,典型的表达就是牟宗三的内圣开出新外王,试图固守儒家的伦理本位,接纳西方的民主政治,自由主义者则想移花接木,直接引进近代西方的民主政治,并且对传统的儒家伦理进行了毫不留情的猛烈批判。在今天的学术界,要心性儒学还是要政治儒学的争论仍然是一个热点。但总的说来,仍然纠缠在伦理与政治的紧张之中。

三、对话孔子

面对当今凸显罗尔斯问题表明了伦理与政治之间的紧张,更深层次的政治哲学的形而上学困境,为什么要选择孔子而不是别的思想家呢?这是因为要跳出形而上学思维的圈子,就应该回到人类思维的形而上学化之前的时期,即雅斯贝尔斯所说的轴心期。在轴心期的思想家中,释迦牟尼及其佛教,有宗教也有伦理但无政治,其宗教伦理须依托世俗的政治而存在。老子的思想既有伦理也有很多政治的睿智,后来也发展出了道教,但小国寡民的模式显然不合今天政治哲学的胃口。倒是苏格拉底可以是一个很好选择,谙熟西方哲学张祥龙说:"西方从古希腊,尤其是苏格拉底以后,哲理和宗教就分得比较明确了,实际上,苏格拉底的死,在很大程度上起因于他的哲理与当地城邦信仰的冲突,他被控自造新神,不信本邦的神。当然,就他个人而言,哲学和宗教倒还是一体两面的。可是到了亚里士多德,就更强调哲学是科学,是一种纯理性的探讨,而宗教只是信仰。到了近代西方,这个分裂就更明显了。但在中国,尤其是在孔子那里,这个界限就非常模糊。"①这就意味着,相比较而言,在孔子的思想中,理性与宗教是一体两面的,孔子没有给理性与宗教以及伦理与政治划出什么绝对的界限来。因此大致可以说,要解决罗尔斯问题,孔子可能是最合适的选择。下面结合罗尔斯的几个问题谈一下选择孔子的理由。

　　首先,罗尔斯问题是他运用形而上学式的思维方式带来的,尽管罗尔斯基本不谈形而上学问题,而是把形形色色的形而上学作为文化多元论的事实放在政治自由主义的背景里面,但从主张"后形而上学"思维方式哈贝马斯和罗尔斯的论战中,是可以较为明显地看出,他的思维方式是形而上学式的,在这个思维方式的问题上选择孔子的理由在于,孔子是人类智慧之光乍现的轴心期的非形而上学思想家之一,后来的东西方形态各异的形而上学思想,可以说是轴心期思想偏于一端的发展,因此破解形而上学困境的最佳选择也许就应该回到源头寻找可以借鉴的思想资源,海德格尔等人的现象学就是这样做的。然后是孔子不谈抽象的人性,只教人为善去恶。子贡曰:"夫子之文章,可得而闻也;夫子之言性与天道,不可得而闻也。"(《论语·公冶长》)这表明,孔子几乎不谈性、天道这样形而上的大问题。子曰:"性相近也,习相远也。"(《论语·阳货》)孔子主要在那"习相远"教活生生的人为善去恶,改变那"习"使人们不至于相隔太远。

---

① 张祥龙:《先秦儒家哲学九讲》,广西师范大学出版社 2010 年版,第 10 页。

第二，在罗尔斯那里有伦理与政治的紧张，也就是万俊人所说的伦理政治问题，尤其是他的政治自由主义"价值中立"的主张，有可能导致无道德的政治，这引发了人们对罗尔斯之后政治哲学走向的普遍担忧。罗尔斯政治自由主义所谓的"价值中立"坚持认为，在现代民主政治和文化多元的背景下，政治不能也不应该支持或者偏好某个特定的宗教学说或者道德学说，就此而言，所谓"价值中立"是有现实意义的。但价值中立绝不意味着全无价值诉求，罗尔斯的价值诉求就在多元宗教、道德学说以及哲学学说的"重叠共识"（overlapping consensus）之中，这也是罗尔斯给政治添加的必不可少的，然而也是非常淡的道德底色。这样因为罗尔斯认为："第一，共识的目标即政治正义的观念，它本身就是一个道德观念。第二，它是在道德基础上被人们所认肯的。"①就这一点而言，孔子"和而不同"可能比"重叠共识"更有说服力，"重叠共识"是希望求同，而从各种相互冲突的宗教、道德学说以及哲学学说去严格求同是非常难的，由汉斯昆（Hans kung）等人推动的世界伦理运动的失败就表明了这一点，即使是"己所不欲，勿施于人"的伦理金律也只是得到绝大多数而不是全部宗教团体的认肯。

因此，在伦理与政治的关系问题上，孔子坚决反对把伦理道德凌驾于政治之上，并借用政治的强制力量乱杀无辜，《论语·颜渊》有："季康子问政于孔子曰：'如杀无道，以就有道，何如？'孔子对曰：'子为政，焉用杀？子欲善，而民善矣。君子之德风，小人之德草。草上之风，必偃。'"这也说明，道德教化是政治的基础，但绝不意味着，可以使用"杀无道以就有道"这样的专制主义手段。进一步说，孔子"为为政"的思想表明，伦理道德与政治之间并不存在一种形而上学的紧张关系，《论语·为政》有，或谓孔子曰："子奚不为政？"子曰："书云：'孝乎惟孝、友于兄弟，施于有政。'是亦为政，奚其为为政？"这表明孔子认为，培养恪守伦理规范的君子从事政治，这也

---

① 罗尔斯：《政治自由主义》，万俊人译，译林出版社2000年版，第156页。

是政治,也就是说,伦理对政治层面的影响是通过培养人的道德素养实现的,而不必用伦理规范政治,或者用政治规范伦理。人一定要有道德的底色,这是谁也不会反对。

前面已经说过,潜藏在伦理与政治的紧张背后的是政治哲学的形而上学困境,而这个镜像困境的形成是因为思想家们把人做了单向度的形而上学的理解。正如罗尔斯所指出的那样,古希腊和基督教主要是关于道德哲学,要解决的是至善的问题,而近代西方则主要是关于政治哲学的,要解决政治正义问题。但众所周知,人既是道德的,也是政治的,而且道德教化和政治制度都是人类创造的,它们之间不应该有冲突与紧张。因此要解决政治哲学的这个镜像困境,就应该回到人本身,对人做要求,孔子是希望,政治正义主要应该通过道德君子、仁人乃至于圣人"行义以达其道"来实现的,要求从政的君子正名、正位、正身,并且懂得正确的施政顺序。这就是说,孔子着重强调"君子"的道德属性,对从政的人作了道德要求,在孔子之前君子主要指有政治地位的人。在文化多元的现代社会,可以用各种宗教、各种道德学说培养君子从事政治的运作。

第三,也是比较关键的一点,就是在罗尔斯那里,有一个不可被普遍认同宗教的超越体验与普遍理性之间的冲突,也可以说,罗尔斯的问题是在超验的层次上凸显出来的,而孔子对待超验的态度是:"敬鬼神而远之。"(《论语·雍也》)孔子承认超验纬度的存在:"死生有命,富贵在天。"(《论语·颜渊》)"祭如在,祭神如神在。"(《论语·八佾》)而孔子思想的核心在于启发人的理性,先做好人应该做的事情,《论语·先进》有:"季路问事鬼神。子曰:'未能事人,焉能事鬼?'敢问死。曰:'未知生,焉知死?'"可以说,孔子"敬鬼神而远之"的思想就是希望人们理性地对待宗教性的超越体验,这首先是对超验的纬度有敬意,保留了宗教信仰的空间,保证宗教信仰自由的根基。其次,拒绝了宗教直接参与政治的可能性,避免了发生宗教战争的可能。第三,理性地对待宗教就不大可能产生严重危及社会稳定的宗教狂热活动。

最后要说的是，潜藏在伦理与政治的紧张背后的政治哲学的形而上学困境，由罗尔斯凸显出来的伦理与政治之间问题绝不仅仅是属于为现代美国社会而殚精竭虑的罗尔斯，也不仅仅只属于西方，它是属于全人类的问题。在中国文化，尤其在儒家文化中，长期以来一直就有以荀子为代表的政治儒学与以孟子为典型的心性儒学的争论，在今天也需要重新思考，探讨一下合孟荀的可能，让儒学在今天能够两翼双张。既然孟子和荀子的思想都源自于孔子，那么充分发掘孔子的思想应该是可以解决这个问题的。

叁 阳明心学研究

第一篇　明代心学与孟学

一、陈献章与孟学

陈献章(1428—1500),字公甫,别号石斋,广东新会白沙里人,因白沙村临西江入海之江门,所以学者称其为白沙先生,其学为江门之学。白沙之学"以自然为宗";提出了"天地我立,万化我出,宇宙在我"的心学思想以及"在静坐中养出端倪"的心学修养方法;主张不离日用、追求真乐的自然之境。白沙在政治上极为平凡,在学术上却颇有造诣,是明代心学的先驱,是元代以后程式化的朱子学向阳明学过渡的关键性人物。因其学术成就,在万历十三年(1585年)从祀孔庙,并赐谥文恭。陈献章的诗文,后人辑为《白沙子》。1987年中华书局出版了孙通海点校的《陈献章集》。

1. 明代心学先驱

明初,朱子学被定于一尊,随着三部《大全》的纂修和颁布,学子无不偃伏其麾下,在钦定朱子学的笼罩下,士子门竞相奔走于八股取士的科举之路,逐而不反。他们往往相矜以智,相轧以势,相争以利,其结果是竟不知身心性命为何物,不过是以功利之心,为假仁袭义之事,一言以蔽之:其去圣学也远矣。

陈献章眼见得孟子"充是心也"的一段儒家真精神丧失殆尽,学风日陋,于是深切反省。他说:"由斯道也,希贤亦贤,希圣亦圣,希天亦天。立吾诚以往,无不可也。此先王之所以为教也。舍是而训诂已焉,汉以来陋也。舍是而辞章已焉,隋唐以来又陋也。舍是而科第之文已焉,唐始滥觞,宋不能改,而波荡于元,至今又陋之余也。"①因此,白沙倡言"自得",重新回到自我,找还学问的真精神,成为明代心学的先驱,黄宗羲所谓"作圣之功,至先生而始明,至文成而始大"②,就是说这个的意思。

白沙之所以能遥契孟子,回复"充是心也"的一段儒家真精神,倡导孟子的作圣之功,成为明代心学的先驱,与他的人生经历可谓是不无关系的。

在从学吴与弼时,早上贪睡,吴与弼大声叫道:"秀才,若为懒惰,即他日何从到伊川门下,何从到孟子门下?"③白沙从此勤奋学习,但屡试不第,直到40岁出头才作罢。其间游太学,被誉为"真儒复出",从游者众。出众才华和屡试不第之间的强烈反差,使得他对科举制度的失望,进而反省与批判由它造成的学风,是白沙遥契孟子的生活前提。

白沙首先是在心的本体意义上向孟子回归。他说:

> 终日乾乾,只是收拾此而已。此理干涉至大,无内外,无终始,无一处不到,无一息不运,会此则天地我立,万化我出,而宇宙在我矣。得此把柄入手,更有何事,往古来今,四方上下都一起穿纽,一齐收拾,随时随处,无不是这个充塞。④

这里"宇宙在我"乃是源于陆九渊的"宇宙即是吾心,吾心即是宇宙"⑤的思想,而"天地我立,万化我出",则是白沙对孟子"万物皆备于我"的进一步发挥。既然他认为天地我立,万化我出,那么白沙自然也可以说:"君子一心,万理完具。事物虽多,莫非在我。"⑥

如此一来,既然心具万理,万物皆备于我,那么在理论上就可以说,作

---

① 《陈献章集·古蒙州学记》。
② 《明儒学案·白沙学案》。
③ 《陈献章集·年谱及传记资料》。
④ 《陈献章集·与林郡博(七)》。
⑤ 《陆九渊集·杂说》。
⑥ 《陈献章集·论前辈言铢视轩冕尘视金玉(中)》。

圣之功应求诸吾心,因此,白沙求所谓"自得"就很自然了。白沙云:

> 学者苟不但求之书而求诸吾心,察于动静有无之机,致养其在我者,而勿以闻见乱之,去耳目支离之用,全虚圆不测之神,一开卷尽得之矣。非得之书也,得自我者也。①

陈白沙描绘其"自得"之境是"卓乎有以自立,不以物喜,不以己悲",充盈着"华落实存"的浩然之气。② 白沙为学主要在于"养善端"和"求自得",而所谓"自得"是和"养善端"联系在一起的。他说:

> 夫养善端于静坐,而求义理于书册,则书册有时而可废,善端不可不涵养也。……诗、文章、末习、著述等路头,一齐塞断,一齐扫去,毋令半点芥蒂于我胸中,夫然后善端可养,静可能也。终始一意,不厌不倦,优游厌饫,勿助勿忘,气象将日进,造诣将日深,所谓"至近而神"、"百姓日用而不知"者,始自此进出体面来也。到此境界,愈闻则愈大,愈定则愈明,愈逸则愈得,愈易则愈长。存存默默,不离顷刻,亦不着一物,亦不舍一物,无有内外,无有大小,无有隐显,无有精粗,一以贯之矣。此之谓自得。③

这样,白沙就以截断众流的手段,归本于心,直将源头通贯孟子,复活周、程,接续陆九渊,为明代学术别开生面,成为了一个新学术思潮的先驱。

2. 端倪与善端

陈献章为学主要在于"养善端",他提出了"在静坐中养出端倪"的心学修养方法。这一方法的提出,来源于他对宋代儒者的"主静"与"主敬"之争

---

① 《陈献章集·道学传序》。
② 《陈献章集·李文溪文集序》。
③ 《陈献章集·与林缉熙书》。

的反思,他说:

> 伊川先生每见人静坐,便叹其善学。此一静字,自濂溪先生主静发源,后来程门诸公递相传授,至于豫章、延平二先生,尤专提此教人,学者亦以此得力。晦庵恐人差入禅去,故少说静,只说敬,如伊川晚年之训。此是防微虑远之道。然在学者须自量度何如,若不至为禅所诱,仍多静方有入处,若平生忙者,此尤为对症药也。①

在白沙看来,在宋代儒者中,主静是主流,自周濂溪先生主静发源,后来程门诸公递相传授,至于豫章、延平二先生。朱子主敬,只不过是为了防止人们由此入禅,如果不怕为禅所诱,还是静坐的好,尤其对于那些整天忙忙碌碌的人,更是对症的良药。但也可以看出,他并不完全排斥"主敬"。

白沙"主静",静只是出发点,养静为其方法,而关键是要养出一个"端倪"来。这就是他所说的"为学须从静中坐,养出个端倪来,方有商量处"②。可以看出,白沙所谓端倪,即是孟子所说的善端,养端倪就是养善端。这是对孟子"善端"、"养气"诸说的进一步发展。所以孟子于善端处讲"人禽"之别,白沙作《禽兽说》:

> 人具七尺之躯,除了此心此理,便无可贵,浑是一包脓血里,裹一大块骨头。饥能食,渴能饮,能著衣服,能行淫欲,贫贱而思富贵,富贵而贪权势,忿而争,忧而悲,穷则乱,乐则淫,凡百所为,一信气血,老死而后已,则命之曰禽兽可也。③

---

① 《陈献章集·与罗一峰》。
② 《陈献章集·与贺克恭黄门》。
③ 《陈献章集·禽兽说》。

此说对孟子的"人禽之辨"作了进一步的发挥,认为人如果不归本于心,一意妄行,就如同禽兽一般。

白沙的静坐功夫是体悟天地之道的过程,其目的在于养成参赞化育、与天地参的君子人格。而要养成君子人格,用宋明理学的话说,就要存天理、灭人欲。这样,静坐首先也就是要明天理,要识蔽,然后去蔽。他说:

> 耳之蔽声,目之蔽色,蔽口鼻以臭味,蔽四肢以安佚。一掬之力不胜群蔽,则其去禽兽不远矣。于此,得不甚恐而畏乎?知其蔽而去之,人欲日消,天理日明;溺于蔽而不胜,人欲日炽,天理日晦。①

这样静坐就有识蔽和去蔽的两个作用,也就是说,通过静坐,既能明天理,也能去人欲,从而养成君子品格。他又说:"君子之所得者有如此,则天地之始,吾之始也,而吾之道无所增;天地之终,吾之终也,而吾之道无所损。天地之大,且不我逃,而我不增损,则举天地间物既归于我,而不足增损于我矣。"②这样即达到了天人相合,这就为心学的发展重新奠定了基础,走出了僵化的朱子学之强力笼罩,而于明初学术的滞凝状态中另辟出一新途。

3. 孟子功夫

陈献章论学以"自然"为宗,而要达到这种自然的功夫也就是孟子所说的"勿忘勿助"。他说:

> 终日乾乾,只是收拾此而已。此理干涉至大,无内外,无终始,无一处不到,无一息不运,会此则天地我立,万化我出,而宇宙在我矣。得此把柄入手,更有何事,往古来今,四方上下都一起穿

---

① 《陈献章集·东晓序》。
② 《陈献章集·论前辈言铢视轩冕尘视金玉(上)》。

中国文化的再展开

纽,一齐收拾,随时随处,无不是这个充塞。色色信他本来,何用尔脚劳手攘!舞雩三三两两正在勿忘勿助之间曾点些儿活计,被孟子一口打并出来,便都是鸢飞鱼跃。若无孟子功夫,骤而语之以曾点见趣,一似说梦。会得虽尧舜事业,只如一点浮云过目,安事推乎。此理包罗上下,贯彻终始,滚作一片,都无分别,无尽藏故也。自兹以往更有分殊处,合要理会。①

在这里,"色色信他本来,何用尔脚劳手攘",就是要顺自然;"舞雩三三两两",便是曾点乐处;"鸢飞鱼跃",为程颢所赞叹的活泼泼的境界。这就是说,白沙认为儒家传统中"曾点之乐"的功夫被孟子发挥出来,而且他的自然之乐就是来自孟子勿忘勿助的功夫。离开了孟子勿忘勿助以及养气的功夫,去说什么曾点之乐,不过是痴人说梦而已。有了孟子所说的功夫,就可以无处不自得,就能理会尧舜气象。

陈献章的"自然"是什么意思呢?他说:

人与天地同体,四时以行,百物以生,若滞在一处,安能为造化之主耶?古之善学者,常会此心在无物处,便运用得转耳。学者以自然为宗,不可不着意理会。②

从这里可以看出,他所谓的"自然"就是心灵的无滞无碍,指心灵不受外物牵制的一种自由状态,也就是这里所谓的"心在无物处",就是心不要滞在一个念头、一个事物上,这样的境界就叫"自然"。在白沙看来,这样的精神境界乃是一种真乐,他的全部学问就是为了追求这个真乐的自然之境。

---

① 《陈献章集·与林郡博(七)》。
② 《陈献章集·与湛民泽(七)》。

二、湛若水与孟学

湛若水(1466—1560),字元明,号甘泉,广东增城新塘人,学者称甘泉先生。明弘治十八年(1505年)进士,从陈宪章游,是陈白沙弟子中成就最著者。曾任南京礼部、吏部、兵部尚书。弘治末年甘泉与阳明定交,常以书信相与论学,二人共同推进了当时的心学思潮。主要著作有《湛甘泉文集》、《圣学格物通》、《二礼经传测》、《春秋正传》、《四书训》等。

1. 心包万物

湛若水以"随处体认天理"为宗旨,这与他对心和性的看法是相联系的。他给心学下了一个定义,他说:"如何谓心学?万事万物莫非心也。"①更为完整的看法可见于其《心性图说》,湛若水将其对心与性的理解描绘为一图,称之为"心性图"。此图为一个大圈,标明为上下四方之宇,古往今来之宙,内又含三个小圈,分别标明为未发之"性"、已发之"情"及"万事万物天地"。他解释说小圈是"心无所不贯",大圈是"心无所不包",包与贯始终一体不二。在他看来,作为天地万物之心,经历了由本心的未发到已发,再到天地万物的化育发展的三个阶段,心包罗天地万物,又贯通于天地万物之中,因此,天地无内外,心亦无内外,心主宰一切,心无所不知,天地万物皆备于我心之中。其《心性图说》全文如下:

> 性者,天地万物一体者也。浑然宇宙,其气同也。心也者,体天地万物而不遗者也。性也者,心之生理也,心性非二也。譬之谷焉,具生意而未发,未发故浑然而不可见。及其发也,恻隐羞恶辞让是非萌焉,仁义礼智自此焉始分矣,故谓之四端。端也者,始也,良心发见之始也。是故始之敬者,戒惧慎独以养其中也。中立而和发焉,万事万物化自此焉,达而位育不外是矣。故位育非

---

① 《甘泉先生文集·泗州两学讲章》。

有加也,全而归之者耳。终之敬者,即始之敬而不息焉者也。曰:"何以小圈?"曰:"心无所不贯也。""何以大圈?"曰:"心无所不包也。"包与贯,实非二也。故心也者,包乎天地万事之外,而贯夫天地万物之中者也。中外非二也。天地无内外,心亦无内外,极言之耳矣。故谓内为本心,而外天地万物以为心者,小之为心也甚矣。①

显然,湛若水在这里所说的"心"是包罗宇宙的"大心",因此,在他看来,只有那些把心理解为个体的心的人,才会把天地万物看作心外之物。从这里可以看出,湛若水把孟子的四端说、性善论和万物皆备于我的思想融贯在了一起。在《孟子》中,"万物皆备于我"是独立成章的,并没有和四端说以及性善论直接连在一起讲,而且孟子的四端说和性善论基本是就个体而言,似乎也很难说孟子自己就有"大心"的讲法,这可以看作是湛若水在吸收了张载的大心说以后而对孟学的发展。还有一点需要注意的是,湛若水认为心性不二,性是心之生理,实际上是以心收摄了性,不再像孟子那样力辩人性本善。

他所谓的心是宇宙本体和认知主体,心能体认万物而不遗,心与物不分内外,唯有合内外才能称之心,因此,"心"的基本涵义就可以规定为天理与虚灵知觉两个方面,即"夫心非独知觉而已也,知觉而察知天理焉,乃为心之全体"②。在宇宙本体的意义上与天理勾连起来,虚灵知觉当然是对于作为认知主体的心所应该具有的。所以在湛若水这里,人心既是本体又是主体,一方面人心与天地万物同体,另一方面,天地万物则依存于人心,因为心体万物而不遗。因此,他认为不仅"万事万物莫非心",天地万物以心为存在的根据,而且宇宙本体即是心,就为学而言,初学之人与圣人同此一心,没有丝毫的差别,千圣万贤都是心学。

---

① 《明儒学案·湛甘泉心性图说》。
② 《甘泉先生文集·与吉安二守潘黄门》。

2. 初心与习心

正是因为湛若水认为善端是良心发见之始,所以,他特别提出了"初心"的观念,与孟子的本心、善端以及涵养功夫联系在一起,作了新的发挥。他说:

> 人心一念萌动,即是初心,无有不善。如孟子乍见孺子将入于井,便有怵惕恻隐之心,乍见处亦是初心复时也。人之良心何尝不在,特于初动时见耳。若到"纳交要誉"、"恶其声"时,便不是本来的初心了。故孟子欲人就初动处扩充涵养,以保四海。①

这就是说,意念的每次最初发动就是本心的发见,因此,可以在此时体察良心,而人之所以会失去其本心,就是因为他们没有按照此初心去做,而是按照而后产生的一些私心杂念去行。所以,体察进而保有并扩充这个初心就是功夫之所在。

但是这个初心往往会被"气习"所蒙蔽,他把这种被"气习"蒙蔽的心,称为"习心"。因此,湛若水倡导要特别注意"煎销习心",以拯救被"习心"蒙蔽而丧失的本心。他指出:

> 或问学贵煎销习心。心之习也,非固有也,形而后有者也……煎销也者,炼金之名也。金之精也,有污于铅者,有污于铜者,有污于粪土之侵蚀者,非炼之不可去也。故金必百炼而后精,心必百炼而后明。②

所谓"习心",不是人所固有的,而是人有了形体之后才产生的,同时也是"习于风气"即受外在影响所造成的。因此"习心"是与"初心"相对的范

---

① 《明儒学案·甘泉学案一》。
② 《甘泉学案一·语录》。

畴，也是一个经验的后天的范畴，"习心"是初心的异化，人们必须克制、消除"习心"的干扰蒙蔽。那如何才算得上克制住了"习心"呢？他说：

> 认得本体，便知习心，习心去而本体完全矣。不是将本体来换了习心，本体元自在，习心蔽之，故若不见耳……故煎销习心，便是为了体认天理工夫，待见得天理时，习心便退听。故煎销铅铜，便是炼金，然必须就炉锤。乃得炼之之功。①

这就是说，只有待体见到天理，也就意味着克制住了"习心"，因此，要煎销习心就必须体认天理。天理本来是宋明理学的话头，湛若水把它与孟子的思想联系在一起，作了适当的发展，一方面在本体的意义上把天理作为了心之本体，另一方面，就工夫论而言，体认天理乃"煎销习心"恢复本心的工夫。因此，体现在作用和效果上是"天理与习心相互消长"②，养得天理一分、十分，则习心便消得一分、十分，贤圣的区别就在于体认天理或说是煎销习心程度的不同，圣人能做到熟而化之，完满地体认天理。

显然要做到这一点，还必须在事上磨炼，通过居处恭、执事敬之类的道德践履来磨炼本心，以便最终完成体认天理的道德修养。在这一点上，湛若水继承其师陈献章"学贵知疑、寻求自得"的治学精髓，他阐述道：

> 古之论学，未有以静为言者，以静为言者皆禅也。故孔门之教，皆欲事上求仁，动静着力，何者？静不可以致力，才致力，即已非静矣。故《论语》曰"执事敬"，《易》曰"敬以直内，又以方外"，《中庸》"戒慎恐惧"、"慎独"，皆动以致其力之方也。何者？静不可见，苟求之静焉，乎入于荒忽寂灭之中矣。故善学者，必令动静

---

① 《甘泉学案一·语录》。
② 《甘泉先生文集·问疑录》。

一于敬,敬立而动静浑矣。此合内外之道也。①

但是他并没有拘泥于其师"在静坐中养出端倪"的窠臼,而是主张事上求仁,动静着力,必须在事上磨炼,才能真正体认天理。

初心是本心萌动之始,而习心是为物欲所蒙蔽,可以说,"煎销习心"恢复本心是孟子求放心的一番工夫,他说:

> 孟子之言求放心,吾疑之。孰疑之?曰:以吾之心而疑之。孰信哉?信吾心而已耳,吾常观吾心于万物之先矣,洞然而虚,昭然而灵。虚者心之所以生也,灵者心之所以神也。吾常观吾心于有物之后矣,窒然而塞,愦然而昏……心体物而不疑,无内外,无始终,无所放处,亦无所放时。其本体也。信斯言也,当其放于外,何者在内?当其放于前,何者在后?何者求之?放者一心也,求者又一心也。以心求心,所为憧憧往来,朋从尔思,祇益乱耳,况能有存耶?故欲心之勿蔽,莫若寡欲,寡欲莫若主一。②

在这里,湛若水一方面对孟子求放心的一番工夫身体力行之,同时也从理论上给予了严密的论证,心就是本体,本体是唯一的,故求放心必定主一。

3. 随处体认天理

"随处体认天理"向来被人们看作湛若水的心学与阳明心学相区别的标志,湛若水自称这一修养方法是包医百病的"中和汤"。湛若水认为"心"有两个方面的含义,一者知觉是心,"心也者,知也"。③ 这主要是从个体认知的意义上讲,另外一个更重要的含义就是:心之本体即天理。他说:"虚

---

① 《明儒学案·甘泉论学书》。
② 《明儒学案·求放心》。
③ 《甘泉先生文集·新论》。

灵方直而不偏,心之本体,所谓天理,是心也,人人之所固有。"①所以他才会认为,体认天理乃"煎销习心"恢复本心的工夫,进而把随处体认天理作为论学的宗旨,这个"随处"应该理解为随时随地,既是一个空间概念,也是一个时间概念,要求人们在时时处处的事事物物上体认天理。

既然随处体认天理是"煎销习心"的工夫,那么,人们又是如何去随处体认天理的呢?随处体认天理的具体途径和方法怎样?他的办法有两个:"执事敬"和"勿忘勿助","执事敬"源自《论语》,而"勿忘勿助"则来自《孟子》。所谓"勿忘勿助",是指人的心境处于没有任何杂念的本然状态,此本然状态显然不是未发的中和状态,既非无所思虑,又非一味执著,而是不偏不倚,过犹不及,自然适中。湛若水以"执事敬"和"勿忘勿助"的方法来具体强化和解答人们如何去"随处体认天理"的问题,主张人们不管是学问、思辨、笃行,还是动静,都必须做到以"天理"为准的,使心之本体的善端自然呈现,达到道德意识的自觉或自律的修养境界。

那么,"随处体认天理"的要义何在?湛若水通过对"格物致知"的解释,引发出"体认天理"的要义,他说:"格者,至也……物者,天理也,即言有物、舜明于庶物之物,即道也。格即造诣之义。格物者即造道也。"②他把"格"训为"正","物"释为"天理","格物"诠释为"造道"。这里湛若水强调"格物"兼有知行并进的工夫,那么,湛若水又如何解释"知行并进"呢?

他说:"夫学不过知行,知行不可离,又不可混……若仆之愚见,则于圣贤常格内寻下手,庶有自得处。故随处体认天理而涵养之,则知行并进矣。"③湛若水所谓的"知行并进"虽然与阳明的"知行合一"相类,但这一提法不够通透,"知行并进"仍然蕴涵有知行是两件事情的前提。

在湛若水看来,"行在一念之间","自一念之存存,以至于事为之施布,

---

① 《圣学格物通·正心》。
② 《明儒学案·甘泉论学书》。
③ 《明儒学案·甘泉论学书》。

皆行也",因此,"所谓存心即行也"。① 所谓"行在一念之间",主要是指人们的道德践履不能止于外在的事为,如果人能在一念思虑之间存心而体认天理,那么,即使没有外在的事为,也是在行;这就是说,体认天理必须要贯通知和行。因此,"随处"就必定是个空间兼时间的概念,人们应该在时时处处的事事物物上体认天理。因此,所谓格物致知,就是要求人们随时随地从心上事上物上去体认天理。

因此,湛若水的"随处体认天理"不仅要求合内外,而且要求兼知行。他说:"自意、心、身至家、国、天下,无非随处体认天理。体认天理,即格物也。盖一念之微,以至事为之著,无非用力处也。"②体认天理是要穷尽身、心以至家、国、天下之理。既然,心无内外之别,天理无内外之分,为学的方法就只是在于"求",而"求"也应该是无内外的,体认天理不能仅仅求之于心、求之于静,而应于心、意、身、家、国、天下地上无所不求。

湛若水基于心是"体万物而不遗"的立场,主张"格物"就是"能于事物上察见自然天理",③同时又指出体认天理并不是"独以事言",不是执求于心之外,他坚持自己的学说是"心事合一",所求的仅仅是"吻合于心,与心为一"④,就湛若水的主要思想倾向来说,仍然是宗孟子之"心学"。

三、王守仁与孟学

王守仁(1472—1529),字伯安,祖籍浙江余姚,谥号文成,是明代从祀孔庙的四位儒者之一。因为他曾住在阳明洞里修道,故而当时的人称他为阳明先生。正德十四年(1519年),以卓越的胆识和谋略平定宁王朱宸濠的叛乱,封新建伯,后以军功升南京兵部尚书,是明代学术最杰出的代表人物。主要著作有《传习录》和《大学问》,门人弟子辑有《王文成公全集》三

---

① 《明儒学案·甘泉论学案·语录》。
② 《明儒学案·甘泉论学书》。
③ 《明儒学案·甘泉论学案·语录》。
④ 《明儒学案·甘泉论学案·语录》。

十八卷。1992年上海古籍出版社编有《王阳明全集》。

1. 力倡良知

良知一词出自《孟子》,但仅有一处。孟子曰:"人之所不学而能者,其良能也;所不虑而知者,其良知也。孩提之童无不知爱其亲者,及其长也,无不知敬其兄也。亲亲,仁也;敬长,义也;无他,达之天下也。"[①]毫无疑问,良知之"知"和知觉、知识之知乃是同义,这里的"良"有两义:不学和不虑,"不学"表示其天然而成,先天就有;"不虑"表示其不假思索,是一种先天直觉,所以,孟子的"良知"是指每个人都先天具有的一种直觉的认知能力,而且,"良知"首先表现为不依赖于后天环境、教育而自然具有的爱亲敬长的道德意识和道德情感。阳明继承并发展了孟子的思想。《传习录下》多有记载,现摘录如下:

> 先天而天弗违,天即良知也;后天而奉天时,良知即天也。
>
> 良知之虚,便是天之太虚;良知之无,便是太虚之无形。
>
> 良知是造化的精灵。这些精灵,生天生地,成鬼成帝,皆从此出,真是与物无对。
>
> 良知即是天植灵根,自生生不息;但著了私累,把此根戕贼蔽塞,不得发生耳。
>
> 人的良知,就是草木瓦石的良知。若草木瓦石无人的良知,不可以为草木瓦石矣。岂惟草木瓦石为然,天地无人的良知,亦不可为天地矣。盖天地万物与人原是一体,其发窍之最精处,是人心一点灵明。
>
> 良知只是个是非之心,是非只是个好恶。只好恶就尽了是非,只是非就尽了万事万变。
>
> 良知原是完完全全,是的还他是,非的还他非,是非只依著

[①] 《孟子·尽心上》。

他,更无有不是处。这良知还是你的明师。

夜来天地混沌,形色俱(俱)泯,人亦耳目无所睹闻,众窍俱翕,此即良知收敛凝一时;天地既开,庶物露生,人亦耳目有所睹闻,众窍俱闢,此即良知妙用发生时。可见人心与天地一体,故上下与天地同流……良知在夜气发的,方是本体,以其无物欲之杂也。

喜怒哀惧爱恶欲,谓之七情。七者俱是人心合有的,但要认得良知明白……七情顺其自然之流行,皆是良知之用,不可分别善恶,但不可有所着。七情有着,俱谓之欲,俱为良知之蔽;然才有着时,良知亦自会觉,觉即蔽去,复其体矣。①

首先,在阳明的思想中,良知与天为一,成为了宇宙本体,良知之虚,便是天之太虚;良知之无,便是太虚之无形。其次,对于人而言,良知是造化的精灵,是天植灵根,推而广之,人的良知,就是草木瓦石的良知。从这里可以看出,良知是通贯天人的,是天人合一的枢纽。其三,阳明特别强调:良知是个是非之心,因此"良知还是你的明师",而在孟子那里"是非之心,智之端也"。② 这也可以说,阳明把孟子的良知与"智"联系在一起。其四,良知本体是在夜气发的,以其无物欲之杂,并用昼夜之分来讲良知的本体与发用,这是孟子把良知和"养夜气"的思想联系在一起,并作了进一步的发挥,应当说,这一说法是完全符合孟学精神的。而对于良知与七情的关系,阳明认为,七情顺其自然之流行,皆是良知之用。可以看出,阳明把孟子的"良知"一词结合他的其他思想作了全方位、多角度的发挥,良知自阳明以后,就成为了"百姓日用"的词语。

在此基础上,阳明进一步提出了"致良知"的思想,他说:"致者,至也,如云'丧致乎哀'之致。《易》言:'知至至之。''知至'者,知也;'至之'者,

---

① 此处的引文皆出自《王阳明全集·传习录下》。
② 《孟子·公孙丑上》。

致也。'致知'云者,非若后儒所谓充扩其知识之谓也,致吾心之良知焉耳。"①

那么何如致良知或者说对良知来说如何用功呢?他说:"致知之必在于行,而不行之不可以为致知也,明矣!"②致良知就是要把良知所知实在地付诸行动,具体来说:"良知只在声色货利上用功,能致得良知,精精明明,毫发无蔽,则声色货利之交,无非天则流行矣。"③这就是说,致良知是实实在在的事情,离开了声色货利,致良知就成了一句空话。因此,阳明与孟子一般,都是要人实地用功,方能良知粲然。

2. 性善与至善

人性善恶的问题是一个历久弥新的重大问题,由孟子的性善论发其端,而后荀子以性恶论继其后,宋代理学引入理和气来说明人性善恶的问题,区分了天地之性和气质之性,以图打通孟荀。阳明对在他之前的人性论作了一个历史的总结:

> 问:"古人论性,各有异同,何者乃为定论?"先生曰:"性无定体,论亦无定体,有自本体上说者,有自发用上说者,有自源头上说者,有自流弊处说者。总而言之,只是一个性,但所见有浅深尔。若执定一边,便不是了。性之本体原是无善无恶的,发用上也原是可以为善、可以为不善的,其流弊也原是一定善、一定恶的。譬如眼,有喜时的眼,有怒时的眼;直视就是看的眼,微视就是觑的眼:总而言之,只是这个眼。若见得怒时眼,就说未尝有喜的眼,见得看时眼,就说未尝有觑的眼,皆是执定,就知是错。孟子说性,直从源头上说来,亦是说个大概如此;荀子性恶之说,是从流弊上说来,也未可尽说他不是,只是见得未精耳。众人则失

---

① 《王阳明全集·大学问》。
② 《王阳明全集·传习录下》。
③ 《王阳明全集·传习录下》。

了心之本体。"①

　　这里,阳明在充分肯定孟子性善论基础上,提出自己的人性论思想,他认为,孟子从源头(或本体)上说性善,也只是说了一个大概,没有和性之发用彻底贯通,未能很好地上达性之本体,故而未见得精。因为他认为:"性之本体原是无善无恶的。"他进一步说:"至善者,性也;性元无一毫之恶,故曰'至善'。"②这里确定无疑地表明了阳明的人性论是至善论。

　　因为,与孟子相比较,阳明对"性"的理解要复杂得多,"心"是阳明"心学"最重要的范畴之一。首先,来看性与心的关系。这里可以分做两层说:从本体上说:心之本体即是性。阳明说:"心之本体,原自不动。心之本体即是性,性即是理;性元不动,理元不动。集义是复其心之本体。"那又怎么样理解心之本体? 阳明说:

> 心者,身之主宰:目虽视,而所以视者心也;耳虽听,而所以听者心也;口与四肢虽言动,而所以言动者心也。故欲修身,在于体当自家心体,当令廓然大公,无有些子不正处。主宰一正,则发窍于目,自无非礼之视;发窍于耳,自无非礼之听;发窍于口与四肢,自无非礼之言动:此便是修身在正其心。然至善者,心之本体也。心之本体,那有不善? 如今要正心,本体上何处用得功? 必就心之发动处才可著力也。心之发动不能无不善,故须就此处著力,便是在诚意。③

　　这里说的心之本体上无法用功,是理解心之本体的关键之所在:无法在心本体上用功,就意味着心本体不是经验个体的意识层面的概念,而是

---

① 《王阳明全集·传习录下》。
② 《王阳明全集·传习录上》。
③ 《王阳明全集·传习录下》。

指内在于人的、先于经验的本然结构。而心之本体是性,就是说这一本然结构是由性来规定的。因此,从本体上说:心即性。

而从工夫论上说,只有尽心才能尽性。阳明晚年《答顾东桥书》说:"夫心之体,性也;性之原,天也。能尽其心,是能尽其性矣。"①此心是经验个体的意识,是能够发动的心,而非心之本体。只有从此心用功才能通达心之本体,才能尽性。总而言之,从本体和工夫两方面都可以说:心即性。

其次,从天和性以及人和性这两对关系的清理中,来弄清阳明"性"范畴的基本含义。先说性和天的关系。可以看出有几点:首先,阳明认为天即性,他说:"性,一而已:自其形体也,谓之天;主宰也,谓之帝;流行也,谓之命;赋于人也,谓之性;主于身也,谓之心。"②其次,他认为"天是性之原"。③他说:"性是心之体,天是性之原,尽心即是尽性。"再次,他认为"天命之谓性"。他说:"子思性、道、教,皆从本原上说天命:于人,则命便谓之性;率性而行,则性便谓之道;修道而学,则道便谓之教。"④

再说性和人的关系。阳明认为"赋于人也,谓之性"。他说:"就其主宰处说,便谓之心;就其禀赋处说,便谓之性。"⑤此即是说,性就是禀赋处。那么,是谁禀赋给谁呢?当然是天禀赋给人,因为"天是性之原"。这就清楚了阳明"性"范畴的基本含义:性是天赋予人的。这也就是说,性是人之性,是人之为人的本质规定。

最后,要说的是,阳明所谓"性"的具体内容基本与孟子无异。他说:

> 性,一而已:仁义礼智,性之性也;聪明睿智,性之质也;喜怒哀乐,性之情也;私欲客气,性之蔽也。质有清浊,故情有过、不

---

① 《王阳明全集·传习录中》。
② 《王阳明全集·传习录上》。
③ 《王阳明全集·传习录上》。
④ 《王阳明全集·传习录上》。
⑤ 《王阳明全集·传习录下》。

及,而蔽有浅、深也。私欲、客气,一病两痛,非二物也。①

孟子所说仁义礼智四端,就是性的本质规定,所以说是"性之性";聪明睿智是天赋的材质,故说"性之质";喜怒哀乐是性的发见形式,故说"性之情";私欲客气是妨碍性充分实现的障碍,就说是"性之蔽"。

可以看出,阳明的至善论是对孟子的性善论的发挥。从根本处来说,他们的人性论思想没有区别,阳明也是充分肯定孟子是从本体上说性善,不同之处只是在于,阳明的至善论对恶的来源在理论上有一个很好的说明。这一说明就在阳明的四句教:"无善无恶是心之体,有善有恶是意之动,知善知恶是良知,为善去恶是格物。"②恶的来源就在心接于物的意念发动之时。

四、王艮与孟学

王艮(1483—1541),字汝止,号心斋,泰州安丰场(今江苏东台)人。出身于一个世代从事盐业生产的家庭,25岁时经商至山东,曾谒孔庙而"奋然有任道之志"。王艮是一个靠刻苦自学而领悟儒家学说的学者,38岁时,赶赴江西向阳明求教。经过辩难,王艮为阳明的学问折服,拜他为师。王艮主张百姓日用之学,创立泰州学派,著作经其子孙门人收集整理,编成《心斋王先生全集》。

1. 孟学气象

王艮特别推崇孟学气象,他说:

> 孔子之学,惟孟轲知之,韩退之谓孔子传之孟轲,真是一句道著。有宋诸儒只为见孟子粗处,所以多忽略过。学术宗源,全在

---

① 《王阳明全集·传习录上》。
② 《王阳明全集·传习录下》。

出处大节,气象之粗,未甚害事。①

他还认为,要明白孔子的志与学,必须通过孟子,而不是孔子的弟子,《语录》有:"门人问志伊学颜。先生曰:'我而今只说志孔子之志,学孔子之学。'曰:'孔子之志与学与伊尹颜渊异乎?'曰:'未可轻论。且将孟子之言细思之,终当有悟。'"②

王艮不仅推崇孟子,而且他还从孟子的"是非之心,人皆有之"③的思想,读出了他所主张的易简工夫。他说:"此简易之道也。充其是非之心,则知不可胜用,而达诸多识前言往行以蓄德矣。"④说工夫自然离不开本体,易简工夫是和他的良知说连在一起的,他说:"故道也者,性也,天德良知也,不可须臾离也。率此良知,乐与人同,便是充拓得开,天地变化草木蕃。所谓易简而天下之理得,而成位乎其中矣。"⑤他所理解的良知就是:"良知之体,与鸢鱼同一活泼泼地,当思则思,思过则已。如周公思兼三王,夜以继日,幸而得之,坐以待旦,何尝缠绕?要之自然天则,不着人力安排。"⑥在他看来,良知乃自然天则。

王艮认为:"夫良知即性,性焉安焉之谓圣;知不善之动,而复焉执焉之谓贤。惟'百姓日用而不知',故曰'以先知觉后知'。一知一觉,无余蕴矣。此孔子学不厌而教不诲,合内外之道也。"⑦他继承乃师王阳明的"凡圣平等观",认为良知乃天性,人人具有,"圣人"的责任就在于"以先知觉后知",使人们都明白为什么要为学的道理,所以,他特别强调"百姓日用之学",在百姓日用之间"致良知"。王艮的《年谱》记载,阳明讲"致良知",他讲"良知致","以日用现在指点良知"。他说:

---

① 《心斋王先生全集·语录》。
② 《心斋王先生全集·语录》。
③ 《孟子·尽心下》。
④ 《心斋王先生全集·奉绪山先生》。
⑤ 《心斋王先生全集·答刘鹿泉》。
⑥ 《心斋王先生全集·语录》。
⑦ 《心斋王先生全集·答除子直》。

良知天性,往古来今,人人俱足,人伦日用之间,举而措之耳。所谓大行不加,穷居不损,分定故也。但无人为意见参搭其间,则天德王道至矣哉……故孟子曰:"行一不义而得天下,皆不为也。"此先师所谓致知焉,尽矣。①

王艮认为良知天性人人俱足,具体就体现在人伦日用之间,所以问题的关键就在于致知,致良知之知,达到良知致的结果。因此,王艮在"蒲轮车"两侧挂起两行标语:"遵圣道,天地弗违,致良知,鬼神莫测"。以这种独特的方式表明自己的学术主张,表达他对儒学和自孟子以来的良知之学的信奉。

2. 安身为大

不唯王艮对"良知"的理解有自己的特点,他还提出了"淮南格物说"和"安身立本论"。他用孟子"安身为大"解释《大学》的"止至善",《语录》有:

诸生问:"夫子谓止至善为安身,则亦何所据乎?"孟子曰:守孰为大?安身为大。失其身而能事其亲者,吾未之闻。同一旨也。不知安身,身不能保,又何以保天下国家哉……止至善者,安身也。安身者,立天下之大本也。本治而末治,正己而物正也,大人之学也。是故身也者,天地万物之本也,天地万物,末也。知身之为本,是以明明德而亲民也。身未安,本不立也。本乱而末治者,否矣。其本乱,治末愈乱也。故《易》曰:"身安,而天下国家可保也。"如此而学,如此而为大人也。不知安身,则明明德亲民却不曾立得天下国家的本,是故不能主宰天地,干旋造化。立教如此,故自生民以来,未有盛于孔子者也。②

---

① 《心斋王先生全集·答朱思斋明府》。
② 《心斋王先生全集·语录》。

中国文化的再展开

这就是说,王艮把身看成是万物之本,所以,只有安身才能立本。有人认为,他的"安身立本论"应该加一个注脚,安身就是安心,应该说,安身既包含安心,同时更强调对生命之身的尊重,因此他还提出了"明哲保身"的说法,他说:"明哲者,良知也。明哲保身者,良知良能也。知保身者,则必爱身如宝。能爱身,则不敢不爱人。能爱人,则人必爱我;人爱我,则吾身保矣。"①为什么明哲能保身呢?首先,这里他所说的明哲就是良知,要保身就必须爱身,而爱身则必须爱人,人爱我,则必定能保身,而人我互爱,正是良知之本旨,亦即明哲之意。

当然,王艮的"安身立本论"与他的"淮南格物说"是有密切联系的。他说:

> 格如格式之格,即后絜矩之谓。吾身是个矩,天下国家是个方,絜矩则知方之不正,由矩之不正也。是以只去正矩,却不在方上求,矩正则方正矣,方正则成格矣。故曰物格。吾身对上下前后左右是物,絜矩是格也。②

这就是说,身是絜矩度量所依据的"矩",关键就在于正矩,也就是正身,身正则家国天下也就容易正了,因为只有每个人都正身才有可能天下正,正己方能正物。所以他说:

> 物格知至,知本也;诚意正心修身,立本也;本末一贯,是故爱人治人礼人也,格物也。不亲、不治、不答,是谓行有不得于心,然后反己也。格物然后知反己,反己是格物的功夫。反之如何?正己而已矣。反其仁治敬,正己也。其身正而天下归之,此正己而物正也,然后身安也。知明明德而不知亲民,遗末也,非万物一体

---

① 《心斋王先生全集·明哲保身论》。
② 《心斋王先生全集·语录》。

142

之德也。知明明德亲民而不知安身，失本也。其本乱而末治者，否矣。亦莫之能亲民也。知安身而不知明明德亲民，亦非所谓立本也。①

这一说法显然也是贯彻了孟子"反身而诚、反求诸己"②的思想，但对孟子也有所发展，比如孟子主张舍生取义，而王艮则求安身立本，这两者并不冲突，只是立论的出发点不同而已，因为孟子说的是："生亦我所欲也，义亦我所欲也；二者不可得兼，舍生而取义者也。"③这里孟子是从"义"立论，也就是从天下大义来说，在生与义"二者不可得兼"的极端情况下，才说舍生取义。王艮则是从"身"立论，从个体生命出发以求天下大义。可以看出，王艮在继承他的老师王阳明的基础上，对孟学亦多有发展。

---

① 《心斋王先生全集·安身立本论》。
② 《孟子·尽心上》。
③ 《孟子·告子上》。

第二篇　阳明子至善论的现代意义①

一、阳明子至善论的提出

本文的论题——阳明子的至善论,通常被理解为属于所谓"人性论"的问题,或者至少是与所谓"人性论"问题密切相关的;再者,阳明子的至善论不是凭空产生的,它确实与历史上的人性论具有渊源关系。因此,为了更好地理解阳明子的至善论,有必要对中国历史上的人性论作一番简要的追溯,以见阳明子至善论的历史意义。但是,鉴于中国传统学术中的人性论派别纷繁,内容复杂,而我的论题却是儒家阳明子的人性论,所以,这里仅在儒家内部来追溯这个问题。

儒家人性论的历史,择其要者,大致可以分三个阶段:先秦儒家的人性论、宋代理学的人性论、阳明子的至善论。这样选择的理由是:先秦的儒家中,孟子的性善论从道德内在于人来谈人性,确立了道德的内在根据;荀子的性恶论从社会政治的层面上来论人性,注重道德的外在规范。宋代理学引入理和气来说明人性善恶的问题,区分了天地之性和气质之性,以图打通孟荀。在明代,阳明子提出的至善论,既肯定孟子性善论,也不否认荀子性恶论的价值,而且他也把宋儒的天地之性和气质之性打并为一。这种历史的清理可以让我们看清楚,历史上的儒家人物的人性论只是各有侧重,

---

① 本文第三部分曾刊于吉林文史出版社 2006 年出版的由鞠曦主编的《恒道》第四辑。本文中王阳明的著述均引自《王阳明全集》,上海古籍出版社 1992 年版。

而不是相互矛盾的。当然,这不是仅仅为了一种人性论的历史清理,关键是我们今天可以利用儒家的人性论、尤其是阳明子的至善论,来重建儒家形而上学。①这就是本文清理阳明子至善论思想的当代意义。

首先从先秦儒家的人性论说起。

1. 先秦儒家的人性论:性善与性恶

众所周知,孔子很少直接论及人性问题,以至于子贡说:"夫子之文章,可得而闻也;夫子之言性与天道,不可得而闻也。"(《论语·公冶长》)在《论语》中,孔子只说了这样一句:"性相近也,习相远也。"(《论语·阳货》)这句话只是说人性是相近的,给后人留下了很大的阐释空间。再就是在相传为子思所作的《中庸》中有对"性"的论述,如:"天命之谓性,率性之谓道,修道之谓教。"显然,这里把"天"、"道"、"性"以及"教"联系在一起,逐次展开,论述也要完整和全面得多。主要是说:性是天所命于人者。另外,《易传》上有:"一阴一阳之谓道,继之者善也,成之者性也,仁者见之谓之仁,知者见之谓之知,百姓日用而不知,故君子之道鲜矣。"(《周易·系辞传》)在孟子之前,这三句话——"性相近"、"天命之谓性"和"成之者也"——对后世关于人性的争论影响很大。

在先秦儒家的人性论中,影响最大的当属孟子的性善论和荀子的性恶论无疑。

(1)孟子的性善论

面对当时告子的"生之谓性"之说,孟子坚决地给予了驳斥:

> 告子曰:"生之谓性。"孟子曰:"生之谓性也,犹白之谓白欤?"曰:"然。""白羽之白也,犹白雪之白,白雪之白,犹白玉之白欤?"曰:"然。""然则犬之性犹牛之性,牛之性犹人之性欤?"(《孟子·告子上》)

---

① 这里的"形而上学"是指与西方对应的以存在者为本体的形而上学(metaphysics),而不是与"形而上者谓之道"相对应。

中国文化的再展开

严格说来,孟子所反对的并不是"生之谓性"这个命题,而是反对如下说法:白羽之白犹白雪之白,犬之性犹牛之性,牛之性犹人之性。孟子以及诸子都承认:人之性乃是生之性。

进一步,孟子明确提出了性善论:

> 人性之向善也,犹水之就下也。人无有不善,水无有不下。人之可使为不善,其性亦犹是也。(《孟子·告子上》)

这里是说人性本善,尽管也有人为不善之事。孟子还提出了"四端说":

> 所以谓人皆有不忍人之心者,今人乍见孺子将入于井,皆有怵惕恻隐之心;非所以内交于孺子之父母也,非所以要誉于乡党朋友也,非恶其声而然也。由是观之,无恻隐之心非人也,无羞恶之心非人也,无辞让之心非人也,无是非之心非人也。恻隐之心,仁之端也;羞恶之心,义之端也;辞让之心,礼之端也;是非之心,智之端也。人之有是四端也,犹其有四体也。有是四端而自谓不能者,自贼者也;谓其君不能者,贼其君者也。凡有四端于我者,知皆扩而充之矣,若火之始然、泉之始达。苟能充之,足以保四海;苟不充之,不足以事父母。(《孟子·公孙丑上》)

那么,四端说与性善论又是什么关系呢?这是工夫论与本体论①的关系:孟子说性善,是说人人都有内在的仁义礼智之四端,这就给出了人人皆可以为尧舜的内在的本体依据;此四端若扩而充之,则人人可以为圣人,这就为人人皆可以为尧舜提供了工夫途径。孟子还说:

---

① 这里所说的"本体论"不是西方 Ontology 意义上的,而是宋代儒学意义上的。

> 乃若其情,则可以为善矣,乃所谓善也。若夫为不善,非才之罪也。恻隐之心,人皆有之;羞恶之心,人皆有之;恭敬之心,人皆有之;是非之心,人皆有之。恻隐之心,仁也;羞恶之心,义也;恭敬之心,礼也;是非之心,智也。仁义礼智,非由外铄我也,我固有之也,弗思耳矣。故曰:求则得之,舍则失之。或相倍蓰而无算者,不能尽其才者也。(《孟子·告子上》)

这里所谓"才",就是指的本体之"性",这是"我固有之"的、"非外铄我"的;所谓"情",则是指的工夫之"情",这是"为善"的。我的看法:"为善"不是说的"情",而是说的"若其情";这个"情"不是说的性之所发,而是另一种用法,犹如现代汉语所谓"实情",是说的性的实际情况。我们知道,儒家心学认为:性发为情,"可以为善",也可以"为不善",这取决于所发之情是否"中节"。(《中庸》)

我认为,孟子性善论的意义在于:1)在孔子"性相近"的基础之上,明确提出:性相同也就是性本善。2)驳斥了当时以告子为代表的一些人对于人性问题的糊涂认识,传承了孔子的儒家思想。3)从人心上说善,说人性本善,确立了善的内在本体根据,展开了儒家思想的内在性维度。4)以仁义礼智作为性善之四端,要人扩而充之来为善去恶,为人人皆可以为尧舜提供了工夫途径。

(2)荀子的性恶论

表面看来,荀子针对孟子的性善论,提出了性恶论。他为什么要提出性恶论呢?他说:"今孟子曰'人之性善',无辨合符验,坐而言之,起而不可设,张而不可施行,岂不过甚矣哉!"(《荀子·性恶》)随之而来的后果就是:"故性善则去圣王,息礼义矣!"(《荀子·性恶》)而提出性恶论的意义就在于:"性恶则兴圣王,贵礼义矣。"(《荀子·性恶》)

那么,他的人性论思想是否与孟子真的是水火不容?为了弄清楚这个问题,首先,来了解他说的"性"是什么意思。通观《荀子》会发现,他从两个方面来说性：

第一个方面，荀子从认识论维度说"性"。人之性就是人的感官机能，而感官机能当然不是通过后天的学习才获得的。荀子说："今人之性，目可以见，耳可以听。夫可以见之明不离目，可以听之聪不离耳，目明而耳聪，不可学，明矣。"（《荀子·性恶》）因此，能够认识物之理的就是人之性。他说："凡以知，人之性也；可以知，物之理也。"（《荀子·解蔽》）在这一方面谈人之性，当然是与道德的善恶无关的。这也可说是"天命之谓性"，此性与后天的学习等无关。但是他说的"天"是自然之天，而不是像孟子一样赋予天以道德性。正如他所说："凡性者，天之就也，不可学，不可事，而在人者，谓之性。"（《荀子·性恶》）

第二个方面，荀子从道德在社会中的外在表现的维度提出了性恶论。《性恶篇》开宗明义："人之性恶，其善者伪也。"（《荀子·性恶》）他说的性与伪是什么意思呢？他说："凡性者，天之就也，不可学，不可事，而在人者，谓之性；可学而能，可事而成在人者，谓之伪：是性伪之分也。"（《荀子·性恶》）这个"性"就是："生之所以然谓之性。性之和所生，精合感应，不事而自然，谓之性。性之好恶喜怒哀乐，谓之情。"（《荀子·正名》）而伪，就是人为。而且，荀子还认为：伪不离性，离开了性，伪就成了无源之水、无本之木。他说："性者，本始材朴也；伪者，文礼隆盛也。无性，则伪之无所加；无伪，则性不能自美。"（《荀子·礼论》）伪又从何而来呢？需要圣人制定礼仪来化性起伪："故圣人化性起伪，伪起而生礼仪。"（《荀子·性恶》）最终达到性伪合。

荀子提出性恶论的逻辑就是：社会很混乱，需要治理，要治理社会就需要由圣人制定的礼义制度，而圣人为什么要制定礼义呢？那是因为："古者圣王以人之性恶，以为偏险而不正，悖乱而不治，是以为之起礼义，制法度，以矫饰人之性情而正之，以扰化人之性情而导之也。始皆出于治，合于道者也。"（《荀子·性恶》）

荀子的人性恶是在什么意义上说的呢？他说："孟子曰：'人之性善。'

曰:是不然。凡古今天下之所谓善者,正理平治也;所谓恶者,偏险悖乱也。是善恶之分也已。"(《荀子·性恶》)显然荀子的善恶之分是在社会政治的层面上说的。

所以说,孟子的性善论和荀子的性恶论是不矛盾的,荀子大可不必对着孟子去说。他们各自从两个不同的方向展开了儒家思想——心性论儒学和政治儒学。后来的儒家学者,从董仲舒开始就力图消解他们之间的紧张,尤其是宋儒对此着力甚多,直到王阳明才彻底打通这个关节。

2. 宋代理学的人性论:天地之性与气质之性

先秦儒家的人性论张开了儒家的两翼,以应对不同的时势,各自也有着不同向度的诉求,因而也就有一定程度的紧张。为了消解这种紧张,更好地把这两者融贯起来,宋人作了气质之性和天地之性的区分,引入"气"和"理"来说明人性问题。下面选择几个有代表性的人物来进行分析。

(1) 张载

首先,张载在自然观的问题上是主张气一元论的,提出了"太虚即气"的系列命题。他说:

> 太和所谓道,中涵浮沉升降动静相感之性,是生絪缊相荡胜负屈伸之始。(《正蒙·太和》)
>
> 气之聚散于太虚,犹冰凝释于水。知太虚即气,则无无。(《正蒙·太和》)
>
> 一物两体,气也。一故神,两故化。(《正蒙·参两》)
>
> 神天德,化天道,德其体,道其用,一于气而已。(《正蒙·神化》)
>
> 凡可状皆有也,凡有皆象也,凡象皆气也。气之性本虚而神,则神与性乃气所固有。(《正蒙·乾称》)
>
> 太虚无形,气之本体;其聚其散,变化之客形尔。至静无感,性之渊源;有识有知,物交之客感尔。客感客形与无感无形,惟尽

性者一之。(《正蒙·太和》)

这些命题有三层意思:首先,世界是统一于气的,从空虚无物的太虚到有形有状的万物,都是一气的变化。其次,气蕴涵有运动变化的本性,而气之所以能运动变化,就是由于气本身包含着对立的两方面,这两方面相互作用是一切运动变化的源泉。从张载所提出的这些基本命题来看,应该肯定张载的自然观是气一元论。最后,对于气的聚散变化和无感无形之本体,唯有能尽性的人才能把它们统一起来。

关于气,张载提出了一个比较明确的界说,"所谓气也者,非待其蒸郁凝聚、接于目而后知之,苟健顺动止、浩然湛然之得言,皆可名之象尔"(《正蒙·神化》)。就是说,气不一定是有形可见的,而是能运动也有静止(健顺动止)、有广度也有深度(浩然湛然)的实体。

至于张载为什么会这样说,他的门人范育在序言中道出了原委:那是因为"浮屠以心为法,以空为真,老子以无为道"(《张载集·序》)的缘故。在张载看来,无形的太虚乃是气散而未聚的状态,无只是有的一种状态。"气聚则离明得施而有形,气不聚则离明不得而无形。"(《正蒙·太和》)这就是说,张载是用变化多端且具有物质属性的气来对治佛家之空,道家之无。这一点也得到了二程的肯定,"横渠言气,自是横渠作用,立标以明道"(《程氏遗书》卷五)。

他也用同样的观念来说明"性"。因为他认为,人的本性根源于太虚的本性,太虚之气散为气,聚而为人。他说:"由太虚,有天之名;由气化,有道之名;合虚与气,有性之名;合性与知觉;有心之名。"(《正蒙·太和》)这就是说,太虚就是天,气化的过程就是道。虚与气构成性,性再加上知觉就是心。又说:"天性在人,正犹水性之在冰,凝释虽异,为物一也;受光有小大、昏明,其照纳不二也。"(《正蒙·诚明》) 这是明确地说明人性根源于天,就像万物都受到阳光的照耀,虽然大小昏明不一,但光都是来自太阳的。而且人虽然各有差别,但本性不会被气质的昏明所蒙蔽,"天所性者通极于道,气之昏明不足以蔽之;天所命者通极于性,遇之吉凶不足以戕之;不免乎蔽之戕之者,未之学也。性通乎气之外,命行乎气之内,气无内外,假有形而言尔。故思知人不可不知天,尽其性然后能至于命"(《正蒙·诚明》)。

由于人的本性根源于太虚,所以说"性者万物之一源,非有我之得私也"(《正蒙·诚明》)。性究竟是什么呢?张载说:"湛一,气之本;攻取,气之欲。口腹于饮食,鼻舌于臭味,皆攻取之性也。知德者属厌而已,不以嗜欲累其心,不以小害大、末丧本焉尔。"(《正蒙·诚明》)这就是说,"湛一"是太虚之气的本性;"攻取"是气的属性,这两种性共同构成了人的现实属性。张载进一步把它们明确为天地之性和气质之性,他说:"形而后有气质之性;善反之则天地之性存焉。故气质之性,君子有弗性焉。"(《正蒙·诚明》)

人之刚柔、缓急、有才与不才,气之偏也。天本参和不偏,养其气,反之本而不偏,则尽性而天矣。性未成则善恶混,故叠叠而继善者斯为善矣。(《正蒙·诚明》)

可以认为,气质之性与天地之性大致相当于性恶之性与性善之性。张载引入"气"来说明"性",着重谈论气的能变的本性,认为这性通贯于太虚与万物之中,因而是永恒的,但又认为这个性也就是人的本性,于是人的本性也成为永恒的,从而得出了"知死之不亡者可与言性矣"(《正蒙·太和》)的论断,认为人死以后还有不亡的本性存在,并对"性"作出区分,这有着重大的理论意义,宋儒都用"气"来说"性",诚如伊川所言:"论性不论气,不备;论气不论性,不明。"(《程氏遗书》卷六)

这一观点也基本为后来的儒家所接受,但是在理论上却难以说明如下问题:纯善的天地之性如何会导致人的可善可恶的气质之性?张载说:"人之刚柔缓急,有才与不才,气之偏也。天本参和不偏;养其气、反之本而不偏,则尽性而天矣。"(《正蒙·诚明》)但是气为什么会偏?人的气质之性如何得来?也就是说:性善如何会导致性恶?张子的学说对这个问题的说明有些理论上的困难,因为他的前提是"太虚即气"。这是一个彻天彻地的宇宙气化论。

(2) 二程

宋儒之中,张载之后是二程。张载以气应对佛老,二程则用天理来应对佛老。程颢说:"吾学虽有所受,'天理'二字却是自家体贴出来。"(《二程外书》卷十二) 为什么他把"天理"二字看得这么重要? 因为:

> 杨、墨之害,甚于申、韩;佛、老[一无老字]之害,甚于杨墨。杨氏为我,疑于仁;墨氏兼爱,疑于义。申、韩则浅陋易见。故孟子只辟杨、墨,为其祸世之甚也。佛、老[一作氏字]其言近理,又非杨、墨之比,此所以害尤甚也。杨、墨之害亦经孟子辟之,所以廓如也。(《程氏遗书》卷十三)

很显然,明道先生就是要辟佛,以免其祸世。而且佛氏其言近理,所以明道先生体贴出天理以应佛。因为当时的情况是:"如道家之说,其害终小。惟佛学,今则人人谈之,弥漫滔天,其害无涯。"(《程氏遗书》卷一)

而关于性,二程的论述有所不同:大程浑沦,他论性的言语不是很多,精湛之处为后来的王阳明所接纳;小程多用气禀说性,他的说法多被朱熹所发挥,朱熹认为气质之性论"极有功于圣门,有补于后学","程子论性所以有功于名教者,以其发明气质之性也"(《朱子语类》卷四)。所以,必须把二程分开。

先说大程。他说:"'上天之载,无声无臭',其体则谓之易,其理则谓之道,其用则谓之神,其命于人则谓之性。"(《程氏遗书》卷一) 又说:

> "生之谓性",性即气,气即性,生之谓也。(这是程子对"生之谓性"新的理解,下文牟宗三的人性论对此有详细的清理。)人生气禀,理有善恶,然不是性中元有此两物相对而生也。有自幼而

善,有自幼而恶,是气禀有然也。善固性也,然恶亦不可不谓之性也。盖"生之谓性",人生而静以上不容说;才说性时,便已不是性也。凡人说性,只是说"继之者善"也,孟子言人性善是也。(《程氏遗书》卷一)

这就是说,程颢说性可以分作两层,其一是天命之谓性(此性与易、道、天理、神同),是"人生而静"以上不容说之性,是孟子言人性善之性。其二是"生之谓性"。气禀有善恶,故人性有善恶。不仅善是性,恶也是性。他说:"善固性也,然恶亦不可不谓之性也。"(《程氏遗书》卷一)这样,孟子的性善就是"继之者善",而不是"成之者性"。

大程究竟是怎么样看待善恶呢?他认为:"天下善恶皆天理,谓之恶者非本恶,但或过或不及便如此,如杨、墨之类。"(《程氏遗书》卷二上)大程以或过或不及为恶,恶非本恶,言下之意就是以执中而行为善。这一点和阳明子的至善论对善恶的看法是基本相同的。

再说小程。程颐强调性即理,同时受到程颢和张载的影响,也重视气对人性的作用。他说:"性即是理,理则自尧舜至于涂人,一也;才禀于气,气有清浊,禀其清者为贤,禀其浊者为愚。"(《程氏遗书》卷十八)人所禀受的气有清浊,这种清浊直接影响到人的贤愚,这里的贤愚主要是从道德意义上说的。因此,他说:"论性不论气,不备;论气不论性,不明。"(《程氏遗书》卷六)也就是说:讨论人性问题,要把"性"和"气"这两个方面结合起来才全面,决定人善恶的不仅有性也有气。小程的这一说法也被后来的许多儒学人物所接受。

同宋代的其他理学家一样,小程也有两个性的概念。他说:"凡言性处,须看他立意如何。且如言人性善,性之本也;生之谓性,论其所禀也。"(《程氏遗书》卷十八)他的第一个层次就是他所说的:"若乃孟子之言善者,乃极本穷源之性。"(《程氏遗书》卷三)第一层的性是极本穷源之性,它是性之本,其内容就是仁义礼智信之理。二是生之谓性的性,这是气禀之性。他举例说:"如俗言'性急''性缓'之类。性安有缓急?此言性者,生之谓性也。"(《程氏遗书》卷十八)这两个性的来源或者说依据是不同的,他说:"性无不善;其所以不善者,才也。受于天之谓性,禀于气之谓才。才之善不善,由气之有偏正也。"(《程氏外书》卷七)性之本根源于天,它纯善无恶,此性即是理,诚如他说:"性即理也,所谓'理性'是也。天下之理,原其所自,未有不善。"(《程氏遗书》卷二十二)而有善有恶的性是才,是生之谓性,也就是气质之性。

小程不同于大程论性之处在于:他不从人生而静说性,而从动来说性。他说:"先儒皆以静为见天地之心,盖不知动之端乃天地之心也,非知道者,孰能识之!"(《周易程氏传·复卦》卷二)此心就是性,因为程颐说:"性之本谓之命,性之自然者谓之天,自性之有形者谓之心,自性之有动者谓之情,凡此数者皆一也。"(《程氏遗书》卷二十五)

(3) 朱子

朱子继承了张载和程颐的人性论并加以发挥,对于程颐的"性即理"和张载的"气质之性"都作了较详细的解释,对这两者进行融合,并加以发挥。朱熹对提出天命气质之说的张载和二程评价甚高。朱熹弟子道夫问:"气质之说,始于何人?"朱熹回答说:"此起于张、程。某以为极有功于圣门,有补于后学,读之使人深有感于张、程。前此未曾有人说到此。"(《朱子语类》卷四)检讨先前儒家在人性论上的观点,朱熹认为孟子只讲先天性善,正是不备;而荀子只讲后天性恶,正是不明。他们在人性论上执著于一端的片面观点,无法解决道德必然性与可能性之间的矛盾。所谓极有功于圣门、有补于后学之处,正在于在朱熹看来,人性二分之说合理地解决了人性先后天的不同状况在理论解释上的困难,从而合理地解决了道德必要性与可能性的问题。

张载讲天地之性,指气的普遍的本性,没有明确说天地之性即是理,朱熹则认为天地之性就是理。朱子的理在气之上,理才是最根本、最具有普遍性的。他用气来说明人与物的禀赋之差异。因此他也区分了两种性,他说:"有两个'性'字:有所谓理之性,有所谓气质之性。"(《朱子语类》卷九十五)"生之谓性,是生下来唤做性底,便是气禀夹杂,便不是理的性了。"(《朱子语类》卷九十五)这个"理之性"也就是"天地之性"或"天命之性"。如他说:"论天地之性,则专指理言;论气质之性,则以理与气杂而言之。"(《答郑子上十三》,《朱文公文集》卷五十六)在解释《中庸》"中也者天下之大本也"时,他说:"大本者,天命之性,天下之理皆从此出,道之体也。"(《中庸章句》)显然,朱子也是在用"气"来说明"性"的问题。他说:"生之谓气,生之理谓性。"(《朱子语类》卷五十九)还说:"性者,人之所得于天之理也;生者,人之所得于天地之气也。性,形而上者也;气,形而下者也。人物之生,莫不有是性,亦莫不有是气。"(《中庸章句》)所不同的是,他对"性"和"气"作了形上与形下的区分,把性等同于形而上之理。他认为:"性即理也。天以阴阳五行化生万物,气以成形,而理亦赋焉,犹命令也。于是人物之生,因各得其所赋之理,以为健顺五常之德,所谓性也。"(《中庸章句》)他也曾这样解说"性即理":"性,不是有一个事物在里面唤做性,只是理所当然便是性,只是人只当如此做底便是性。"(《朱子语类》卷六十)

朱子用理气来说明人性善恶,区分了两种性,那么这两种性的区别和联系究竟是怎样的呢?他说:"气质之性便只是天地之性,只是这个天地之性却从那里过,好底性如水,气质之性如撒些酱与盐,便是一般滋味。"(《朱子语类》卷四)天地之性如水,气质之性如有滋味的水。水是盐水的本体即本然之体,那也就是说,天地之性是气质之性的本体,而且只有气质之性才是人生而静以下直接的现实人性,不可能没有气禀之杂。

如何理解宋代理学家区分"天地之性"和"气质之性"的意义?来看朱子的"气禀说":"禀得精英之气,便为圣为贤,便是得理之全,得理之正。禀得清明者,便英爽;禀得敦厚者,便温和;禀得清高者,便贵;禀得丰厚者,便富;禀得久长者,便寿;禀得衰颓薄浊者,便为愚不肖,为贫为贱为夭。天有那气生一个人出来,便有许多物随它来。"(《朱子语类》卷四)这就将人与人之间的差别都归于气禀。如果说将贫富贵贱都归于天赋气禀,也许有他的道理;但是用气禀来说明人先天的道德之善恶,给出一个先天道德的差等基础,恐怕就有些问题:如果人生之初就有善有恶,有人很容易就成为圣贤,而有的人恐怕一辈子努力也不行,这又如何能够说"人皆可以为尧舜"?

而且宋儒说的天地之性是天之性,这里天之性还没有禀气而成人成物,根本不是人性。只能说此天性之纯善是人性善的依据或者根源,而不能说就是人性本身。《中庸》的"天命之谓性"在他们这里解释成了天之性,是形而上的。① 他们说的气质之性才是人之性,此人性有两个根源,一是天之性或者说是理,另一个就是气。理是人性善的根源和依据,气的清浊就决定了人性的善恶差等。

宋代理学家都肯定孟子的性善论,批评荀子的性恶论。但是,他们基本上是把孟子的人性论理解为天命之谓性,此性是天地之性或者天之性,是人性的根源和依据。从根本上说,此性是天性、天理或理,而不是人性。这是否符合孟子本意,尚需另说。也可以说,他们的人性论基本是有善有恶论,只是人性善恶的程度有所不同而已。这是因为,恰当地说,他们的气质之性是生之谓性,人初生之时的气禀,决定了人性的善恶,禀得清气为善,禀得浊气则为恶,气禀先天地决定人的善恶。这是将善恶执定了来看待,而且也是天人两分的。还有一点值得注意的就是,荀子从认识论的角度对人性的说明,在宋儒这里很少论及。他们基本上都是从道德维度来说人性。这不是说宋儒没有关于认识论的维度的思想,他们有很丰富的认识论思想,但他们不是从人性来说的。荀子从道德和认识论两个维度展开的人性论,在这里却被忽略了。

自张载引入气来应对佛老之虚无,也用气来说明人性之善恶,接着程颢体贴出天理来说明人性,理与气就成了宋儒说明人性善恶的基本范畴工具。这样,他们也就区分了两种性:天地之性和气质之性。天地之性解决

---

① 此"形而上"不是西方的"形而上学",意思是没有形迹,没有成人成物。

了人性善的根源和依据,气质之性给出了所有人,无论贫贱富贵、聪明愚蠢,都有了朝着修身成圣进发的门径。所以,朱子说气质之性的提出极有补圣门,有益于后学。但是这里有一个问题,那就是:纯善无恶的天地之性如何会导致有善有恶的气质之性?换句话说,理无善恶,气有清浊,两者结合决定了人性的善恶,也可以说人的善恶由气的清浊来决定,那么气的清浊从何而来?这个问题应该说是宋儒人性论的一大难题。这个问题直到王阳明那里才得到合理的解决。

(4) 象山

人们提及宋明理学,言必称"程朱陆王",那么,陆九渊关于人性论的问题又是如何看待的呢?

总的说来,陆九渊主"心即理",反对朱子的天理、人欲之分。他认为:"天理、人欲之言,亦自不是至论。若天是理,人是欲,则在天、人不同矣。"(《语录下》,第395页)因此,"性"并不是陆九渊哲学体系中一个很重要的概念,而且他的相关论述也确实不甚清楚。而且,陆子的人性论也不能构成宋明理学人性论的一个必要环节,在这里讨论陆九渊的人性论,只是想说,通常人们分程朱为理学,陆王为心学,并且普遍认为陆九渊是王阳明的理论先导。

陆子的学术渊源于孟子。据《陆九渊集·语录》①记载:"某尝问:'先生之学亦有所受乎?'曰:'因读《孟子》而自得之。'"(《语录下》,第471页)他对于孟子可谓是推崇备至。他说:"夫子以仁发明斯道,其言浑无罅缝;孟子十字打开,更无隐遁。盖时不同也。"(《语录上》,第388页)他的人性论基本同于孟子。他说:"见到孟子道性善处,方是见得尽。"(《语录上》,第410页)还说:"孟子曰:'言人之不善,当如后患何?'今人多失其旨。盖孟子道性善,故言人无有不善。今若言人之不善,彼将甘为不善,而以不善向汝,汝将何以待之?故曰:'当如后患何?'"(《语录上》,第410页)很自然,

---

① 陆九渊:《陆九渊集》,钟哲点校,中华书局1980年版。

陆子反对韩愈用气质来说性:"韩退之《原性》,却将气质做性说了。"(《语录上》,第404页)陆子对性的基本看法是:"'继之者善也',乃独归之于人;'成之者性也',又复归之于天,天命之谓性也。"(《语录上》,第428页)以及:"'人生而静,天之性也;感于物而动,性之欲也。'是为不知艮背形庭之旨。"(《语录上》,第425页)在宋明理学的话语中,陆子只说"天之性"、"天命之谓性",并不作天地之性和气质之性的区分,而是把"性"在静与动上区分天之性和性之欲。朱子亦有此说,见《诗集传序》:"人生而静,天之性也;感于物而动,性之欲也。"

在大的方面总说"性",这一点有似后来的阳明子,只是有些不足,也没有说清楚。比如他说:"且如情、性、心、才,都只是一般事物,言偶不同耳。"(《语录上》,第444页)关于性和心,也可以同意他的说法:"在天者为性,在人者为心。"(《语录上》,第444页)但如果是这样,那么就会是心即性,心即理,结论就是性即理。如此一来,他就不必同朱子争论了。

3. 阳明子至善论的提出:性一而已

先秦儒家人性论的性善与性恶之争论,张开了儒学的两翼:孟子的性善论从内在于人的道德根源处说人性,开启了儒家最为重要的心性之学;荀子的性恶论从治理社会的角度说人性,强调了儒家王道政治的维度。但是性善和性恶之间也有巨大的张力。为了消解这种张力,宋儒区分了天地之性和气质之性,用气禀来说明人性,虽然圆融许多,但仍不彻底。下面来看阳明子的说法:

(1)至善论:收摄性善与性恶

阳明子的人性论,是至善论。《传习录上》有如此相关的记载:"至善者性也,性元无一毫之恶,故曰'至善'。"(《传习录上》,第25页)这里确定无疑地表明了阳明子的人性论是至善论。接下来又有:

> 问:"知至善即吾性,吾性具吾心,吾心乃至善所止之地,则不
> 为向时之纷然外求,而志定矣;定则不挠挠,而静;静而不妄动,则

安;安,则一心一意只在此处;千思万想,务求必得此至善,是能虑,而得矣。如此说,是否?"

先生曰:"大略亦是。"(《传习录上》,第25页)

这里阳明子对其弟子关于至善即吾性的体悟作了基本肯定的答复。所以说阳明子的人性论是至善论。

在《传习录下》中,载有阳明子对在他之前的人性论的一个历史的总结:

> 问:"古人论性,各有异同,何者乃为定论?"
>
> 先生曰:"性无定体,论亦无定体,有自本体上说者,有自发用上说者,有自源头上说者,有自流弊处说者。总而言之,只是一个性,但所见有浅深尔。若执定一边,便不是了。性之本体原是无善无恶的,发用上也原是可以为善、可以为不善的,其流弊也原是一定善、一定恶的。譬如眼,有喜时的眼,有怒时的眼;直视就是看的眼,微视就是觑的眼:总而言之,只是这个眼。若见得怒时眼,就说未尝有喜的眼,见得看时眼,就说未尝有觑的眼,皆是执定,就知是错。孟子说性,直从源头上说来,亦是说个大概如此;荀子性恶之说,是从流弊上说来,也未可尽说他不是,只是见得未精耳。众人则失了心之本体。"(《传习录下》,第115页)

这里,阳明子随问就答,先是说"性无定体,论亦无定体",目的是破除其弟子的执。其实,他的性体是有定论的,那就是他在这里所说的:"性之本体原是无善无恶的。"然后他总结说:孟子从源头(或本体)上说性善,也只是说了一个大概,没有和性之发用彻底贯通;荀子则是从流弊(或发用)上说性恶,未能很好地上达性之本体,故而说他只是未见得精;而其他人在论人性时,就失了心之本体。① 这样就把孟子的性善论和荀子的性恶论一体收摄,提出了他自己的圆融的人性论。性体无善无恶,从源头上可说性善,从流弊上可说性恶。

阳明子不仅收摄孟子和荀子的人性论,他还说:

> 夫子说"性相近",即孟子说"性善",不可专在气质上说。若说气质,如刚与柔对,如何相近得?惟性善则同耳。人生初时,善原是同的。但刚的习于善则为刚善,习于恶则为刚恶;柔的习于善则为柔善,习于恶则为柔恶:便日相远了。(《传习录下》,第123页)

这样他把孔子源于生活感悟的"性相近"也纳入了自己的形上建构。而在宋儒那里,是把夫子的"性相近"作气质之性看了。

奇怪的是,众多哲学史家却基本没有论及阳明子的人性论。可能的原因是,他们认为在阳明子的思想体系中,"性"不是一个必要的概念,而且要说清楚,确实也很难。"性"在阳明子的思想中和许多范畴都有联系,从哪开始说就是一个问题。由于论题的原因,还是从宋儒的比较开始,这应该是一个恰当的突破口。因为宋代以前的都经过了宋儒的检讨,而阳明子的思想肯定是经过了宋代儒家思想的洗礼。只有与他们比较,才能看出他在什么意义上有理论上的发展。

(2)打并天地之性与气质之性

对宋儒的人性论,阳明子把他们的天地之性和气质之性打并为一,改造了他们的气禀说。认为:

> 生之谓性,"生"字即是"气"字,犹言气即是性也。气即是性,

---

① 他这里所说的心之本体即是性,这一点容后再辨。

> 人生而静以上不容说,才说气即是性,即已落在一边,不是性之本原矣。孟子性善,是从本原上说;然性善之端须在气上始见得,若无气,亦无可见矣。恻隐、羞恶、辞让、是非,即是气。程子谓:"论性不论气,不备;论气不论性,不明。"亦是为学者各认一边,只得如此说。若见得自性明白时,气即是性,性即是气,原无性、气之可分也。(《传习录下》,第60页)

在这里,气就不再是清浊驳杂、使人性为恶的消极意义,而是使善得以实现的积极力量了。阳明子是从体用不二的思想来说明气的积极意义的。因为性体自身不显现,只有通过气才能表现出来,性之善只有借助气才能为人所呈现。在阳明子看来,性之善要表现为恻隐羞恶辞让是非等意识现象才能呈现出来。而这四者孟子称为"四端",是心之端绪,朱子称之为"情",而阳明子则认为是"气"。另外,阳明子在这段话中虽然是肯定了大程的"人生而静以上不容说"和小程的"论性不论气,不备;论气不论性,不明",但是,他显然是不同意二程的气禀说的。因为他认为:"气即是性,性即是气,原无性、气之可分也。"

既然阳明子如此来看待气,那么在宋儒那里很紧张的理气关系,在阳明子的思想中就得到了消解。请看:"理者,气之条理;气者,理之运用。无条理,则不能运用;无运用,则亦无以见其所谓条理者矣。"(《传习录上》,第62页)很显然,阳明子认为理与气的关系就是条理和运用的关系,而且它们是体用关系。这里,宋儒用理说明性善之根源、用气说明性恶之实存而导致的困难就没有了。

4.阳明子至善论的基本观念

到此为止,只说了阳明子融汇前代儒家圣贤,提出了自己的至善论。下面进一步具体地分析他的人性论,看一下阳明子究竟是如何理解人之"性"的。

首先,来看性与心的关系。这是因为:大家都认为"心"是阳明子"心学"最重要的范畴。都知道,他是彻底的心学人物,曾经把整个儒学当心学看,说:"圣人之学,心学也。"(《象山文集·序》)这一说法也是有道理的,因为人类所有思想家要解决的就是人的问题,也就是人心的问题。所以也可以说,人类的全部学问,就是关于"心"的学问。那么,心与性是什么关系呢?这里可以分作两层说:首先,从本体上说:心之本体即是性。阳明子说:"心之本体,原自不动。心之本体即是性,性即是理;性元不动,理元不动。集义是复其心之本体。"(《传习录上》,第24页)那又怎么样理解心之本体?阳明子说:

> 心者,身之主宰:目虽视,而所以视者心也;耳虽听,而所以听者心也;口与四肢虽言动,而所以言动者心也。故欲修身,在于体当自家心体,当令廓然大公,无有些子不正处。主宰一正,则发窍于目,自无非礼之视;发窍于耳,自无非礼之听;发窍于口与四肢,自无非礼之言动:此便是修身在正其心。然至善者,心之本体也。心之本体,那有不善?如今要正心,本体上何处用得功?必就心之发动处才可著力也。心之发动不能无不善,故须就此处著力,便是在诚意。(《传习录下》,第119页)

这里说的心之本体上无法用功,是理解心之本体的关键之所在:无法在心本体上用功,就意味着心本体不是经验个体的意识层面的概念,而是指内在于人的、先于经验的本然结构。而心之本体是性,就是说这一本然结构是由性来规定的。因此,从本体上说:心即性。而从工夫论上说,只有尽心才能尽性。阳明子晚年答顾东桥书说:"夫心之体,性也;性之原,天也。能尽其心,是能尽其性矣。"(《传习录中》,第43页)此心是经验个体的意识,是能够发动的心,而非心之本体。只有从此心用功才能通达心之本体,才能尽性。总而言之,从本体和工夫两方面都可以说:心即性。所以,阳明子说:"性是心之体,天是性之原,尽心即是尽性。"(《传习录上》,第5

页)在阳明子看来,心就是性。

其次,是性和理的关系。他说:"心之体,性也;性,即理也。穷仁之理,真要仁极仁;穷义之理,真要义极义。仁义只是吾性,故穷理即是尽性。如孟子说,充其恻隐之心,至仁不可胜用,这便是穷理工夫。"(《传习录上》,第33页)这样,他就把伊川、朱子的"性即理"收摄进了自己的思想体系。

更进一步,他把《中庸》的性、道、教也合而为一,说:"子思性、道、教,皆从本原上说天命:于人,则命便谓之性;率性而行,则性便谓之道;修道而学,则道便谓之教。"(《传习录上》,第37页)

至此,可以干脆用阳明子自己的一个总结性说法:

> 性,一而已:自其形体也,谓之天;主宰也,谓之帝;流行也,谓之命;赋于人也,谓之性;主于身也,谓之心;心之发也,遇父便谓之孝,遇君便谓之忠;自此以往,名至于无穷:只一性而已。(《传习录上》,第15页)

可以看出,"性"是阳明子思想体系中一个很重要的范畴,牵涉甚广,与其他的重要范畴都有关联。

先秦儒家的性善和天命之谓性,在宋儒那里表达为"天地之性",这说的是天和性的关系;性恶和生之谓性,在宋儒那里表达为"气质之性",涉及的是人和性的关系。从这两对关系的清理中,我们就应该基本弄清阳明子"性"范畴的含义了。

先说性和天的关系。可以看出有几点:首先,阳明子认为天即性,他说:

> 性,一而已:自其形体也,谓之天;主宰也,谓之帝;流行也,谓之命;赋于人也,谓之性;主于身也,谓之心。(《传习录上》,第15页)

这就与宋儒说的"天地之性"不同。其次,他认为"天是性之原"。他说:"性是心之体,天是性之原,尽心即是尽性。"(《传习录上》,第5页)再次,他认为"天命之谓性"。他说:"子思性、道、教,皆从本原上说天命:于人,则命便谓之性;率性而行,则性便谓之道;修道而学,则道便谓之教。"(《传习录上》,第37页)

再说性和人的关系。阳明子认为"赋于人也,谓之性"。他说:"就其主宰处说,便谓之心;就其禀赋处说,便谓之性。"(《传习录上》,第34页)。此即是说,性就是禀赋处。那么,是谁禀赋给谁呢?当然是天禀赋给人,因为"天是性之原"。这就清楚了阳明子"性"范畴的基本含义:性是天赋予人的。这也就是说,性是人之性,是人之为人的本质规定。

这里还涉及的一个问题是:阳明子说的"天"是什么含义?尝试分析如下。阳明子说:"如今人只说'天',其实何尝见天?谓日月风雷即天,不可;谓人物草木不是天,亦不可。"(《传习录上》,第21页)这里,阳明子否定了人们日常语言中所说的"天"。通常人们会说"各人上头一片天"、"两眼望青天"等等,此天即是日月风雷,但阳明子认为不可如此说。平常人们是不会把人物草木当作天来看,而阳明子说这种看法不对。显然,他认为:只说日月风雷即天是不够全面的,人物草木也是天的一部分。所以他说:"无往而非天:三光之上,天也;九地之下,亦天也。"(《传习录上》,第22页)阳明子认为的天,就应该是天地万物一体的全体大有。所以他说:"自其形体也,谓之天。"天就是存在者的全体大有。人就生存于这全体大有之中,离开这全体大有,人就不成其为人,这全体大有就赋予了人之所以为人的本质规定——人性。

现在,可以总结一下阳明子的至善论与前人的不同了。与孟、荀相比,他不执定善恶,而是从本体上说性善,从发用的流弊上说性恶。所以他才说:"孟子说性,直从源头上说来,亦是说个大概如此;荀子性恶之说,是从流弊上说来,也未可尽说他不是,只是见得未精耳。"(《传习录上》,第115页)与宋儒相比,阳明子没有沿袭他们天地之性和气质之性的区分,摒弃了气禀说,打通了在宋儒那里很紧张的理气关系,把他们分为两截的天和人合在一起,做到了真正的"天人合一"。这样说的理由是:前面说过,宋儒的天地之性就是天之性,气质之性就是人之性。

还可以进一步说一说阳明子所谓"性"的具体内容。阳明子说:"性,一而已:仁义礼智,性之性也;聪明睿智,性之质也;喜怒哀乐,性之情也;私欲客气,性之蔽也。质有清浊,故情有过、不及,而蔽有浅、深。私欲、客气,一病两痛,非二物也。"(《传习录中》,第68页)仁义礼智就是性的本质规定,所以说是"性之性";聪明睿智是天赋的材质,故说"性之质";喜怒哀乐是性的发见形式,故说"性之情";私欲客气是妨碍性充分实现的障碍,就说是"性之蔽"。

二、如何理解阳明子的至善论

1. 阳明子至善论的内在结构

上面讨论了阳明子的至善论中性、心、天、人等几个基本观念,现在,进一步弄清:他究竟是怎样论述至善的?

(1) 至善与善、恶

上面的讨论已经表明,阳明子对至善的阐释是多方面的。下面对至善论作更为完整的清理:至善与善恶的关系又如何? 至善论的结构究竟是怎么样的?

首先,应该明白,至善就是无善无恶,阳明子说:"无善无恶者,理之静;有善有恶者,气之动。不动于气,即无善无恶,是谓至善。"(《传习录上》,第29页)从本体上说:"天地生意,花、草一般,何曾有善恶之分?"从根本上来说,天地万物本自一体,没有善恶之分;而且从工夫上说:"圣人无善无恶,只是'无有作好,无有作恶',不动于气。然'遵王之道',会其有极,便自一循天理,便有个裁成辅相。"(《传习录上》,第29页)从工夫上来说,无善无恶就是无有作好,无有作恶,也就是要做到无我,做到廓然大公。

其次,从至善和性说起:"至善者性也;性原无一毫之恶,故曰:至善。"

(《传习录上》，第25页）这说明阳明子的人性论是至善论。此至善论给出了人皆可以为尧舜的理论基础，这是一个在先天道德意义上的平等基础。这和宋儒气质之性的差等基础相比，就明显具有近代启蒙色彩。

第三，至善者心之本体："至善者，心之本体；本体上才过当些子，便是恶了。不是有一个善，却又有一个恶来相对也。故善恶只是一物。"（《传习录下》，第97页）阳明子的心之本体也称"心体"，心体是纯粹意识的本然的未发状态。心体是至善的，前面也说过心之本体上无法用功，正是为此。

第四，从至善和善、恶的关系说："无善无恶者，理之静；有善有恶者，气之动。不动于气，即无善无恶，是谓至善。"（《传习录上》，第29页）他认为，至善是无善无恶。而无善无恶是理之静；善恶之有，是气之动然后才有。

第五，就工夫与本体的关系说："至善者，明德、亲民之极则也。"（《大学问》）明明德和亲民的最高标准就是至善。明德、亲民是儒家的外王之工夫，此工夫不能不有一个标准，此标准在阳明子看来就是无有作好，无有作恶，也就是要做到无我，做到廓然大公，就是至善。在内圣的工夫处，他说："格物是止至善之功，既知至善，即知格物矣。"（《传习录上》，第5页）

第六，至善与天理的关系："至善只是此心纯乎天理之极便是。"（《传习录上》，第3页）天理和至善通过心勾连起来。天理在宋明理学是一个普遍道德法则的概念，阳明子用心即理的方式把它溶进了自己的思想之中。这里说的是心在发用的时候能够遵循普遍的道德法则，回复心体的本然状态，也就是至善。

从上面的清理可以看出：阳明子是在这么几个层次上论述了他的至善论思想：首先，在天地万物本自一体的意义上，没有善恶可言，是无善无恶，无善无恶是至善；其次，人性是至善的；第三，心体是至善的；第四，至善既是内圣工夫的标准，也是外王工夫的标准。其结构是：天的无善无恶落实到人，人性就是至善，进一步落实到心之本体，心体就是至善的。善恶分别只是出现在心体发用之时，恶就是心动于气、本体过当、不遵循天理而动的结果，这就需要人们实际用功为善去恶，工夫的最高标准就是至善。此结构可简化为：天—性—心体（至善）—动心（善恶）—无我—天（至善）。阳明子的至善论结构和他讲学的义理结构是完全相同的，下面的论述将会清楚地表面这一点。这里也就表明了：理解至善的关键处，在于理解至善与善恶的关系。

（2）至善与理、气

既然阳明子说性体是无善无恶、是至善，那么，我们必然要弄清楚他对善和恶的界定、至善和善恶的关系。这应该是人性论的一个核心问题。《传习录上》载：

> 侃去花间草，因曰："天地间何善难培、恶难去！"先生曰："未培、未去耳！"少间，曰："此等看善恶，皆从躯壳起念，便会错。"
>
> 侃未达。曰："天地生意，花、草一般，何曾有善恶之分？子欲观花，则以花为善，以草为恶；如欲用草时，复以草为善矣。此等善恶，皆由汝心好恶所生，故知是错。"
>
> 曰："然则无善无恶乎？"曰："无善无恶者，理之静；有善有恶者，气之动。不动于气，即无善无恶，是谓至善。"
>
> 曰："佛氏亦无善无恶，何以异？"曰："佛氏着在无善无恶上，便一切都不管，不可以治天下。圣人无善无恶，只是'无有作好，无有作恶'，不动于气。然'遵王之道'，会其有极，便自一循天理，便有个裁成辅相。"
>
> 曰："草既非恶，即草不宜去矣？"曰："如此却是佛、老意见。草若有碍，何妨汝去？"
>
> 曰："如此又是作好作恶？"曰："不作好恶，非是全无好恶。却是无知觉的人！谓之'不作'者，只是好恶一循于理，不去又着一分意思。如此，即是不曾好恶一般。"
>
> 曰："去草如何是一循于理、不着意思？"曰："草有妨碍，理亦宜去，去之而已；偶未即去，亦不累心。若着了一分意思，即心体

便有贻累,便有许多动气处。"

曰:"然则善恶全不在物?"曰:"只在汝心:循理便是善,动气便是恶。"(《传习录上》,第29页)

这里可以看出这么几点:

1) 物无善恶。天地万物本自一体,没有善恶。如花和草,本来是没有所谓好坏和善恶,这是心体无善无恶的前提。只有在主体和主体的价值判断确立之后,才有善恶的分别。当然物无善恶并不是全无善恶,只是在这里,花、草一般,人、物一般。善恶在下面的环节上。

2) 无善无恶者,理之静;有善有恶者,气之动。善恶的分别是在动气之后才有。看善恶首先要明白无善无恶,再才能看清楚善恶。而薛侃那样看善恶,是从躯壳上起念,要么以是否对我们有用或有利,要么以是否符合我们已有的道德价值标准去看物之善恶。这已然是有了私意。

3) 循理便是善,动气便是恶。何谓善恶? 阳明子认为:善恶是从发用上讲。依天理而动的就是善,否则杂糅了气而动的就是恶。虽然,在整个宋明理学中,都是用理气来说善恶,阳明子不同于宋儒的地方是:他在心体发用处这个层次上谈善恶,而宋儒在性体层次上论善恶。

(3) 至善与有我、无我

《传习录下》载:

问:"先生尝谓'善恶只是一物'。善恶两端,如冰炭相反,如何谓只一物?"先生曰:"至善者,心之本体;本体上才过当些子,便是恶了。不是有一个善,却又有一个恶来相对也。故善恶只是一物。"

直因闻先生之说,则知程子所谓"善固性也,恶亦不可不谓之性";又曰"善恶皆天理,谓之恶者本非恶,但于本性上过与不及之间耳":其说皆无可疑。(《传习录下》,第97页)

这说明了阳明子是不执定善恶来看的，不认为善恶两端如冰炭相反，而认为恶者本非恶，只是心本体上过当，本性上的过和不及才是恶，也就是说，人的心从躯壳上起念，为自己考虑得太多或不够，不能够执中而行，那就是恶。这也就是所谓："循理便是善，动气便是恶。"这与宋儒以气禀来先天决定人性的善恶委实不同。

这里还有一个关键的问题，就是至善和善的关系。阳明子说无善无恶是至善，他为什么不说无善无恶是至恶呢？阳明子并不否认世间有善有恶，而这善的源头是至善，即无善无恶。善恶的源头居然是无善无恶，真叫人匪夷所思。这中间究竟有什么样的奥妙呢？先看：

> 黄勉叔问："心无恶念时，此心空空荡荡的，不知亦须存个善念否？"先生曰："既去恶念，便是善念，便复心之本体矣。譬如日光，被云来遮蔽；云去，光已复矣。若恶念既去，又要存个善念，即是日光之中添燃一灯。"（《传习录下》，第 99 页）

阳明子认为，去了恶念，就复了心之本体，就是至善。他还明确说："恶人之心，失其本体。"（《传习录上》）这里，至善与善的关系就是日光同灯光的关系，它们的大小范围虽不相同，其本质则一。显然，无善无恶只能叫做"至善"，而不能说是"至恶"或者别的什么。实际上，阳明子把至善和善区分为体用两层来说，是要区别终极的善和具体的善。具体的善与恶相对待，终极的至善需要一个与具体的善不同的概念来表达。他是要告诉人们：人性、人心在本体上都是至善的，至善是善端、善之体。他所说的"满街都是圣人"就是这个意思。恶是至善的偏离状态，是心体发用之时的过和不及，其原因在于从躯壳上起念。那么，要真正做到为善去恶，就要做到"无我"。

无我之意本来自儒家传统，孔子主张"克己"，提倡"毋我"。阳明子说："克己须要扫除廓清，一毫不存方是。有一毫在，则众恶相引而来。"（《传习录上》）所以他认为："圣人之学，以无我为本。"（《别方叔贤序》，第 232 页）

中国文化的再展开

又说:"诸君常要体此:人心本是天然之理,精精明明,无纤介染著,只是一无我而已;胸中切不可有,有即傲也。古先圣人许多好处,也只是无我而已。"(《传习录下》,第125页)真正的无我就是无执无著,既不执于恶也不执于善。《传习录下》载:

> 先生尝语学者曰:"心体上着不得一念留滞,就如眼着不得些子尘沙。些子能得几多?满眼便昏天黑地了。"又曰:"这一念不但是私念,便好的念头,亦着不得些子。如眼中放些金玉屑,眼亦开不得了。"(《传习录》,第117页)

只有如此,才能做到大程所说的:"夫天地之常,以其心普万物而无心;圣人之常,以其情顺万物而无情。"(《答横渠张子厚先生书》,第460页)

上面从伦理意义上说至善是无善无恶,实际上反过来说无善无恶是至善,这是一个超越伦理意义的层面。这一层,在今天西学东渐的情况下,可能更有意义。天地万物一体,本来没有什么伦理意义上的善恶,当然是无善无恶。而天地万物本自一体就是至善,这种情况何来人心人力?或者说,人还是与物一般,还没有成其为人,当然也就没有人的伦理问题。那么,又是在什么情况下,人的伦理问题才成其为问题呢?我们认为,在天地无心、只有人才是天地万物的心的意义上,在人能否复其天地万物一体之本然的时候,人的伦理问题才成其为问题;不仅伦理问题,还有认识论问题,也只有在这个意义上才成为问题。这也是在前面说过的,人性论的问题不只是一个伦理学问题。这在下面还要进一步讨论。

2. 从至善论看阳明学的义理结构

自阳明学形成迄今已近五百年,而关于阳明学的义理结构却众说纷纭。比如写《明儒学案》的黄宗羲,他认同"知行合一",但却认为"四句教法"不是出自阳明子,而是出自王龙溪,至多只是阳明子的未定之见。(《师说》)又如杨国荣的《王学通论》认为:王学有二重性,阳明子赋予了良知以个体性(吾心)与普遍性(天理)双重品格。这种双重性又有其内在张力,导致了王学的分化。① 这种种对阳明子的解读,虽然说法不一,但基本结论有一点是共同的,那就是:阳明学不是内在自洽的。但我认为,作为明朝一代儒学宗师的王阳明,绝对不应该是这个样子,故而不揣冒昧,来探求一下这个谜底。

(1)存有论前提与循环式结构

要做这个事情,当然必须以阳明学的基本文献为根据。先来看被钱德洪称为"师门教典"的《大学问》:

> "《大学》者,昔儒以为'大人之学'矣。敢问大人之学何以在于'明明德'乎?"
>
> 阳明子曰:"大人者,以天地万物为一体者也:其视天下犹一家,中国犹一人焉。若夫间形骸而分尔我者,小人矣!大人之能以天地万物为一体也,非意之也,其心之仁本若是,其与天地万物而为一也。岂惟大人,虽小人之心亦莫不然,彼顾自小之耳。是故见孺子之入井,而必有怵惕恻隐之心焉,是其仁之与孺子而为一体也;孺子犹同类者也,见鸟兽之哀鸣觳觫,而必有不忍之心焉,是其仁之与鸟兽而为一体也;鸟兽犹有知觉者也,见草木之摧折而必有悯恤之心焉,是其仁之与草木而为一体也;草木犹有生意者也,见瓦石之毁坏而必有顾惜之心焉,是其仁之与瓦石而为一体也。是其一体之仁也,虽小人之心亦必有之。是乃根于天命之性,而自然灵昭不昧者也,是故谓之'明德'。小人之心既已分隔隘陋矣,而其一体之仁犹能不昧若此者,是其未动于欲,而未蔽于私之时也;及其动于欲,蔽于私,而利害相攻,忿怒相激,则将戕物圮类,无所不为,其甚至有骨肉相残者,而一体之仁亡矣。是故

---

① 杨国荣:《王学通论》,三联书店1990年版。

苟无私欲之蔽,则虽小人之心,而其一体之仁犹大人也;一有私欲之蔽,则虽大人之心,而其分隔隘陋犹小人矣。故夫为大人之学者,亦惟去其私欲之蔽,以明其明德,复其天地万物一体之本然而已耳;非能于本体之外,而有所增益之也。"(《大学问》,第968页)

在这里,阳明子开宗明义提出了大学即是大人之学,大人就是"以天地万物为一体"的人,大人之所以能以天地万物为一体,不是有意要这么做,而是"其心之仁本若是其与天地万物而为一也"。阳明子强调:一体之仁是本然如此,小人也是一样,只是受到私欲的蒙蔽。所以说:大人之学,只是"复其天地万物一体之本然而已耳"。而这个一体之仁,阳明子是秉承儒家一贯之宗旨:"仁是造化生生不息之理,虽弥漫周遍,无处不是,然其流行发生,亦只有个渐,所以生生不息。"(《传习录上》,第25页)因此可以说:天地万物一体是阳明学的基本前提,也是一个基本的存有论前提。

那么,在天地万物一体的前提之下,人的问题又是如何凸显出来的呢?请看:"盖天地万物与人原是一体,其发窍之最精处,是人心一点灵明。"(《传习录下》,第107页)这样,"人心一点灵明"就从天地万物一体之中突显出来;由于人心一点灵明是由人来承载,那么人的主体地位也就凸显出来了。那么,天地万物和人以及和人心的关系又是怎样的呢?在《传习录下》所记载的一段问答中,阳明子说得很明白:

> 先生曰:"你看这个天地中间,什么是天地的心?"对曰:"尝闻人是天地的心。"曰:"人又什么教做心?"对曰:"只是一个灵明。""可知充天塞地中间,只有这个灵明;人只为形体自间隔了。我的灵明,便是天地鬼神的主宰。天没有我的灵明,谁去仰他高?地没有我的灵明,谁去俯他深?鬼神没有我的灵明,谁去辨他吉凶灾祥?天地鬼神万物离却我的灵明,便没有天地鬼神万物了;我的灵明离却天地鬼神万物,亦没有我的灵明。如此,便是一气流

通的,如何与他间隔得!"(《传习录下》,第124页)

这里可以看出阳明子提出了这样一个循环结构:

天地万物一体—人—人心(灵明)—人—天地万物一体。

这个结构也可以简化为:天—人—天。有两点值得特别注意:首先,他强调了人心一点灵明对于天地万物的重要意义。通常说阳明学是心学、主观唯心主义、主体思维和先验哲学,都是在这个意义上说的。其次,还应该注意到他所强调的另一个方面,也是阳明学的基本前提,那就是:"我的灵明离却天地鬼神万物,亦没有我的灵明。"这是一个存有论的前提,他是在"天地万物一体"的前提下,强调"人心一点灵明"的重要性的。所以,阳明子在其纲领性的《大学问》中,开宗明义地指出:"大人者,以天地万物为一体者也。"

(2) 天—人结构与人—天结构

接着上面人性论的话题说,我们把他的这个结构分为两层来说:

先说前半部分:天地万物一体—人—人心。为了更清晰一些,把这个结构分作两截:"天—人"和"人—心"。

就"天—人"而言,天地万物本自一体,是全体大有,是阳明子说的"自其形体谓之天"的天。很显然,天地万物本自一体,根本就没有善恶,所以只能说是"无善无恶"。既然没有善恶,而又为什么说它是至善、是最高的善呢?是强为之名吗?应该说不完全是这样。说无善无恶是至善,是为人而言。这里可以分为两层来说:

首先,就"天"而言,天地万物本自一体,根本就没有善恶,这里显然是一种语言缺位的状态,也只能强为之名曰:无善无恶是至善。

其次,就"人"而言,人是天地万物的全体大有中的一分子,人之为人的本质规定即人性就是由此中获得的,所以说,天是性之原。在此之中,人与物一般无二,都是无善无恶的。因此就人而言,无善无恶是至善。这里说无善无恶是至善就是有意义的,人性本善的根基也就是在此确立的。可以

中国文化的再展开

说当说到人是天地万物的心的时候,当人在"天—人"结构中凸显出来的时候,人之为人的本质规定也就确立起来了。宋儒的天地之性就是在这个意义上说的。阳明子不同于宋儒的地方就在于明确区分天—人。也只有恰当地区分天人,才能真正地明白天人合一的道理。

而就"人—心(灵明)"这一截来说,毋庸置疑,只有心才是人的主宰,才是天地万物真正的最后的主宰。这一点阳明子说得很明白,请看:

> "人又什么教做心?"对曰:"只是一个灵明。""可知充天塞地中间,只有这个灵明;人只为形体自间隔了。我的灵明,便是天地鬼神的主宰。天没有我的灵明,谁去仰他高?地没有我的灵明,谁去俯他深?鬼神没有我的灵明,谁去辨他吉凶灾祥?天地鬼神万物离却我的灵明,便没有天地鬼神万物了。"(《传习录下》,第124页)

心为身之主宰,人之为人的本质规定即人性最终是落实在人心上,所以阳明子说:"夫心之体,性也;性之原,天也。"(《传习录上》,第43页)这里的意思是,天地万物本自一体,必然是无善无恶,性之原是天,所以性无善无恶,接下来,性是心之体,所以说,无善无恶心之体。

再说后半部分:人心—人—天地万物一体。同样把它分成两截:"心—人"和"人—天地万物一体"。

就"心—人"这一截来说,心体虽然无善无恶是至善,但是,人心并不是抽象的人心,而是在各色人等的躯壳之中。人们动心行事往往从躯壳上起念,世间善恶也就此表现出来了。试想一下,世间之人追名逐利,作出种种伤天害理、残仁害义的事情,哪一件不是从躯壳上起念,从一己之私欲出发的?善恶之分际就出现在人心发用之时。

而在"人—天地万物一体"这一段中,当人们从躯壳上起念的时候,自然也就难得做到以天地万物为一体。圣人教人为善去恶,那么判断善恶的标准又是什么呢?自然就是至善,是无善无恶,是以天地万物为一体。所以阳明子说:"大人者,以天地万物为一体者也。"

3. 从至善论看阳明子的四句教法

在谈到阳明子时,不能回避被认为是他"晚年定论"的"王门四句教法":

> 无善无恶心之体,有善有恶意之动,知善知恶是良知,为善去恶是格物。(《传习录下》,第117页)

然而四句教一向是王门一大公案,可以说王学派别后来的分化也是随之而来的。不仅如此,四句教还直接关系着阳明子思想的基本宗旨。因此,四句教在阳明学的研究中极为重要。攻击阳明子者以之为禅,谓之狂禅解儒;维护者也认为近禅而讳言之。而我们认为,四句教确实可以看作是阳明子的晚年定论,理解阳明学的关键就在于如何理解阳明子的四句教。

(1) 四句教确为"晚年定论"

首先要解决的问题是:四句教是否出自阳明?这一点有不同的看法。如黄宗羲,因未能理解四句教的真意,而为了维护阳明,就说:"四句教法,考之阳明集中,并不经见。其说乃出自龙溪。则阳明未定之见,平日间尚有是言,而未敢笔之于书,以滋学者之惑。"(《师说》)此说难以成立。有三个基本材料可以说明这一点:其一,《王龙溪全集》卷一载有《天泉证道记》;其二,《传习录》所载的钱德洪所录天泉问答;其三,在《年谱》中还有钱德洪所录载有此事的另一段文字。这就说明阳明晚年确实提出了四句教法。《传习录下》载:

> 丁亥年九月,先生起复征思、田。将命行时,德洪与汝中论学。

汝中举先生教言,曰:"无善无恶是心之体,有善有恶是意之动,知善知恶是良知,为善去恶是格物。"德洪曰:"此意如何?"汝中曰:"此恐未是究竟话头。若说心体是无善无恶,意亦是无善无恶的意,知亦是无善无恶的知,物是无善无恶的物矣。若说意有善恶,毕竟心体还有善恶在。"德洪曰:"心体是天命之性,原是无善无恶的。但人有习心,意念上见有善恶在,格致诚正修,此正是复那性体功夫。若原无善恶,功夫亦不消说矣。"

是夕侍坐天泉桥,各举请正。先生曰:"我今将行,正要你们来讲破此意。二君之见正好相资为用,不可各执一边。我这里接人原有此二种。利根之人直从本源上悟入。人心本体原是明莹无滞的,原是个未发之中。利根之人一悟本体,即是功夫,人己内外,一齐俱透了。其次不免有习心在,本体受蔽,故且教在意念上实落为善去恶,功夫熟后,渣滓去得尽时,本体亦明尽了。汝中之见,是我这里接利根人的;德洪之见,是我这里为其次立法的。二君相取为用,则中人上下皆可引入于道;若各执一边,眼前便有失人,便于道体各有未尽。"

既而曰:"已后与朋友讲学,切不可失了我的宗旨:无善无恶是心之体,有善有恶是意之动,知善知恶的是良知,为善去恶是格物。只依我这话头随人指点,自没病痛。此原是彻上彻下功夫。利根之人,世亦难遇,本体功夫,一悟尽透,此颜子、明道所不敢承当,岂可轻易望人!人有习心,不教他在良知上实用为善去恶功夫,只去悬空想个本体,一切事为俱不着实,不过养成一个虚寂。此个病痛不是小小,不可不早说破。"(《传习录下》,第117页)

这就是人们所说的"天泉证道"。其余两条材料,大同小异。这一点,陈来在《有无之境——王阳明哲学的精神》中考证颇为翔实。下面进一步的分析,将从阳明学的内在理路上论证四句教出自阳明子,当无可怀疑。

（2）四句教与至善论

阳明子四句教的含义究竟如何，可以说是众说纷纭。在此，我提出自己的看法。

第一句：无善无恶心之体。

这句话在前面已经基本分析清楚了，那就是：天地万物本自一体，必然是无善无恶，性之原是天，所以性无善无恶，而性是心之体，所以说，无善无恶心之体。

然而就是因为这句话，许多人就说他"近禅"。其实不然，阳明子的学说可谓得来不易，在思想上来说，他克服了困扰他的两大难题：一是朱子学，一是佛、老。阳明子学凡三变：开始泛滥于词章，但对其思想的影响不是很大；接下来遍读考亭之书，循序格物，其结果仍然是"顾物理吾心终判为二，无所得入"①；因此他便出入佛、老久之；直到最后悟道。正如他在《象山文集序》中说："世儒之支离，外索于刑名器数之末，以求明其所谓'物理'者，而不知吾心即物理，初无假于外也；佛、老之空虚，遗弃其人伦事物之常，以求明其所谓'吾心'者也，而不知物理即吾心，不可得而遗也。"他破除了朱子学和佛、老对物理和吾心的两执，因为这两者都不可能达成"天地万物一体之仁"。

所以，理解阳明子，一定要跳出两个对立：第一是理学和心学的对立，把它们看成冰炭不容的两端；第二是儒家与佛家的对立，把它们看作绝对地相互排斥的两个思想体系。② 无须讳言，阳明子吸取了佛家智慧。

第二句：有善有恶意之动。

理解这句话的关键在于"意"。阳明子说：

> "身之主宰便是心，心之所发便是意，意之本体便是知，意之所在便是物。如意在于事亲，即事亲便是一物；意在于事君，即事

---

① 黄宗羲：《明儒学案》，中华书局1985年版，第18页。
② 参见陈来：《有无之境——王阳明哲学的精神》第八章，人民出版社1991年版。

君便是一物；意在于仁民爱物，即仁民爱物便是一物；意在于视听言动，即视听言动便是一物。所以某说无心外之理，无心外之物。《中庸》言'不诚无物'，《大学》'明明德'之功，只是个诚意；诚意之功，只是个格物。"（《传习录上》，第5页）

这里的心、意、知、物和四句教是完全对应的，意义基本上也是相通的。但是这一段话更强调"意"，围绕着意在展开，因为意是人心发动之时，也是善恶出现之时。意有诚意和私意两种，诚意就是善，私意就是恶。所以说：《中庸》言"不诚无物"，《大学》明明德之功，只是个诚意。诚意之功，只是个格物。

如何格物诚意呢？这就需要良知的发动。阳明子说：

若良知之发，更无私意障碍，即所谓"充其恻隐之心，而仁不可胜用矣"。然在常人，不能无私意障碍，所以须用致知格物之功，胜私复礼，即心之良知更无障碍，得以充塞流行，便是致其知。知致则意诚。（《传习录上》，第6页）

发动良知胜私复礼，让私意回复为诚意。为什么需要良知发动？这就到了：

第三句：知善知恶是良知。

这里首先要弄清楚"良知"是什么含义。

首先，良知是知。阳明子说："知是心之本体，心自然会知：见父自然知孝，见兄自然知弟，见孺子入井自然知恻隐。此便是良知，不假外求。"（《传习录上》，第6页）

其次，良知是判断是非的标准，乃是非之心。他说："尔那一点良知，是尔自家的准则。尔意念着处，他是便知是，非便知非，更瞒他一些不得。"（《传习录上》，第92页）还说："良知只是个是非之心，是非只是个好恶。只好恶就尽了是非,只是非就尽了万事万变。"(《传习录下》,第 111 页)因此阳明子咏良知诗云:"人人自有定盘针,万化根源总在心,却笑从前颠倒见,枝枝叶叶外头寻。"(《咏良知四首示诸生》,第 790 页)

因此,就应当把意和良知区别开来,由良知来判断善恶。阳明子说:"意与良知当分别明白。凡应物起念处,皆谓之意。意则有是有非。能知得意之是与非者,则谓之良知。依得良知,即无有不是矣。所疑拘于体面、格于事势等患,皆是致良知之心未能诚切专一。"(《答魏师说》,第 217 页)

为什么良知可以作为标准呢?因为良知即天,天即良知。阳明子是这样说的:"'先天而天弗违',天即良知也;'后天而奉天时',良知即天也。"(《传习录下》,第 111 页)这就是说:良知既是本体,也是发用。良知呈现之时就是良知发用,而当我们在心体、性和天的意义上说良知的时候,就是在说本体意义上的良知。

最后第四句:为善去恶是格物。

这一句是王门四句教的落脚点。教人为善去恶,才是阳明子讲学的目的。但是还要弄清阳明子说的"格物"是什么意思。他在《大学问》中说:"故致知必在于格物。物者,事也。凡意之所发,必有其事;意所在之事,谓之物。格者,正也,正其不正以归于正之谓也。正其不正者,去恶之谓也;归于正者,为善之谓也。夫是之谓格。"很清楚,"格"的意思是"正",就是改不正为正,"物"则指事,是"意之所在"。这样格物就成为格意,也就和"有善有恶意之动"勾连起来了。由于良知能够知善知恶,用良知来格物、来为善去恶,就能够正意之所不正,从而也就复了无善无恶的心本体。

4. 牟宗三对至善论的批评

虽然牟宗三的哲学之思,始于良知呈现,成于良知坎陷,但他却未能真切理会良知,没有真正理解阳明子。说他的哲学之思始于良知呈现,一点不假,在《五十自述》中,牟先生记述了一个关于良知的对话。冯友兰的《中国哲学史》"王阳明"一节有:而良知之有,则心理学不能定也。熊十力先生对冯先生说:良知是真实的,良知是个呈现。牟宗三一闻之下,犹如当头棒喝。这一语直把他提到宋明儒者的层次。大家都知道,牟先生的哲学之思的旨趣,在于活转儒家心性之学,以接纳科学和民主,其理论进路就是良知坎陷,由内圣开出新外王。应该说,良知之思对牟先生非常重要,但他对着力倡导良知教的阳明子却不甚重视。《心体与性体》和《从陆象山到刘蕺山》是牟先生花了近十年时间写的四大本宋明理学专著,关于阳明子只有区区一小节,说《王学是孟子学》就完事;而关于朱子,却足足写了一本书,岂非咄咄怪事。不仅如此,他对阳明子还多有批评。当然沾染了西方哲学家习气的牟宗三,臧否人物本也稀松平常。究其实,是牟先生真不解阳明子。下面就他对阳明子人性论思想的臧否尝试分析之。

（1）颠顶：牟先生对阳明子的批评

牟宗三《心体与性体》(中)的"明道"章下有一个附识,标题是：阳明论"生之谓性"。这是他对阳明子至善论思想的集中清理,正好拿来比较一下,找出他批评的理由,也可以从一个侧面探究他的道德形上学未能成功的原因,同时看看我们建立儒家形而上学的思路与牟先生相比有无改进之处。

首先,牟先生引了《传习录》卷三的两段文字,加了案语来表达己见：

> 告子病源从"性无善无不善"上见来。性无善无不善,虽如此说,亦无大差;但告子执定看了,便有个无善无不善的性在内。有善有恶又在物感上看,便有个物在外。却做两边看了,便会差。无善无不善,性原是如此,悟得及时,只此一句便尽了,更无有内外之间。告子见一个性在内,见一个物在外,便见他于性有未透彻处。
>
> 案：此解完全不济事,好像只是闭着眼睛随意说。他把心目中的"无善无恶心之体"来想告子的"无善无不善",一似未曾读《告子篇》者！

叁　阳明心学研究

另一段云：

> 问：古人论性，各有异同，何者乃为定论？先生曰：性无定体，论亦无定体，有自本体上说者，有自发用上说者，有自源头上说者，有自流弊处说者。总而言之，只是一个性，但所见有浅深尔；若执定一边，便不是了。性之本体原是无善无恶的，发用上也原是可以为善、可以为不善的，其流弊也原是一定善一定恶的。譬如眼，有喜时的眼，有怒时的眼；直视就是看的眼，微视就是觑的眼；总而言之，只是这个眼。若见得怒时眼，就说未尝有喜的眼，见得看时眼，就说未尝有觑的眼，皆是执定，就知是错。孟子说性，直从源头上说来，亦是说个大概如此；荀子性恶之说，是从流弊上说来，也未可尽说他不是，只是见得未精耳。众人则失了心之本体。问：孟子从源头上说性，要人用功在源头上明彻；荀子从流弊说性，功夫只在末流上救正，便费力了。先生曰然。

> 案：此亦颟顸完全说不着。此不是"只是这个性，但所见有浅深"，亦不是只是一性而多相。以眼有喜怒相作喻亦非是。性之多论，非是如眼有多相，"执定一边，便不是"。性亦非"无定体"，论亦非"无定体"。全不着实理会各层之义理，只是笼统随己意一说。于法疏矣。①

颟顸，应该说这个批评是很重的，下一节尝试分析之。

（2）生之谓性与天命之谓性

牟先生为何如此批评阳明子，那是因为牟宗三区分了两种性：生之谓性和天命之谓性。他这样理解生之谓性：

> 以今语言之，"生之谓性"意即就自然生命之种种自然征象，

---

① 牟宗三：《心体与性体》（中），上海古籍出版社1999年版，第164页。

自然质性而说性；自然生命生而有此、自然征象，自然质性，就叫做是性。种种自然征象，自然质性，如具体地列举之，不外是生物、生理、心理三串现象之总聚。此完全是就人的自然生命、乃至凡有生者之自然生命之实然而说性。在此，就其为材质之自然而本然言，当然是中性无记者，是"无分于善不善"者。①

显然，这是在中性的无善无恶的意义上理解生之谓性。但是牟先生说："此种人的实然之性，虽甚重要，却决不能由之说明人的真正道德行为，决不能说明人之所以真正异于禽兽者。"②所以必须在另外的一个层面上来说性。接下来，他说：

因此，必须推进一步，直就人之真正的道德行为所以可能建立一种人的应然之性。此种应然之性不只是道德上之理论要求，而且必须是一种真实的呈现。因为真正的道德行为是实有的，不纯是一种幻想，因此作为其超越根据的性亦必须是一真实的呈现，而不能只是一种要求。③

那么这种应然之性就是："正宗儒家所透视的超越的道德心性，即孟子所谓'尽心知性知天'之性，《中庸》'天命之谓性'之性。"④他又是如何理解天命之谓性的呢？他说：

此种性，就孟子说，就是人的"内在道德性"之性，就《中庸》、《易传》说，就是由天命流行、物与无妄之实体所规定之性（此实体

---

① 牟宗三：《心体与性体》（中），上海古籍出版社1999年版，第166页。
② 牟宗三：《心体与性体》（中），上海古籍出版社1999年版，第169页。
③ 牟宗三：《心体与性体》（中），上海古籍出版社1999年版，第169页。
④ 牟宗三：《心体与性体》（中），上海古籍出版社1999年版，第169页。

落于个体上而为个体所具有即为性,故此种性之意义,可完全为此天命流行物与无妄之实体所规定)。故此种性虽在个体而见,却完全是宇宙性的,绝对普遍的,它虽是人之所以真正异于禽兽之所在,但却不是定义之类名,它实是一个道德创造之真几。①

那么这种应然之性与善恶的关系怎样呢?牟先生说:"超越的道德心性之一性则是普遍地人人皆道体上或义理上所先天具有的,自然不能说有善有恶。"②这也就是说,在天命之谓性的层次上不能说善恶,那就只能是无善无恶。虽然生之谓性和天命之谓性都可以与无善无恶勾连起来,但是牟先生认为生之谓性和天命之谓性是完全不同的。

而且它们所依据的传统也不同:"'生之谓性'原是'性者生也'一老传统之结成,人性就是这个性,并无所谓'超越的道德心性'之性。"③而天命之谓性与此不同:"孟子之说、《中庸》之说,乃根据另一老传统而来,即《诗书》中帝、天、天命、敬德以及孔子之仁、智与天诸观念。"④

因此,牟先生批评阳明子说:"'性之本体原是无善无恶的',以此来笼统告子之'无善无不善',显然大缪。……如其意真同于此,则良知教全部倒塌。"⑤明白一点说,性体的无善无恶是在天命之谓性层次上不能说善恶,而告子的"性无善无不善"是生之谓性的意义上说性是中性无记的。虽然牟先生认为生之谓性可以无分于善恶,但他接着做了进一步的区分,认为无分于善恶的中性说蕴涵两层意思:"自材质义说,是中性无记;自材质之可塑造义说,是可善可恶。两说原是一说,非独立之两说也。两说皆为'生之谓性'一原则下之所涵。"⑥

---

① 牟宗三:《心体与性体》(中),上海古籍出版社1999年版,第169页。
② 牟宗三:《心体与性体》(中),上海古籍出版社1999年版,第167页。
③ 牟宗三:《心体与性体》(中),上海古籍出版社1999年版,第170页。
④ 牟宗三:《心体与性体》(中),上海古籍出版社1999年版,第170页。
⑤ 牟宗三:《心体与性体》(中),上海古籍出版社1999年版,第166页。
⑥ 牟宗三:《心体与性体》(中),上海古籍出版社1999年版,第164页。

这里，牟先生在材质塑造的意义上说可善可恶，涉及他对善恶的理解，需要仔细分辨。他认为材质塑造的可善可恶是："表示善恶皆后天所成，受环境之制约及风尚之熏习，而可以转成善或恶，善恶皆非其本其性之本然。其好善之善性，非性之本有，其好暴之暴性，亦非性之所本有，惟是熏习而始然。"①但是，牟先生坚决反对阳明子把它看成是性体(超越的道德心性)的发用，自发用上是，就一性表现上受气质之限定或受私欲客气之蒙蔽而说，他明确说："为气质之偏杂所拘限，所桎梏，则其发用(表现)为恶、为不善；不为气质之偏杂所拘限，所桎梏，则其发用(表现)为善。为私欲客气所蔽，则其发用为恶、为不善；否则为善。"②

这种可善可不善的性在牟先生看来是生物学的先天生就的。既不是父母遗传，也不是环境与熏习所能决定的。并且，他认为："此种生物学的先天生就的性，在以前就说是气性或气质之性，是其禀受之气所凝结成之气质就是如此，故有性善、有性不善也。"③牟先生是用现代话语说宋儒的气质之性是生物学意义的人性，而且，在生物学的意义上，人性是有善有恶的。此意与宋儒差不多，与阳明子确实有差别。在前面已经明确了，阳明子认为心体是至善的，善恶是在"心之所发的意"上出现的，而不是说人生下来就有善有恶。如果真是这样，为善去恶就太难了，甚至根本就不可能。试想一下，先天禀受的恶怎么能够通过后天的为善去恶来救正。

说了宋儒的气质之性，就不能不说天地之性。牟先生说："天地之道，亦不过就是一道德创造之真几。自个体处所说之性与综宇宙而说的天地之道，其内容和意义完全为一。"④这里是两个层次，一是宇宙论的天地之道，是牟先生反复说道的"维天之命，于穆不已"的天道实体，说它是体，是就其统天地万物而为其体来说。并且他赋予此实体以道德意义。二是性

---

① 牟宗三：《心体与性体》(中)，上海古籍出版社1999年版，第164页。
② 牟宗三：《心体与性体》(中)，上海古籍出版社1999年版，第164页。
③ 牟宗三：《心体与性体》(中)，上海古籍出版社1999年版，第164页。
④ 牟宗三：《心体与性体》(中)，上海古籍出版社1999年版，第169页。

体,是就其具于个体之中而为体而言。当然,牟先生认为天道实体和性体是通而为一的。

那么就"性"来说就是:"此种性,就孟子说,就是人的'内在道德性'之性,就《中庸》《易传》说,就是由天命流行、物与无妄之实体所规定之性。"①这也就是宋儒所说的天地之性。而且他还说:

> 超越的道德心性之一性则是普遍地人人皆道体上或义理上所先天具有的,自然不能说有善有恶。而亦不能自此一性之发用的流弊上之"一定善,一定不善"之义来笼统此生物学的先天生就的气性之有善有不善。②

至此,牟先生的人性论思想已经大致清楚了,但也不能不说明他对生之谓性有两种理解。这虽然只是一个枝节问题,但对理解儒家文化中丰富多彩的人性论思想大有裨益。牟先生说:"有两个义理模式下的'生之谓性':一、本体宇宙论的直贯模式下之生之谓性;二、经验主义或自然主义的描述模式下的生之谓性。前者是明道所创,后者是告子所说。"上面所谈的生之谓性都在告子所说的意义,下面再说明道的。先看牟先生的引文和案语:

> 《传习录》卷三复有一条云:
> 问:生之谓性,告子亦说得是,孟子如何非之?先生曰:固是性,但告子认得一边去了,不晓得头脑。若晓得头脑,如此说亦是。孟子亦曰形色天性也,这也是指气说。又曰:凡人信口说,任意行,皆说此是依我心性出来,此是所谓生之谓性。然却要有过差。若晓得头脑,依吾良知上说出来,行将去,便自是停当。然良

---

① 牟宗三:《心体与性体》(中),上海古籍出版社1999年版,第169页。
② 牟宗三:《心体与性体》(中),上海古籍出版社1999年版,第167页。

知亦只是这口说,这身行,岂能外得气,别有个去行去说? 故曰:论性不论气不备,论气不论性不明。气亦性也,性亦气也,但须认得头脑是当。

案:此段理解"生之谓性"大体是本明道生之谓性。性即气,气即性,生之谓也。云云一段之义而说。……其意是说:言性最好是断自有生以后,生而后可谓之性,盖"人生而静以上不容说"也。……其所谓"性"仍是"天命之谓性"之性,而非告子"生之谓性"之性也。①

按照牟先生的理解,明道将"生之谓性"推进了一步,是依照本体宇宙论的直贯顺成的义理模式转出的新意,是就天地之大德曰生的"生理"直贯于个体之成而说生之谓性。所以他认为:"生之谓性的是断自一个体有生以后与气禀混杂而说其于穆不已之真几之性。"②这是否明道本意尚须另说。但他接下来说:"阳明本明道之新意而会通生之谓性。"这句话倒是说得不错。

(3) 牟宗三与阳明子的人性论思想的比较

现在完整地总结一下牟先生的人性论思想,并与阳明子的人性论思想做一比较。

首先,说道体。他认为:天地之道,亦不过就是一道德创造之真几。这是道体,也是一个道德实体。之所以说这个实体是道德的,是因为:天地之大德曰生。之所以说它是实体,是就其统天地万物而为其体来说。而阳明子认为天地万物本自一体,道体本无善恶可说。天地万物一体之中,人物一般,花草一般。

其次是性体。对人而言,这是天命之谓性。说它是体,是就其具于个体之中而为体而言。这也就是孟子所说的内在于人的道德性。在内在于

---

① 牟宗三:《心体与性体》(中),上海古籍出版社1999年版,第169-170页。
② 牟宗三:《心体与性体》(中),上海古籍出版社1999年版,第171页。

个体的道德性意义上,性体是纯粹的善,这和阳明子认为人性至善基本没有分别。而且,在天(道体)和人(性体)的关系上,牟先生认为:此超越的道德心性之一性则是普遍地人人皆道体上或义理上所先天具有的,自然不能说有善有恶。天道实体和性体是通而为一的。阳明子也说:天是性之原。在这一环节,他们的思想基本一致。

第三说生之谓性。这一层牟先生说得很复杂,从大的方面来讲,有明道和告子两个义理结构下的生之谓性。

在明道的意义上,生之谓性说的是:断自一个体有生以后,与气禀混杂而说其于穆不已之真几之性。这是道体直贯性体而说生之谓性。正如牟先生指出那样,阳明子正是本明道之新意会通生之谓性。

在告子的意义上,生之谓性又有两层含义。

第一层是气质之性,此性是可善可恶的,是生物学的先天生就的,此性既不是父母遗传,也不是环境与熏习所能决定的。气质之性的善恶是其禀受之气所凝结成之气质就是如此,故有性善、有性不善也。这本来是宋儒之中居主导地位的人性论思想,善恶是先天生就的。阳明子则认为善恶出现在心接于物、动于气的时候。

第二层含义是"生之谓性",意即就自然生命之种种自然征象,自然质性而说性;自然生命生而有此、自然征象,自然质性,就叫做是性。种种自然征象,自然质性,如具体地列举之,不外是生物、生理、心理三串现象之总聚。此完全是就人的自然生命,乃至凡有生者之自然生命之实然而说性。在此,就其为材质之自然而本然言,当然是中性无记者,是"无分于善不善"者。如果把这一层和气质之性连在一起,就发现:牟先生标出的这一层含义,实在让人难以理解,也无法和阳明子的思想联系起来。

但是,这个中性的生之谓性却是可善可恶。自材质义说,是中性无记;自材质之可塑造义说,是可善可恶。他认为材质塑造的可善可恶是:"表示善恶皆后天所成,受环境之制约及风尚之熏习,而可以转成善或恶,善恶皆非其本其性之本然。其好善之善性,非性之本有,其好暴之暴性,亦非性之所本有,惟是熏习而始然。"在牟先生看来,善恶出现分化或者说恶的来源就有两种情况,一是先天的气禀,二是后天的环境制约和风尚熏习。如果真如牟先生所说的这样,那叫人为善去恶可就难了。

三、阳明子至善论的现代意义

1. 阳明学对于现代新儒家形而上学的意义

现代新儒家坚持儒家传统的道德的、人本的立场,在哲学上,他们主要从事形而上学问题的研究。在他们看来,在新的历史条件下重新建构儒家传统,最核心的内容就是重建儒家的形而上学,唯其如此,才能从根本上重建儒家的人生理想和价值系统。

现代新儒家的形而上学主要有两大派别:一是熊十力、贺麟、牟宗三等人为主要代表的"新心学";①二是以冯友兰为主要代表的"新理学"。从现代新儒学发展的整体过程来看,其主流是"新心学"。

现代新儒学之心学一系的形而上学的建立,是从批判实证主义哲学和西方传统的形而上学入手的。而牟宗三先生的思想,代表了这一系的最高成就。他以儒家传统为主体,通过同以康德为代表的西方哲学对话,精心构筑了一个缜密而又庞大的哲学体系——道德形上学。下面,就以牟先生的道德形上学为例进入我们的话题。

(1) 牟宗三:"道德形上学"

牟宗三认为,道德形上学中国古已有之。他说:"儒家自孔子讲仁起(践仁以知天),通过孟子讲本心即性(尽心知性知天),即已涵着向此圆教下的道德形上学走之趋势。至乎通过《中庸》之天命之性以及至诚尽性,而至《易传》之穷神知化,则此圆教下的道德形上学在先秦儒家已有初步之完成。宋明儒继起,则充分地完成之。"②这也是他特别重视宋明理学的原因。

---

① 所谓"新心学"通常是指贺麟的现代新儒家思想。但实际上,在我看来,现代新儒学中,熊、牟一系才是真正意义上的新心学。本文所谓"新心学"指此。
② 牟宗三:《从陆象山到刘蕺山》,上海古籍出版社2001年版,第158页。

那么,牟宗三先生的道德形上学又是什么呢?他说:"'道德形上学'云者,由道德意识所显露的道德实体以说明万物之存在也。因此,道德的实体同时即是形而上的实体。"①但是仅此我们仍然难以明白,需要进一步弄明白他在什么基础上、通过什么方式建立道德形上学,其目的又是什么。

牟先生是在通贯古今中西的基础上,通过与西方哲学(主要是康德)的对话,可以说牟先生一生都在与以康德为代表的西方哲学对话。但是他认为康德只有"道德底形上学"与道德神学,并无"道德的形上学"。牟先生区分了"道德底形而上学"(Metaphysic of Moral)与"道德的形而上学"(Moral metaphysics),认为"前者是关于'道德'的一种形而上学的研究,以形上地讨论道德本身之基本原理为主,其所研究的题材是道德,而不是形而上学本身,形上学是借用。后者则是以形而上学本身为主(包含本体和宇宙论),而从'道德的进路'入,以由'道德性当身'所见的本源(本性)渗透至宇宙之本源,此就是由道德而进至形上学了,但却是由'道德的进路'入,故曰'道德的形上学'"。②我们认为,这是一个很重要的区分。那么这一区分又是在什么意义上提出来的呢?

这个问题就涉及牟先生对中西哲学的理解,尤其是他对更为根本的哲学的理解,以及在此基础上的中国哲学的未来。牟宗三认为:"最成熟的智慧是主观性和客观性的统一,是普遍原理(泛立大本)与当下决断的互相摄契。我看西方哲学在这一方面的活动所成的理想主义的大传统,最后的圆熟归宿是向中国的'生命学问'走。"③而且"中国的文化生命民族生命的正当出路是在活转'生命的学问'以趋近代化的国家之建立"④。在牟先生看来,中国人的"生命的学问"是最重要的,不仅是中国人的正当出路,也是西方哲学的最后的圆熟归宿。

---

① 牟宗三:《心体与性体》(中),上海古籍出版社1999年版,第436页。
② 牟宗三:《心体与性体》(中),上海古籍出版社1999年版,第119页。
③ 牟宗三:《中国哲学的特质》,台湾学生书局1994年版,第10页。
④ 牟宗三:《中国哲学的特质》,台湾学生书局1994年版,第111页。

我们先弄清楚这里的"生命的学问"说的是什么。他说:"中国人的'生命的学问'的中心就是心和性,因此可以称之为心性之学。"①所以很自然,他给哲学下的定义就是:"凡是对人性的活动所及,以理智及观念加以反身说明的,便是哲学。"②那么,中国哲学的未来又是如何呢?牟先生说:"我们看出了中国哲学的未来的方向:(一)根据传统儒释道三教的文化生命与耶教相摩荡,重新复活'生命的学问'。(二)吸收西方的科学,哲学展开智性的领域。"③

牟先生的这些话表明:就哲学而言,心性之学是人类哲学的圆熟归宿,而中国哲学又需要吸收西方的科学。那么,已有的中西哲学是有差异的,它们之间差异的要害何在?他认为:"用一句最具概括性的话来说,就是中国哲学特重'主体性'(subjectivity)与'内在道德性'(inner morality)。儒家把主体性复加以特殊的规定而成为'内在的道德性'即成为道德的主体性。西方哲学刚刚相反,不重主体性,而重客体性。它大致是以'知识'为中心而展开。"④

所以,虽然牟先生肯定中国传统学术,尤其是宋明儒学所建立的道德形上学的价值,认为只有它才是"真正的形上学";但是也有不足,那就是没有开出新儒家的所谓"新外王"。

(2)天与人:本体与工夫

正如黄玉顺先生在《牟宗三"道德的形上学"批判》中指出的那样:

> 由于牟宗三把儒家的形上的本体规定为道德心,这就势必陷入极大的困难:作为伦理学范畴的道德心,如何可能接纳作为知识论范畴的认知心呢?又如何可能进一步开出知识论、科学来

---

① 牟宗三:《中国哲学的特质》,台湾学生书局1994年版,第120页。
② 牟宗三:《中国哲学的特质》,台湾学生书局1994年版,第4页。
③ 牟宗三:《中国哲学的特质》,台湾学生书局1994年版,第123页。
④ 牟宗三:《中国哲学的特质》,台湾学生书局1994年版,第5-6页。

呢？伦理学命题是关于应然的价值陈述,而知识论命题则是关于实然的事实陈述。休谟(David Hume)早已证明了:应然命题和实然命题之间是不可沟通的。因此,道德心不可能生长出认知心,伦理学不可能自然生长出知识论,因而它不可能接纳科学。这样一来,现代新儒家"内圣开出新外王"的美好愿望就不可能实现了。①

那么,问题出在哪里呢？我认为问题就出在牟先生对中国文化的总体把握上。这个问题太大,这里仅就牟先生对王阳明的理解说一下,以求管中窥豹,以见一斑。前面已经清理了他对阳明子人性论思想的批评,下面的问题,可以看出牟宗三在心、性、天这几个层级上的理解和阳明子的不同。而且这也关系到重建儒家形而上学思路的不同。

牟先生对阳明学可谓情有独钟,他开出新外王的办法就是让阳明子的良知坎陷一番,以求接纳科学。他认为:"《孟子》所说之本心,所说之良知,亦只有如阳明之所悟始能定得住。"②但是,牟先生却批评阳明说:阳明虽义理精熟,然未至四无碍之境,如以生而知之,学而知之,困而知之,比配《孟子》尽心知性知天,存心养性事天,夭寿不二修身以俟所以立命,即完全乖谬。③而且此义凡三见,决非偶尔之失。下面来看看牟先生的批评有没有道理。

阳明子说:"尽心、知性、知天,是生知安行事;存心、养性、事天,是学知利行事;寿夭不贰,修身以俟,是困知勉行事。"(《传习录上》,第5页)先看他的解释:

---

① 黄玉顺:《"伦理学的本体论"如何可能？——牟宗三"道德的形上学"批判》,《西南民族学院学报》2003年第7期。
② 牟宗三:《心体与性体》(中),上海古籍出版社1999年版,第155页。
③ 牟宗三:《心体与性体》(中),上海古籍出版社1999年版,第16页。

> 性是心之体，天是性之原，尽心即是尽性。"惟天下至诚为能尽其性，知天地之化育。"存心者，心有未尽也。知天，如知州、知县之知，是自己分上事，已与天为一；事天，如子之事父，臣之事君，须是恭敬奉承，然后能无失，尚与天为二。此便是圣、贤之别。至于"夭寿不贰其心"，乃是教学者一心为善，不可以穷通寿夭之故，便把为善的心变动了，只去修身以俟命。见得穷通寿夭有个命在，我亦不必以此动心。事天虽与天为二，以自见得个天在面前；俟命便是未曾见面，在此等候相似：此便是初学立心之始，有个困勉的意在。（《传习录上》，第5页）

阳明子的这一说法是从工夫上说的，只有圣人能尽心知性知天，已与天为一，所以只有圣人能生知安行；贤人事天，是因为他们"尚与天为二"；而普通人虽然一心向善，但因为他们不能穷通夭寿，看不破生死，只是去修身俟命。应该说这段话还是很清楚的。

而牟先生认为："是故'尽心知性知天'是自'体'上言。在此，心性天是一。'存心养性事天'是自人为一现实存在言，天亦是带着气化说。在此，心性因现实存在之拘限与气化之广大，而与天不即是一。……'立命'是说带着气化的天与吾人之现实存在间之相违相顺之事。"① 显然，他们对知天、事天、立命三种情况下的心性天是否合一的看法是相同的；不同之处在于，阳明子从工夫上说，并且与生知、学知、困知相比配，而牟先生是从本体的创生意义上说，也反对这种比配。来分析其中一种情况就知道了。比如他对尽心知性知天的理解是："天是客观的、本体宇宙论地言之，心性则是主观地、道德实践地言之，及心性显其绝对普遍性，则即与天为一矣。"② 这就是说，牟先生认为，天与心性本来有客观和主观之分，只有在心性显其绝对普遍性时才与天为一，即人（主观）要符合天（客观），要通过工夫通达

---

① 牟宗三：《心体与性体》（中），上海古籍出版社1999年版，第25页。
② 牟宗三：《心体与性体》（中），上海古籍出版社1999年版，第24页。

本体。当然，牟宗三的主客架构不是西方近代形而上学的认识论架构，而是一个道德论的架构，只不过他意图打通这两个主客架构而已。而在阳明子那里，没有这种主客架构，天人一体是阳明子论学的前提，心性天从来就是合一的，只是名相不同而已。他是即工夫即本体，所以这种比配就显得很自然。

（3）无善无恶与有善有恶：至善与道德

牟先生反对这种比配的根本原因就在于，他的哲学思想受西方影响，是一个主客架构。他理解的天和性体是客观的，具有超越意义；心体是主观内在的。而为了符合中国传统的天人合一，他还提出令人迷惑的"内在超越"说。他说：

> 天是超越意义的天……凡固有而定然如此者即说是为天……我们笼综天地万物而肯定一超越的实体（上帝或天道）以创造之或创生之，这乃完全由人之道德的心灵，人之道德的创造性之真性，而决定成的。此即是说：天之所以有如此之意义，即创生万物之意义，完全由吾人之道德的创造性之真性而证实，外乎此，我们决不能有别法以证实如此之意义者。①

他还说："儒家说天道创生万物，这也是对于天地万物所作的道德理性上的价值的解释，并不是对于道德价值作一存有论的解释。"②这就是说，牟先生赋予超越者（天）以道德意义，而天的道德性却只能由人来证实。这也就是他把中国哲学着力从孟子开始说起的原因。

而阳明子所说天地万物本自一体是无善无恶，是至善，是超越伦理道德的。只有人才有伦理，才有道德。伦理道德一定是在主体性确立以后才有的，在"无善无恶心之体，有善有恶意之动"之后，才能说道德或认识论等

---

① 牟宗三：《圆善论》，台湾学生书局1985年版，第133页。
② 牟宗三：《圆善论》，台湾学生书局1985年版，第134页。

等别的关于人的什么东西。

　　再把阳明子的至善论明确地分为两层来说一下，可能就会更清楚一些。天地万物本自一体，此全体大有是天，天是无善无恶的；性之原是天，所以性无善无恶；接下来，性是心之体，所以说，"无善无恶心之体"。这里，天是无善无恶，是至善，此至善是没有伦理道德意义的，而当到说性和心体是至善时，这个至善就是道德意义上最高的善。区分这两个至善的意义在于，天的至善应该也必定是人的至善的标准。不如此，人自不能成其为人。今天人类所遇到的严重的生存危机就是明证，当人类区分主客、以知识为力量向自然开战的时候，环境污染、人口危机、生态系统被破坏、核战争的危险等等，就时刻威胁着人类的生存。今天更应该牢记儒家传统中的一句名言：天地万物一体。更应该吸取阳明子思想的精华：天地万物本自一体是至善，是人类最高的善的标准。

　　牟宗三的全部"道德的形上学"的出发点是：道德意识就是本体，本体就是道德意识；这个道德意识不是经验的，而是先验的。牟宗三所说的会自觉地"自我坎陷"的"良知"，正是这样的道德意识。在他看来，这是儒家哲学的形上根基。这一看法确实有些问题。他混淆了形而上学和形而上学奠基这两个问题。他认为天有道德意识，而天的道德又只能由人的良知来呈现。通过这个回环，他就把天和人的道德意识都纳入了他的道德形而上学。与阳明子相比，如果说阳明子有形而上学的话，他的形而上学也是从人开始的，天的至善是为人的至善奠基的，天在非道德意义上的无善无恶是为人道德意义上的无善无恶做标准的。

　　牟宗三先生重建儒家形而上学的努力之所以是不成功的，是因为新儒家身上承载太多，负担太重，既要稳住中国文化传统，使之不至于花果飘零，又要吸收西方文化之精华，以图为我所用。而西学真正的精华进来还不久，没有经过中国文化很好的诠释，融合起来自然就很困难。但是牟先生的努力并没有白费，他对传承中华文明作出了卓越的贡献，也切近了中西文化真正的差异，此差异就在神与人之间。然而，一则，牟先生用中国的天道比配西方的上帝。二则用良知坎陷接纳西方的认识论。这个问题也与上帝有关,因为,认识论强调客观必然性,而真正的客观必然性只有上帝才有。其实,上帝不重要,西方人都说上帝死了,但上帝死了,客观必然性还在,认识论还在,科学还在。所以,真正影响牟宗三先生的是科学,是那个认识论的主客架构。

2. 建立儒家形而上学的问题

宋明理学所面对的是佛老,即从印度传入的佛学以及被佛学所激发出来的新的老学。面对外来文化的挑战,先哲们通过他们的努力,吸收其精华,很好地消融了外来文化与本土文化的紧张:一是产生了中国化的佛教——禅宗,二是产生了儒家新的形态——宋明理学。而今天所面对的是西学。怎样吸收西学,就是摆在我们面前的问题。在西方,形而上学是科学之王。怎样吸收西方的形而上学、重建儒家形而上学,就是中国哲学所面临的问题。要做这个工作,首先应该弄清楚,在西学的对照之下,如何重新理解儒家传统?要建立什么样的形而上学?

(1)何谓"形而上学"

先说形而上学。西方人的"形而上学"是什么意思?亚里士多德的《形而上学》是后人在编纂他的遗稿时加的一个书名,本义为:在物理学之后(metaphysics)。"形而上学"一词即由此而来。既然亚氏没有使用"形而上学"这个术语,就只能从该书中讨论的基本问题来切入它。

首先,亚氏从经验作为切入点,来解说哲学大义:"求知是人类的本性。"[1]苏格拉底说过:哲学就是爱智慧。而"智慧就是有关某些原理与原因的知识"[2]。亚里士多德认为,"人类由经验得到知识和技术";只不过"经验为个别知识,技术为普遍知识",所以,"凭经验知事物之所然而不知其所以然,技术家则兼知其所以然之故"[3]。要探讨终极原因,就需要一门终极

---

[1] 亚里士多德:《形而上学》,吴寿彭译,商务印书馆1959年版,第1页。
[2] 亚里士多德:《形而上学》,吴寿彭译,商务印书馆1959年版,第3页。
[3] 亚里士多德:《形而上学》,吴寿彭译,商务印书馆1959年版,第2页。

学术。他说：

> 凡能得知每一事物所必至的终极者，这些学术必然优于那些次级学术；这终极目的，个别而论就是一事物的"本善"，一般而论就是全宇宙的"至善"。上述各项均当归于同一学术；这必是一门研究原理与原因的学术；所谓"善"亦即"终极"，本为诸因之一。①

所以他认为：人类需要哲学这样一门终极学术去研究原理和原因，以探求全宇宙的"至善"。

那么哲学的研究对象是什么呢？亚氏的结论是："有一门学术，它研究'实是之所以是实是'，以及'实是由于本性所应有的禀赋'。"②他还更直截了当地说："'实事'，就'实事'而论诸属性和所涵的诸对反，恰正是哲学这门所专研的对象。"③进一步说："学术总是在寻求事物所依据的基本，事物也凭这些基本性质题取它们的名词。所以既说这是本体之学，哲学家们就得去捉摸本体的原理与原因。"④由此可以看出哲学就是"本体之学"。

接下来的问题：什么是本体(substance essence)？亚里士多德在《形而上学》第五卷中的阐释是这样的：本体可有两义：(甲)凡属于最底层而无由再以别一事物来为之说明的，(乙)那些既然成为一个"这个"，也就可以分离而独立的——这里第二义并以指说各个可独立的形状和形式。⑤亚氏在总结前人的基础上，把本体分为三类："本体之一义即物质；其另一义则为公式或形状；第三义则为两者的复合。"⑥也就是说，本体要么是质料，要么是形式，或质料和形式两者的复合。

---

① 亚里士多德：《形而上学》，吴寿彭译，商务印书馆1959年版，第4页。
② 亚里士多德：《形而上学》，吴寿彭译，商务印书馆1959年版，第56页。
③ 亚里士多德：《形而上学》，吴寿彭译，商务印书馆1959年版，第215页。
④ 亚里士多德：《形而上学》，吴寿彭译，商务印书馆1959年版，第57页。
⑤ 亚里士多德：《形而上学》，吴寿彭译，商务印书馆1959年版，第95页。
⑥ 亚里士多德：《形而上学》，吴寿彭译，商务印书馆1959年版，第161页。

亚里士多德这样判分本体的理由,在于他的"四因说"。他认为:

"因"的命意(一)是事物所由形成的原料,以及包括类此的各级物料。(二)事物的通式或模型,亦及事物的基本定义,以及包含在内的各级通式和定义的各个部分。(三)变化或停止变化最初所由以开始者。(四)事物之所以成为事物的目的。①

这就是,质料因、形式因、动力因和目的因。

为什么亚氏会提出"四因说"？因为他秉承古希腊传统,认为:"显然,我们应须求取原因的知识,因为我们只能在认明一事物的基本原因后才能说知道了这事物。"②而他的前辈们,要么只谈质料因,要么只说形式因,或者这两者的复合,在他看来都不完整也不全面。

在亚里士多德之后,重提形而上学的是康德。与亚里士多德从经验切入形而上学不同的是,康德是从先验思路切入的。他把人的理性作为形而上学的起点,目的在于:曾经是一切科学的女王的形而上学,现如今失去了家园,成为了一个孤苦伶仃被流放他乡的弃妇。因此康德要改造形而上学。他在《纯粹理性批判》第二版的序言中把他自己的理想表述为:"为了改变一向在形而上学中所盛行的进行程序,按照几何学家和物理学家所树立的榜样来使形而上彻底革命化,这个企图事实上就成为纯粹思辨理性这一批判的主要目的。"③也就是说,他要仿照当时的科学来改造形而上学,或者说要使形而上学科学化。诚如他自己在《未来形而上学导论》的结尾处所说:"形而上学不仅整个必须是科学,而且在它的每一部分上也都必须是科学,否则它就什么也不是;因为形而上学,作为一种纯粹理性的思辨来

---

① 亚里士多德:《形而上学》,吴寿彭译,商务印书馆1959年版,第85页。
② 亚里士多德:《形而上学》,吴寿彭译,商务印书馆1959年版,第6页。
③ 康德:《纯粹理性批判》,韦卓民译,华中师范大学出版社2000年版,第21页。

说,所根据的只是一些总的看法。"①

那么,康德又是如何为形而上学找到一个起点,为她奠基的呢?他说:"我们的理性,象生了自己珍爱的子女一样,产生了形而上学;而形而上学的产生,同世界上其他任何东西一样,不应该看作是出于偶然,而应该看作是为了重大目的而明智地组织出来的一个原始萌芽。"②显然,人的理性就是康德为形而上学找的一个阿基米德点,用理性为形而上学奠基。

康德是怎样理解哲学的呢?他说:"人们可以把全部以经验为依据的哲学称为经验哲学,而把完全以先天原则来制定自己学说的哲学称为纯粹哲学。单纯是形式的纯粹哲学,称为逻辑学;当它限制在知性的一定对象上的时候,就称为形而上学。"③接着他对形而上学进行了分类:"按照这种分类,产生了两种形而上学,一种是自然形而上学,一种是道德形而上学。"④如此一来,他的重心必然就放在了道德形而上学上。

他研究形而上学的目的在于:"形而上学必须是个出发点,没有形而上学,不论在什么地方也不会有道德哲学。"⑤因为他说:"首先要把道德哲学放在形而上学的基础之上,等它站稳脚跟之后,再通过大众化把它普及开来。"⑥这里,康德是用形而上学为道德哲学奠基,而牟宗三是用道德为形而上学奠基。

为什么康德要设定一个神(上帝)或者说是一个至上存在体?这是由于他认为理性是有界线规定的,他说:"如果审慎的批判不守住理性的界线,使理性只使用于经验,而且不限制理性的奢求,那么我们'理性只用于可能的经验'这一原则本身就会变为超验的,我们的理性限度就会被当做物本身的可能性的限度。"⑦这是"因为我们看出在那些限度以外还有东

---

① 康德:《未来形而上学导论》,庞景仁译,商务印书馆1978年版,第168页。
② 康德:《未来形而上学导论》,庞景仁译,商务印书馆1978年版,第142页。
③ 康德:《道德形而上学原理》,苗力田译,上海人民出版社2002年版,第2页。
④ 康德:《道德形而上学原理》,苗力田译,上海人民出版社2002年版,第2页。
⑤ 康德:《道德形而上学原理》,苗力田译,上海人民出版社2002年版,第4页。
⑥ 康德:《道德形而上学原理》,苗力田译,上海人民出版社2002年版,第27页。
⑦ 牟宗三:《中国哲学的特质》,台湾学生书局1994年版,第139页。

西(尽管我们永远不知道那个东西在自在的样子)"①。由于康德先行设定了理性,而理性又是有限的,只能使用于经验,也就是说,理性只能认识现象,不能认识物自身,所以他说:"我们一定要设想一个非物质性存在体,一个理智世界和一个一切存在体(纯粹的本体)中的至上存在体。因为理性只有在作为自在之物本身的这些东西上才得到彻底和满足。"②当然这是在他的所谓"理论理性"的意义上说的。

下面接着说海德格尔的形而上学奠基问题。海德格尔认为:

> 后亚里士多德的西方形而上学,其形成的动机之一,涉及对形而上学的内容的划分,并来源于基督教所信仰的对世界的说明。于是,按照这种基督教的世界意识和此在意识,存在者总体便划分为神、自然和人,而其领域随即也就分成了:其对象为(最高存在者)的神学、宇宙学和心理学。它们构成了形而上学的下属的科目。与这种科目不同,一般形而上学(存在论)把'一般'的存在者作为对象。③

这便是海德格尔对传统形而上学的总结:一般形而上学研究"一般"存在者,下属形而上学分别研究神学、宇宙学和心理学。

在传统形而上学中,海德格尔给了康德很高的评价。那是因为:海德格尔"将康德的《纯粹理性批判》解释为形而上学的一种奠基,这样来强调,形而上学问题是某种基础存在论的问题"④。因此,他首先发现并且肯定:康德哲学的意义就在于它乃是"形而上学的一次奠基"⑤;"为总体的形而上学奠基,就是揭示存在论的内在可能性。这就是在康德'哥白尼式革命'

---

① 牟宗三:《中国哲学的特质》,台湾学生书局1994年版,第144页。
② 牟宗三:《中国哲学的特质》,台湾学生书局1994年版,第144页。
③ 海德格尔:《海德格尔选集》,孙周兴等译,上海三联书店1996年版,第86-87页。
④ 海德格尔:《海德格尔选集》,孙周兴等译,上海三联书店1996年版,第81页。
⑤ 海德格尔:《海德格尔选集》,孙周兴等译,上海三联书店1996年版,第83页。

这个题目之下总是被人误解的思想的真正意义"①。

海德格尔认同康德,就在于他自己也认为形而上学是需要奠基的。确实,康德为此付出了大量的心血,他是用理性来为一般形而上学奠基的。所谓"奠基",海德格尔这样理解:"作为建筑计划的筹划,形而上学的奠基又决不是抽象地建立一个体系及其各个层面,而是对形而上学的内在可能性进行建筑术上的范围界定和标记,也就是说,对其本质进行具体规定。"②因此,他说:"对形而上学本质的探讨就是对人的'心灵'诸基本能力之统一性的探讨。康德的这一奠基表明:对形而上学的证明就是对人、亦即对人类学的探讨。"③

为什么海德格尔说对形而上学的证明就是对人类学的探讨呢?因为他认为:"形而上学的奠基是在对人的有限性的探讨中建立起来的。"④因此,康德的奠基工作的"真正成果"是他试图回答这个问题:人是什么?这个问题涵盖了康德的另外三个基本问题:我能知道什么(宇宙学)?我应做什么(心理学)?我可希望什么(神学)?⑤海德格尔是这样来说明康德这四个问题之间的关联:人类理性不只是因为它提出了上述三个问题而成为有限的,相反,正因为它是有限的,它才提出这些问题,就是说,由于它的有限,对它来说它的理性存在取决于有限性本身。由于这三个问题都在探讨同一个东西,即有限性,因此"它们都可以"与第四个问题"相关":人是什么?⑥在这个意义上,海德格尔说:"毫无疑问,只有一种哲学人类学才能接受为真正的哲学、为下属的形而上学奠基的工作。"⑦

海德格尔在康德的基础之上,进一步挑明了西方形而上学奠基的困难。他说:"形而上学奠基的难题在对人的此在的探讨中,即在对人的最内

---

① 海德格尔:《海德格尔选集》,孙周兴等译,上海三联书店1996年版,第90页。
② 海德格尔:《海德格尔选集》,孙周兴等译,上海三联书店1996年版,第82页。
③ 海德格尔:《海德格尔选集》,孙周兴等译,上海三联书店1996年版,第97页。
④ 海德格尔:《海德格尔选集》,孙周兴等译,上海三联书店1996年版,第108页。
⑤ 海德格尔:《海德格尔选集》,孙周兴等译,上海三联书店1996年版,第98–99页。
⑥ 海德格尔:《海德格尔选集》,孙周兴等译,上海三联书店1996年版,第107页。
⑦ 海德格尔:《海德格尔选集》,孙周兴等译,上海三联书店1996年版,第99页。

在的根据、对作为本质生存之有限性的存在领悟的探讨中,找到了它的根。"①因为:"生存作为存在方式,本身就是有限性,而作为有限性,它只有基于存在领悟才是可能的。"②进一步说就是:"比人更原始的是人的此在的有限性。"③

"这样一来,形而上学的奠基就奠定在某种此在形而上学之中。一种形而上学奠基至少本身必须是形而上学,即某种卓越的形而上学,这难道有什么奇怪的吗?"④在海德格尔这里,这当然不奇怪,因为他认为:"对存在者的存在的任何探讨,尤其是对那种存在者——其存在机制包含着作为存在领悟的有限性——的存在的探讨,都是形而上学。"⑤为形而上学奠基的形而上学就是此在的形而上学,就是基础存在论。所以他说:"基础存在论是为了使形而上学成为可能而必然要求的、人的此在的形而上学。"⑥而基础存在论就是要研究"存在问题",故而他这样说:"存在问题的目标不仅在于保障一种使科学成为可能的先天条件,而且也在于保障那使先于任何研究存在者的科学且奠定这种科学的基础的存在论本身成为可能的条件。"⑦这里,海德格尔点明了西方形而上学奠基的全部困难在于:人的有限性,在于有限的人对存在的领悟。如果用儒家文化来看待西方形而上学的奠基问题,情况可能就会有所不同。下文会说到儒家可以怎样看待形而上学的奠基问题。

总而言之,西方的形而上学都是从一个存在者出发的,这个存在者就是本体;而且,形而上学还是需要奠基的。

(2) 中国有无形而上学

那么,中国传统又是如何的呢?由于《周易·系辞上传》有"形而上者

---

① 海德格尔:《海德格尔选集》,孙周兴等译,上海三联书店1996年版,第119页。
② 海德格尔:《海德格尔选集》,孙周兴等译,上海三联书店1996年版,第118页。
③ 海德格尔:《海德格尔选集》,孙周兴等译,上海三联书店1996年版,第118页。
④ 海德格尔:《海德格尔选集》,孙周兴等译,上海三联书店1996年版,第119页。
⑤ 海德格尔:《海德格尔选集》,孙周兴等译,上海三联书店1996年版,第119页。
⑥ 海德格尔:《海德格尔选集》,孙周兴等译,上海三联书店1996年版,第81页。
⑦ 海德格尔:《存在与时间》,陈嘉映、王庆节译,三联出版社1999年版,第13页。

谓之道,形而下者谓之器"一语,在西学进来以后,人们就把西方的 metaphysic 对应地翻译为"形而上学"。那么对应的,西方的哲学就是中国的道学。这里需要说明的是,如果在探寻现象之后的本质的意义上,这个词翻译是有一定道理的;但是,《易传》的"形而上者谓之道"是说:道是没有形体和形迹的,而西方传统的形而上学追问的都是所谓"本体",都是从"存在者"开始的。

来看一下中国传统学术中的一些解释。《系辞上》有:"一阴一阳之谓道。"韩康伯注:"道者何?无之称也:无不通也,无不由也,况之曰'道',寂然无体,不可为象。必有之用极,而无之功显,故至乎神无方而易无体,而道可见矣。"这是说,道没有形体,没有相状,只有在"神无方而易无体"的情况下,才可见道。张载对这个问题说得也很明白,在《横渠易说·系辞上》有:"'形而上者'是无形体者也,故形而上者谓之道;形而下者是有形体者,故形而下者谓之器。无形迹者即道也,如大德敦化是也;有形迹者即器也,见于事实即礼仪是也。"这里张子的意思是,形而上者是无形体的,是道,而有形体的是器。

阳明子也认为:

"道无方体,不可执着。却拘滞于文义上求道,远矣!如今人只说'天',其实何尝见天?谓日月风雷即天,不可;谓人物草木不是天,亦不可。道即是天,若识得时,何莫而非道?人但各以其一隅之见认定,以为道止如此,所以不同;若解向里寻求,见得自己心体,即无时无处不是此道;亘古亘今,无终无始,更有甚同异?心即道,道即天;知心则知道、知天。"又曰:"诸君要实见此道,须从自己心上体认,不假外求,始得。"(《传习录上》第 66 条,第 21 页)

这就是说,道无方位,无形体,只能从自己心上体认。

从上面的清理可以看出，中国传统文化中有自己特定的形而上学，但是与西方的形而上学有区别。在西方哲学传入之后，中国人开始了重建形而上学的工作。最典型的，就是牟宗三的道德形上学。牟宗三说："'道德形上学'云者，由道德意识所显露的道德实体以说明万物之存在也。因此，道德的实体同时即是形而上的实体。"①并且，他很清楚地知道他所说的道德形上学不是西方的形而上学，他说："前者（道德底形上学）是关于'道德'的一种形而上学的研究，以形上地讨论道德本身之基本原理为主，其所研究的题材是道德，而不是形而上学本身，形上学是借用。后者（道德的形上学）则是以形而上学本身为主（包含本体和宇宙论），而从'道德的进路'入，以由'道德性当身'所见的本源（本性）渗透至宇宙之本源，此就是由道德而进至形上学了，但却是由'道德的进路'入，故曰'道德的形上学'。"②

显然，牟先生所建立的道德形上学是与西方的形而上学不相应的。也可以说，到目前为止，还没有建立起与西方相应的儒家形而上学。这里就有一个问题必须要回答：为什么要建立与西方相应的儒家形上学？这是一个大问题，这里只谈一下，我个人认为的最主要的原因。那是由于，学术分化、学科分类是今天人类心灵的栖息地，而且也不可能用退耕还林的方式把这些已然分化的学术重新混同起来。因此形而上学必然是个出发点，把"一般"的存在者作为对象进行研究并加以说明，否则不论什么地方也不会有道德哲学。然后，把各门学科放在不同的层级上，对特殊的存在者进行研究，为人类造福。谁都不会否认，各门科学研究的最终目的是为了人类诗意地栖息在大地上，所以重建儒家形而上学是必要的。这是对中国文化而言。不仅如此，西方形而上学也有它自己的弊端，正如后现代主义者所批评的那样，往往有人类中心主义的嫌疑，也造成了很严重的问题。而儒家文化中天人合一、天地万物一体的思想恰好可能克服这种弊端，更好地为形而上学奠基。这是我们要重建儒家形而上学的更深层次的理由。这

---

① 牟宗三：《心体与性体》（中），上海古籍出版社1999年版，第436页。
② 牟宗三：《心体与性体》（上），上海古籍出版社1999年版，第119页。

需要超越民族文化本位,在文化融合的一个更大的视野下来看待这个问题,当然,这也是基于儒家文化的外王思想的。

(3) 中国"本"、"体"与"本体论"问题

上文曾经提及:西方形而上学就是纯哲学,就是本体论。那么,中国传统学术中的"本"、"体"和"本体"又是什么意思呢?与西方形而上学的所谓"本体"是一回事吗?

先看"本"和"体",以及本(体)与用。《论语》首篇就有有子论"本",而且他把这个"本"看得很重要。"有子曰:'君子务本,本立而道生。孝弟也者,其为仁之本欤!'"(《学而》)这里的"本"乃根本之义。《论语》还有关于"礼"的本和用的论述,但不是连在一起对举的。如:"林放问礼之本。子曰:'大哉问!礼,与其奢也,宁俭;丧,与其易也,宁戚。'"(《八佾》)又如:"有子曰:'礼之用,和为贵。'"(《学而》)所谓礼之本与用,指的是礼的主要内涵和运用。

荀子曾以体、用对举。如:"万物同宇而异体,无宜而有用。"(《富国》)这里的体是指形体。他也曾论及体和道的关系,如:"夫道者,体常而尽变,一隅不足以举之。"(《解蔽》)这里的体是说道的本体,也就是本来的样子。荀子认为:"天有常道矣,地有常数矣,君子有常体矣。"(《天论》)此常体就是常态。

宋明的理学家论"体"以及"本体"的有很多。下面举出几例:如张载有:"太虚无形,气之本体;其聚其散,变化之客形尔。至静无感,性之渊源;有识有知,物交之客感尔。客感客形与无感无形,惟尽性者一之。"(《太和》)这里本体与客形相对,客形是变化不定的形态,那么本体就是本来恒常的状态。下面两句的所谓"两体"则是指两个部分或两个方面。请看:"两不立则一不可见,一不可见则两之用息。两体者,虚实也,动静也,聚散也,清浊也,其究一而已。"(《太和》)"一物两体,气也;一故神,(两在故不测。)两故化,(推行于一。)此天之所以参也。"(《太和》)而"太虚无体"(《参两》)和"神无方,易无体,大且一而已尔"(《神化》),这里的"无体"就

是没有形体。朱熹:"性者,人所受之天理;天道自然之本体,其实一理也。"(《论语章句》,第79页)此本体说本来的根据的意思。

王阳明关于"本体"的论述很多。

先看知行本体:"先生曰:'此已被私欲隔断,不是知行的本体了。'"(《传习录上》,第4页)当阳明子说知行本体的时候,意味着对于知行范畴,应当按照他所说的本来意义来了解和使用。

关于心之本体,阳明子论述较多,大致有:1)"至善是心之本体"(《传习录上》,第2页),性是心之本体:"性是心之体,天是性之原,尽心即是尽性。"(《传习录上》,第5页)又:"心之本体,原自不动。心之本体即是性,性即是理;性元不动,理元不动。集义是复其心之本体。"(《传习录上》,第24页)2)知是心之本体:"知是心之本体,心自然会知:见父自然知孝,见兄自然知弟,见孺子入井自然知恻隐。此便是良知,不假外求。"(《传习录上》,第6页)3)定是心之本体:"定者,心之本体,天理也;动静,所遇之时也。"(《传习录上》,第16页)4)诚是心之本体:"此亦未可便以为非。'诚'字有以工夫说者:诚是心之本体;求复其本体,便是'思诚'的工夫。"(《传习录上》,第35页)

阳明子也用"性体",如:"兹来乃与诸生静坐僧寺,使自悟性体。"(《年谱》庚午条)上面所说的本体,虽然意义都不尽相同,但可以肯定的是,中国传统文化中所说的本体以及本体论和西方的是不相应的。

已经基本清楚了,在西方,形而上学就是对本体的追问,而本体一定是某种存在者。建立一种形而上学,就可以逻辑地说明在此基础之上的各门科学。而在中国,有"形而上者谓之道",但"道"不是存在者;而且,中国的本体论和西方也不相应。所以问题是:在今天的话语背景下,如何重建儒家的形而上学? 在传统的学术中,没有与西方相对应的形而上学;虽然现在已经有了牟宗三的道德形而上学,但它却不能说是成功的;另外,西方的形而上学无论何种形态,都与"神"有着千丝万缕的联系。尤其是近代以来,无论是康德还是海德格尔都是基于"人的有限性"展开的。我们怎么办?

当然要努力去重建儒家形而上学,这里可以同意康德的说法,形而上学必须是个出发点,并以此来说明理论理性和实践理性。但是,首先要弄清的问题是:要重建什么样的形而上学?牟先生的道德形上学用良知坎陷来接纳认识论,在某种程度上意味着中国文化开不出科学。显然不能建立这样的形而上学。而康德用人的理性既说明了道德哲学,也说明了认识论,但是康德那里设定了一个超越者,在理论理性中,有现象和物自身的划分,只有上帝才能认识物自身,在实践理性中,只有上帝才能解决德福相配的圆善问题。我们也不能建立这样的形而上学,因为上帝不是一个全世界的信仰,没有普适性,中国人不信仰上帝,中国文化不是一个神学传统,而是一个人学的传统。显然,人学传统比神学传统更具有普适性。西方人也一直在努力突破他们的神学传统,而海德格尔也给了我们一些启示,用此在的形而上学(基础存在论)为形而上学奠基,但我们的意图与他不同,他要终结形而上学,而我们要建立形而上学,意图是整合东西方文化重建儒家形而上学。

3. 如何重建儒家的形而上学

接下来就要问:重建儒家形而上学是否可能?应该说重建儒家形而上学是完全可能的。因为西方形而上学最终都归结为人的问题。正如海德格尔所说:"毫无疑问,只有一种哲学人类学才能接受为真正的哲学、为下属的形而上学奠基的工作。"[①]而且海德格尔在康德的基础之上,进一步挑明了西方形而上学奠基的困难。他说:"形而上学奠基的难题在对人的此在的探讨中,即在对人的最内在的根据、对作为本质生存之有限性的存在领悟的探讨中,找到了它的根。"[②]因为:"生存作为存在方式,本身就是有限性,而作为有限性,它只有基于存在领悟才是可能的。"[③]进一步说就是:"比

---

① 海德格尔:《海德格尔选集》,孙周兴等译,上海三联书店1996年版,第99页。
② 海德格尔:《海德格尔选集》,孙周兴等译,上海三联书店1996年版,第119页。
③ 海德格尔:《海德格尔选集》,孙周兴等译,上海三联书店1996年版,第118页。

人更原始的是人的此在的有限性。"①也就是说,形而上学奠基的困难就在于人的有限性。

如果用儒家文化来看待形而上学的奠基问题,情况可能就会不同。在儒家看来人是即有限即无限的。因此,整合东西方文化,重建儒家形而上学是完全可能的。那么,如何重建儒家形而上学呢?

(1) 重建儒家形而上学的基本设想

首先,应该找到一个存在者作为本体,作为重建儒家形而上学的起点。其次,弄清楚儒家形而上学的奠基问题。最后,以儒家形而上学为出发点,说明道德哲学和认识论问题,并在此基础之上,解决社会制度安排问题。

借鉴阳明子的思想,现在来看一下是否可以这样重建儒家形而上学。先看阳明学的结构:天地万物本自一体—人(性)—人(心)—人(躯壳)—天地万物一体。借用这一结构,是否可以用这样的方式来重建儒家形而上学:把人(心)作为儒家形而上学的本体;用天地万物本自一体为儒家形而上学奠基;然后,以人(心)的至善说明道德哲学,用人(性)本身的认知能力说明认识论问题;最后,安排合理的社会制度去达成天地万物一体。

我认为,不仅可以这样来重建儒家形而上学,而且,这样重建的儒家形而上学才可能真正地救西方文化之偏颇。因为,在西方文化那里,无论是建立形而上学还是为形而上学奠基,其全部的困难就在于人的有限性,而这一有限性是在一个全知全能全在的上帝的无限性那里逼显出来的。西方文化经过了一个从人到神再到人的曲折。古希腊文化是人的文化,希伯来传统是一个神的传统,文艺复兴以来的西方文化又是一个人的文化。在西方,上帝经历了一个从生到死的过程,而人也经历了一个从人再到人的历程。而在这个曲折之中就出现了一个问题,这就是主客二分的问题。可以说自然和人是先后从上帝那里解放出来,文艺复兴的两大时代精神就是科学和自由。人们首先用科学来证明自然不是上帝造的,把自然解放出

---

① 海德格尔:《海德格尔选集》,孙周兴等译,上海三联书店1996年版,第118页。

来，接着达尔文用进化论证明人也不是上帝造的，把人解放出来。其实，打败上帝的，不是别人，而是上帝必然存在这个所谓客观必然性。这一曲折就造成了人和自然的分离，人们以知识为力量去征服自然改造自然，使这个地球变得不适合人类居住，而人类目前又无处可去，所以，问题很严重。那问题出在哪呢？就出在人们不能"视天地万物为一体"！

（2）无：阳明子与海德格尔的比较

而要真正做到"视天地万物为一体"，必须对"无"有一个真切的认识；要重建儒家形而上学，也必须对这个问题有一个真切的理解。这是因为，对西方形而上学而言，对无的真切认识非常重要。情顺万物而无情是儒家追求的圣人境界，也正如阳明子所说："圣人之学，以无我为本。"（《别方叔贤序》）而对西方的形而上学来说，在古希腊，无是存在者的不在，在中世纪，上帝不能认识无，而在近代，无是属于存在者的存在领悟，是存在的它者。而且重建儒家形而上学是要解决人类所面临的问题，这个严重的问题虽然其根源在于西方的那个曲折，但问题是全人类的问题。而西方文化一直以来，对"无"就没有一个真切的认识。

海德格尔极力想做到这一点，以拯救西方技术世界之偏颇。海德格尔说：传统认识论独独见不到这种浑然天成的生成状态，结果提出了"主体如何可能认识客体"这样的蠢问题来。这个问题暗中仍然先行设定了一个可以脱离世界而独存的主体。然而，存在的天然境界无分主客。首先是活动。活动中就有所体察。待把所体察的东西当作静观认识的对象来作一番分析归纳，这才谈得上各有族类、界限分明的物体。[①] 但他显然没有做到存在的天然境界无分主客。下面就海德格尔来分析一下。

海德格尔认为，由于西方传统形而上学没有区分"存在"与"存在者"，"存在的意义"的问题就蜕变为"存在者是什么"。要克服这种形而上学，就必须追问它的根本问题：为什么是存在者在，而'无'倒不在？[②] 由于"无"

[①] 陈嘉映：《海德格尔哲学概论》，三联书店1995年版，第404页。
[②] 海德格尔：《海德格尔选集》，孙周兴等译，上海三联书店1996年版，第153页。

根本不是存在者,形而上学所推崇的理性就不能作为"无"的法庭。那么,又如何来描述"无"呢?海德格尔给出了一个定义:"'无'是对存在者的一切加以否定。"①通过原始的否定,"无"显现出来。因为当存在者整体隐去之时,正是"无"涌来之时,面对此"无",任何"有"之说都归于沉寂。②

在西方,追问"无"的问题笼罩着整个形而上学。关于"无",形而上学自古就说:从无生无(ex nihilo nihil fit)。这里的"无"的意思是非有,也就是说,是未成形的质料,此质料不能将自身形成有形的、因而即可提供外貌的存在者。在基督教的教义中,这句话则改变成为:从无生被创造的有(ex nihilo fit – ens creatum)。于是无就变成了真正的有,与至上之有,与不能被创造的有的上帝相对的概念。因此,如果上帝是上帝,他就不能认识无,因为绝对者排除一切虚无状态。可以说,在形而上学之中,无与有相对立的概念,是对存在者的否定。如果由此对立关系去追问存在者的存在这一形而上学的真正问题,那么无就不再是存在者的不确定的对方,而是表明自身是属于存在者的存在的。黑格尔说:纯粹的有与纯粹的无是一回事。海德格尔认为这是因为:"'有'本身在本质上是有限的并且只在嵌入'无'中的存在之超越境界中显示自身。所以说:如果追问'有'的问题是形而上学的包罗一切的问题,那么追问'无'的问题就笼罩形而上学整体。于是,从无生无这句话就获得了另外的意义:从无生一切作为有的有(ex nihilo omne ens qua ens fit)。存在者整体在此在之'无'中才能以有限的方式到达自己本身。"③这里,无的三个意思是,在古代是指未成形的质料,是一个存在者;在基督教那里,上帝不能认识无;而近代的形而上学中,无是属于存在者的存在的。

由于每个形而上学问题的追问都有双重性:"首先,它包括形而上学问题的整体;其次,它把作为发问者的我们本身摆在问题之中。因此,人的此

---

① 海德格尔:《海德格尔选集》,孙周兴等译,上海三联书店1996年版,第141页。
② 海德格尔:《海德格尔选集》,孙周兴等译,上海三联书店1996年版,第143页。
③ 海德格尔:《海德格尔选集》,孙周兴等译,上海三联书店1996年版,第149–151页。

在只有当其将自身嵌入'无'中时才能和存在者打交道。超越存在者之上的活动发生在此在的本质中。此超越活动就是形而上学本身。由此可见形而上学属于'人的本性'。"①这样一来,追问"无"的问题就成了追问人的本性的问题,所以,海德格尔说:"畏启示着'无'。"②

因此,要理解"无",就必须先弄清楚海德格尔所说的"畏"这种现象。与畏相关的是怕,但是,畏与怕不同,"怕之所怕总是一个世内的、从一定场所来的、在近处临近的、有害的存在者"。③ 怕是因为……而感到害怕。那么畏呢?他认为,"畏之所畏是完全不确定的",因为"畏之所畏者就是在世本身","畏之所畏者的特征是:威胁者乃在无何有之乡"。④ 这样一来,畏就比怕更原始、更根本,是畏使怕成为可能。"怕是沉沦于'世界'的、非本真的而且其本身对这些都还昧而不明的畏。"⑤

为什么他说畏之所畏者就是在世本身?这与"无"有关。海德格尔所说的"无"又是怎么回事呢?海德格尔认为:"'无'比'不'和否定更为原始。"⑥他所理解的"无"是"原始的无"。形而上学不能把握"无"的原始意义,而是用"不"和"否定"来解释"无"。此在是存在的意义得以显现的中介。因此他说:"此在意味着:嵌入'无'中的境界。"⑦这就表明:"畏之所畏者就是在世本身。"⑧

总而言之,海德格尔追问"无"的问题的答案就是:1)"无"既不是一个对象,也根本不是一个存在者。2)"无"既不自行出现,也不依傍着它仿佛附着于其上的那个存在者出现。3)"无"是使存在者作为存在者对人的此在启示出来所以可能的力量。4)"无"并不是在有存在者之后才提供出来

---

① 海德格尔:《海德格尔选集》,孙周兴等译,上海三联书店1996年版,第152页。
② 海德格尔:《海德格尔选集》,孙周兴等译,上海三联书店1996年版,第143页。
③ 海德格尔:《存在与时间》,陈嘉映、王庆节译,三联出版社1999年版,第215页。
④ 海德格尔:《存在与时间》,陈嘉映、王庆节译,三联出版社1999年版,第215页。
⑤ 海德格尔:《存在与时间》,陈嘉映、王庆节译,三联出版社1999年版,第215页。
⑥ 海德格尔:《海德格尔选集》,孙周兴等译,上海三联书店1996年版,第140页。
⑦ 海德格尔:《存在与时间》,陈嘉映、王庆节译,三联出版社1999年版,第146页。
⑧ 海德格尔:《存在与时间》,陈嘉映、王庆节译,三联出版社1999年版,第215页。

的相对概念,而是原始地属于本质本身。在存在者的存在中'无'之'不'就发生作用。① 很清楚,他认为,"无"不是存在者也不依附于存在者出现,那么它就是空无一物的"空"。而这个空就启示此在和所有存在者的存在。所以,在海德格尔那里存在的意义就是无。

有许多学者想找寻海德格尔与中国文化蛛丝马迹的联系,但海德格尔本人却不认账。他不认账是对的,因为作为一个西方的思想家,在他没有真正了解中国文化的情况下,你说他吸收了中国文化的精华,他又怎么能认账呢?有谁见过德语世界的一流学者写的、关于中国文化真正有见地的、让中国人也服气的文章?没有。整个德语世界都还没有真正了解中国文化,海德格尔又从哪里去了解?仅凭与萧师毅合作翻译几章《老子》吗?这岂不是笑话。海德格尔不认账,这丝毫不影响中国文化的价值。

有研究者说:"无像一条红线一样,意义深远地贯穿于海德格尔的著作,海德格尔对这个概念的运用,完全不同于西方哲学中关于'无'这个主题曾经思及和论及的一切。"②而且这个作者还极力想证实海德格尔关于"无"的思想之所以不同于西方传统,是因为他受到了东亚的禅宗和道家的影响。③ 所以他才说:"没有'无'所启示出来的原始境界,就没有自我存在,就没有自由。"④此话非常有味道,但他却还没有切近这个真正的自由。

下面,来看看儒家,尤其是阳明子是如何来理解"无"的。宋明理学的一个基本主题就是:在儒家有我的立场上如何吸收佛老无我的智慧。应该说,这个问题到阳明子这里才得到彻底解决。他说:

> 仙家说到虚,圣人岂能虚上加得一毫实?佛氏说到无,圣人岂能无上加得一毫有?但仙家说虚,从养生上来;佛氏说无,从出

---

① 海德格尔:《海德格尔选集》,孙周兴等译,上海三联书店1996年版,第146页。
② 莱因哈德·梅依:《海德格尔与东亚思想》,中国社会科学出版社2003年版,第40页。
③ 莱因哈德·梅依:《海德格尔与东亚思想》,中国社会科学出版社2003年版,第40—46页。
④ 海德格尔:《海德格尔选集》,孙周兴等译,上海三联书店1996年版,第146页。

离生死苦海上来：却于本体上加却这些子意思在，便不是他虚无的本色了，便于本体有障碍。圣人只是还他良知的本色，更不着些子意在。良知之虚，便是天之太虚；良知之无，便是太虚之无形。(《传习录下》，第106页)

所以阳明子说："圣人之学，以无我为本。"(《别方叔贤序》)又说："诸君常要体此，人心本是天然之理，精精明明，无纤介染著，只是一无我而已；胸中切不可有，有即傲也。古先圣人许多好处，也只是无我而已。"(《传习录上》，第125页)

要真切认识无我，首先是除去从躯壳上起念的私意，做到胜私复礼，方能心无障碍。阳明子说："然在常人，不能无私意障碍，所以须用致知格物之功，胜私复礼，即心之良知更无障碍，得以充塞流行，便是致其知。知致则意诚。"(《传习录上》，第6页)改私意回复为诚意，正是格物致知，也正是工夫难处。阳明子说："工夫难处，全在'格物致知'上。此即'诚意'之事。意既诚，大段心亦自正，身亦自修。但正心、修身工夫，亦各有用力处：修身是已发边，正心是未发边。心正则中，身修则和。"(《传习录上》，第25页)

其次，是不能"意必"。这也是圣门意思。下面一段对话就是表述此意：

问："孔门言志：由、求任政事，公西赤任礼乐，多少实用；及曾晳说来，却似耍的事，圣人却许他，是意何如？"曰："三子是有意必，有意必便偏着一边，能此未必能彼；曾点这意思却无意必，便是'素其位而行，不愿乎其外'，'素夷狄行乎夷狄，素患难行乎患难，无入而不自得'矣！三子，所谓'汝器也'；曾点，便有'不器'意。然三子之才，各卓然成章，非若世之空言无实者，故夫子亦皆许之。"(《传习录上》，第14页)

而要真正做到无我,不从躯壳上起念,最为关键的就是要勘破生死,从根本上使人的一切好恶脱落干净,以实现真正的自由。阳明子说:

> 学问功夫,于一切声利嗜好俱能脱落殆尽。尚有一种生死念头毫发挂带,便于全体有未融释处。人于生死念头,本从生身命根上带来,故不易去。若于此处见得破,透得过,此心全体方是流行无碍,方是尽性至命之学。(《传习录下》)

仅仅超脱一切声利嗜好,还算不得真正的超脱,必须超脱生死的分别。阳明子自己在龙场悟道之前也曾有过这样的经历,当时,阳明子"自计得失荣辱皆能超脱,惟生死一念尚觉未化"(《年谱·戊辰条》,第1228页)。阳明子是九死一生,才悟得了儒家对"无"的真正理解。

而海德格尔对"无"的理解是:畏启示着无。畏又是什么呢?畏来自无何有之乡。这样解释多少有些循环的味道。我们不得不另想办法。海德格尔说:"在一种情绪中人被引到'无'本身之前;这样一种情绪——只出现在'畏'之基本情绪中的若干瞬间。"[1]这也就是说:畏是一种情绪。那它又是如何启示着无呢?他说:"在畏中,此在就现身在它的生存之可能的不可能状态的无之前。畏是为如此确定了存在者之能在而畏,而且就这样开展出最极端的可能性来。"[2]这其中的因果关系就是:"因为先行把此在彻底个别化了,而且在把它自己个别化的过程中使此在确知它的能在之整体性,所以畏这种基本现身情态从此在的根底深处属于此在的这种自我领会。"[3]海德格尔接着一语道破其中奥妙:"向死存在本质上就是畏。"[4]而且在此在的生存之中,"向死存在会把畏倒转为怯懦的害怕并在克服这害怕之际把

---

[1] 海德格尔:《海德格尔选集》,孙周兴等译,上海三联书店1996年版,第142页。
[2] 海德格尔:《存在与时间》,陈嘉映、王庆节译,三联出版社1999年版,第305页。
[3] 海德格尔:《存在与时间》,陈嘉映、王庆节译,三联出版社1999年版,第305页。
[4] 海德格尔:《存在与时间》,陈嘉映、王庆节译,三联出版社1999年版,第305页。

怯懦暴露在畏面前"①。用海德格尔自己的话来总结一下他对无的理解就是：向死存在本质上就是畏，而畏启示着无。

海德格尔的无之思是从此在的彻底个别化开始到此在的能在之整体性。这就不可能超脱生死来理解无。他理解的无是有之不，是此在的生存之可能的不可能状态。而阳明子是从天地万物一体来看个体之生死，自然就可以超脱生死而达成对无的真正理解：无就是无我，无是有之无。而海德格尔是不可能做到无我的，因为他说此在是向来我属的。不能做到无我，就难以拯救技术世界之厄难。所以，海德格尔到了晚年，与《明镜》杂志记者谈话时，也只能无奈地说："只还有一个上帝能救渡我们。"②

中国人当然不会等待上帝的救渡，因为中国人这里没有上帝。我们要靠自己救自己，也要救全人类：用我们自己的文化传统，整合西方文化资源，重建儒家形而上学，用天地万物本自一体为儒家形而上学奠基，然后，以人(心)的至善说明道德哲学，用人(性)本身的认知能力说明认识论问题。最后，安排合理的社会制度去达成天地万物一体。

---

① 海德格尔：《存在与时间》，陈嘉映、王庆节译，三联出版社1999年版，第305页。
② 海德格尔：《海德格尔选集》，孙周兴等译，上海三联书店1996年版，第1306页。

第三篇　良知的嬗变
——从牟宗三对阳明的批评来看①

一般的意见认为,牟宗三是接着陆王讲的"新心学",力倡阳明的良知教。他自己也说:"《孟子》所说之本心,所说之良知,亦只有如阳明之所悟始能定得住。"②按道理来说,在宋明儒学中他应该着重疏解阳明,应该接着阳明讲才合乎道理。然而实际情况却并非如此,牟先生不仅没有接着阳明讲,而且还多有批评。

一

牟宗三对阳明人性论思想的批判集中在《阳明论"生之谓性"》。首先,牟先生批评阳明把实然的生之谓性与应然的天命之谓性笼统混同。引文如下:

> 告子病源从"性无善无不善"上见来。性无善无不善,虽如此说,亦无大差;但告子执定看了,便有个无善无不善的性在内。有善有恶,又在物感上看,便有个物在外。却做两边看了,便会差。无善无不善,性原是如此,悟得及时,只此一句便尽了,更无有内外之间。告子见一个性在内,见一个物在外,便见他于性有未透澈处。③

---

① 原载《东岳论丛》2006年第3期。
② 牟宗三:《从陆象山到刘蕺山》,上海古籍出版社2001年版,第155页。
③ 牟宗三:《心体与性体》(中),上海古籍出版社1999年版,第164页。

这段话指出了告子的错误在于内外殊绝,是一个性在内,一个物在外,意在指点弟子要内外打通。牟先生案语为:"此解完全不济事,好象只是闭着眼睛随意说。他把心目中的'无善无恶心之体'来想告子的'无善无不善',一似未曾读《告子篇》者!"①认为他是随意乱说,并且认为"如其意真同于告子,则良知教全部倒塌"②。因为牟先生认为有两个不同义理层面上的无善无恶:一是性体的无善无恶;一是告子的"性无善无不善"。这两者决不能像阳明那样笼统混同。告子的无善无恶是在生之谓性的意义上说的,牟先生认为此无善无恶是中性无记的,他说:"'生之谓性'意即就自然生命之种种自然征象,自然质性而说性;自然生命生而有此自然征象,自然质性,就叫做是性。种种自然征象,自然质性,如具体地列举之,不外是生物、生理、心理三串现象之总聚。此完全是就人的自然生命、乃至凡有生者之自然生命之实然而说性。在此,就其为材质之自然而本然言,当然是中性无记者,是'无分于善不善'者。"③这种实然之性当然不能作为人伦基础,所以他说:

> 因此,必须推进一步,直就人之真正的道德行为所以可能建立一种人的应然之性。此种应然之性不只是道德上之理论的要求,而且必须是一种真实的呈现。因为真正的道德行为实是有的,不纯是一种幻想,因此作为其超越根据的性亦必须是一真实的呈现,而不能只是一种要求。④

那么这种应然之性就是:"正宗儒家所透视的超越的道德心性,即孟子所谓'尽心知性知天'之性,《中庸》'天命之谓性'之性。"⑤

---

① 牟宗三:《心体与性体》(中),上海古籍出版社1999年版,第164页。
② 牟宗三:《心体与性体》(中),上海古籍出版社1999年版,第166页。
③ 牟宗三:《心体与性体》(中),上海古籍出版社1999年版,第166页。
④ 牟宗三:《心体与性体》(中),上海古籍出版社1999年版,第169页。
⑤ 牟宗三:《心体与性体》(中),上海古籍出版社1999年版,第169页。

但是王阳明会不知道生之谓性与天命之谓性的区分吗？那么，他又是怎么论述生之谓性？牟先生又是如何看待他的论述？接着看：

> 《传习录》卷三有：问：生之谓性，告子亦说得是，孟子如何非之？先生曰：固是性，但告子认得一边去了，不晓得头脑。若晓得头脑，如此说亦是。孟子亦曰形色天性也，这也是指气说。又曰：凡人信口说，任意行，皆说此是依我心性出来，此是所谓生之谓性。然却要有过差。若晓得头脑，依吾良知上说出来，行将去，便自是停当。然良知亦只是这口说，这身行，岂能外得气，别有个去行去说？故曰：论性不论气不备，论气不论性不明。气亦性也，性亦气也，但须认得头脑是当。①

阳明的生之谓性是：凡人信口说，任意行，皆说此是依我心性出来，此是所谓生之谓性。这显然是在工夫意义上说生之谓性。牟先生的案语为：

> 此段理解"生之谓性"大体是本明道"生之谓性。性即气，气即性，生之谓也"。云云一段之义而说。……其意是说：言性最好是断自有生以后，生而后可谓之性，盖"人生而静以上不容说"也。然生而后谓性，性即与气禀混杂，故云："才说性时，便已不是性也。""不是性"是说：不是性之本然与纯然。由此而言"性即气、气即性"。此语之意是……其所谓"性"仍是"天命之谓性"之性，而非告子"生之谓性"之性也。②

而牟先生对阳明这里的"生之谓性"的诠释是："断自一个体有生以后与气禀混杂而说其于穆不已之真几之性。"这是在本体上说生之谓性。很

---

① 牟宗三：《心体与性体》（中），上海古籍出版社1999年版，第169—170页。
② 牟宗三：《心体与性体》（中），上海古籍出版社1999年版，第170页。

显然这不是对"生之谓性"的理解不同,而是他们的义理结构根本就不一样。

果然牟宗三对阳明的义理结构直接进行了批评。

问:古人论性,各有异同,何者乃为定论? 先生曰:性无定体,论亦无定体,有自本体上说者,有自发用上说者,有自源头上说者,有自流弊处说者。总而言之,只是一个性,但所见有浅深尔;若执定一边,便不是了。性之本体原是无善无恶的,发用上也原是可以为善、可以为不善的,其流弊也原是一定善一定恶的。譬如眼,有喜时的眼,有怒时的眼;直视就是看的眼,微视就是觑的眼;总而言之,只是这个眼。若见得怒时眼,就说未尝有喜的眼,见得看时眼,就说未尝有觑的眼,皆是执定,就知是错。孟子说性,直从源头上说来,亦是说个大概如此;荀子性恶之说,是从流弊上说来,也未可尽说他不是,只是见得未精耳。众人则失了心之本体。问:孟子从源头上说性,要人用功在源头上明彻;荀子从流弊说性,功夫只在末流上救正,便费力了。先生曰然。①

这里,阳明把孟子的性善论和荀子的性恶论一体收摄,给出了他自己的圆融的人性论。性体无善无恶,从源头上说性善,从流弊上可说性恶。可是牟先生却批评阳明糊涂,完全是"笼统随己意一说,不理会各层之义理"。而牟先生的案语是:

> 此亦颟顸完全说不着。此不是"只是这个性,但所见有浅深",亦不是只是一性而多相。以眼有喜怒相作喻亦非是。性之多论,非是如眼有多相,"执定一边,便不是"。性亦非"无定体",论亦非"无定体"。全不着实理会各层之义理,只是笼统随己意一说。于法疏矣。②

---

① 牟宗三:《心体与性体》(中),上海古籍出版社1999年版,第164页。
② 牟宗三:《心体与性体》(中),上海古籍出版社1999年版,第164页。

看来不弄清楚牟先生的义理结构,就无法明白他为何批评王阳明。那么牟宗三的各层之义理又是如何呢?

二

辨析牟氏哲学的义理,就得说他的道德形上学:

> 若越出现象存在以外而肯定一个"能创造万物"的存有,此当属于超越的存有论。但在西方,此通常不名曰存有论,但名曰神学。吾人依中国的传统,把这神学仍还原于超越的存有论,此是依超越的,道德的无限智心而建立者,此名曰无执的存有论,亦曰道德的形上学。①

在道德形上学中有:道体、仁体和性体三个环节。先说道体和性体,"天地之道,亦不过就是一道德创造之真几。自个体处所说之性与综宇宙而说的天地之道,其内容和意义完全为一"②。此宇宙论的天地之道就是道体,说它是体,是就其统天地万物而为其体来说;而且此实体为道德实体。而性体是对人来说的,说它是体,是就其于个体之中而为体而言。这也就是孟子所说的内在于人的道德性。再说仁体。

首先是人人俱有,而亦遍体一切而"与物无对"者。故曰:"仁者浑然与物同体。"此言与天地万物为一体,浑然无物我内外之分隔,便是仁的境界,亦就是仁底意义了。……此句用佛家的词语说,是以人表法,以"仁者"之境界表仁体之实义。③

这三个概念之间的关系则是:"主观地说是仁体,客观地说是道体,结果只是一个无限的智心,无限的理性(此不能有二)……此所谓天覆地载

---

① 牟宗三:《圆善论》,台湾学生书局1985年版,第339页。
② 牟宗三:《心体与性体》(中),上海古籍出版社1999年版,第169页。
③ 牟宗三:《心体与性体》(中),上海古籍出版社1999年版,第179—180页。

也。自无限的智心理性而言,则曰天覆;自大人底践仁智实践而言,则曰地载。……性体是居中的一个概念,是所以能作道德实践之超越的性能——能起道德创造之超越的性能。无限智心(仁)与天道具在这性能中一起呈现。"① 简言之,就是:道体是天,仁体是地,性体居中。道体是客观地言天德;仁体和性体是主观地说人德。牟先生在本体论层面的天人关系就蕴含两种意味,一是道体和仁体的合一。他说:"天是客观的、本体宇宙论地言之,心性则是主观地、道德实践地言之,及心性显其绝对普遍性,则即与天为一矣。"② 能与天为一的人就是达到仁的境界的仁者、大人、圣人,这是以人表法。二是道体和性体的合一。也就是牟先生所理解的天命之谓性,即:"超越的道德心性之一性则是普遍地人人皆道体上或义理上所先天具有的。"③ 如此这般,牟先生就把超越者彻底道德化、内在化,人成了绝对的道德主体,天的超越意义被取消了,而所谓的"超越"就完全成了道德主体的内在超越。因此"道德的形上学"的出发点是:道德意识就是本体,本体就是道德意识;而且这个道德意识是先验的。

牟宗三批评王阳明不理会各层之义理,真的是这样吗?接下来顺着上面的思路把阳明的各层义理作一个清理,以探究竟。先看阳明说的"天"是什么含义?他说:"如今人只说'天',其实何尝见天?谓日月风雷即天,不可;谓人物草木不是天,亦不可。"(《传习录上》)所以他说:"无往而非天:三光之上,天也;九地之下,亦天也。"(《传习录上》)阳明认为天就是天地万物一体的全体大有。所以他说:"自其形体也,谓之天。"牟先生的天是道德本体,而阳明的天则是超越伦理道德的,是无善无恶。他说:"天地生意,花、草一般,何曾有善恶之分?子欲观花,则以花为善,以草为恶;如欲用草时,复以草为善矣。此等善恶,皆由汝心好恶所生,故知是错。"(《传习录上》)因为只有人才有伦理,才有道德。伦理道德一定是在主体性确立以后

---

① 牟宗三:《圆善论》,台湾学生书局1985年版,第339页。
② 牟宗三:《心体与性体》(上),上海古籍出版社1999年版,第24页。
③ 牟宗三:《心体与性体》(中),上海古籍出版社1999年版,第167页。

才有的。

牟宗三对圣人不很重视,他以仁体说圣人,其意义只是以人表法。圣人对阳明则是一个关键,没有圣人,天人合一就成了一句空话。他认为:"圣人无善无恶,只是'无有作好,无有作恶',不动于气。"(《传习录上》)圣人以工夫上达本体,成就"天人合一"。因此阳明说:"大人者,以天地万物为一体者也:其视天下犹一家,中国犹一人焉。若夫间形骸而分尔我者,小人矣!大人之能以天地万物为一体也,非意之也,其心之仁本若是其与天地万物而为一也。"(《大学问》)

至于性体,王阳明的理解是:"性,一而已:自其形体也,谓之天;主宰也,谓之帝;流行也,谓之命;赋于人也,谓之性;主于身也,谓之心;心之发也,遇父便谓之孝,遇君便谓之忠;自此以往,名至于无穷:只一性而已。"(《传习录上》)落实下来,阳明理解的性就是:赋于人也,谓之性。是谁赋予人的呢?这就涉及天和性的关系,阳明说:"夫心之体,性也;性之原,天也。"(《传习录上》)这也就是说"性"是根源于天的。总而言之,就是人之性源于天。

三

由于牟宗三和王阳明的义理结构不同,这也导致了他们人性论思想的不同。依据牟宗三的义理结构,他必然要区分两种性:应然的天命之谓性和实然的生之谓性,他认为这两种性是完全不同的,而且所依据的传统也不同:"'生之谓性'原是'性者生也'一老传统之结成,人性就是这个性,并无所谓'超越的道德心性'之性。"而天命之谓性与此不同:"孟子之说、《中庸》之说,乃根据另一老传统而来,即《诗书》中帝、天、天命、敬德以及孔子之仁、智与天诸观念。"①下面顺此线索把他的人性论思想勾画出来。

首先说天命之谓性。"此种性,就孟子说,就是人的'内在道德性'之

---

① 牟宗三:《心体与性体》(中),上海古籍出版社1999年版,第170页。

性,就《中庸》、《易传》说,就是由天命流行、物与无妄之实体所规定之性。"①在天(道体)和人(性体)的关系上,牟先生认为:"此超越的道德心性之一性则是普遍地人人皆道体上或义理上所先天具有的,自然不能说有善有恶。"②天道实体和性体是通而为一的。

再说生之谓性。牟先生认为:有两个义理模式下的'生之谓性':一是本体宇宙论的直贯模式下之生之谓性;二是经验主义或自然主义的描述模式下的生之谓性。前者是明道所创,后者是告子所说。在告子的意义上,生之谓性又有两层含义。

较高的一层是气质之性,他认为:"此种生物学的先天生就的性,在以前就说是气性或气质之性,是其禀受之气所凝结成之气质就是如此,故有性善、有性不善也。"③此性是可善可恶的,是生物学的先天生就的,此性既不是父母遗传,也不是环境与熏习所能决定的。气质之性的善恶是其禀受之气所凝结成之气质就是如此,故有性善、有性不善。

较低层是指饮食男女的生物本能之动物性。即就人的自然生命之种种自然征象、自然质性而说性;自然生命生而有就叫做是性。具体说来,就是生物、生理、心理三串现象之总聚。这完全是就人的自然生命之实然而说生之谓性。自材质义说,是中性无记;自材质之可塑造义说,是可善可恶。比如男女之欲,本无所谓善恶,如果不加节制,即可流于恶。所以他认为材质塑造的可善可恶是:"表示善恶皆后天所成,受环境之制约及风尚之熏习,而可以转成善或恶,善恶皆非其本其性之本然。其好善之善性,非性之本有,其好暴之暴性,亦非性之所本有,惟是熏习而始然。"④在牟先生看来,善恶出现分化或者说恶的来源就有两种情况,一是先天的气禀,二是后天的环境制约和风尚熏习。

---

① 牟宗三:《心体与性体》(中),上海古籍出版社 1999 年版,第 169 页。
② 牟宗三:《心体与性体》(中),上海古籍出版社 1999 年版,第 167 页。
③ 牟宗三:《心体与性体》(中),上海古籍出版社 1999 年版,第 167 页。
④ 牟宗三:《心体与性体》(中),上海古籍出版社 1999 年版,第 167 页。

阳明的人性论就是：天地万物本自一体，此全体大有是天，天是无善无恶的；天是性之原，所以性无善无恶；接下来，性是心之体，故心体无善无恶。这也就是王门四句教：无善无恶心之体，有善有恶意之动，知善知恶是良知，为善去恶是格物。（《传习录下》）天是无善无恶，是至善，此至善是没有伦理道德意义的，而当到说性和心体是至善时，这个至善就是道德意义上最高的善。区分这两个至善的意义在于，天的至善应该也必定是人的至善的标准。不如此，人自不能成其为人。这些当然都是只在本体意义上说，那么善恶是如何出现的？怎么能知善知恶？又如何为善去恶呢？这就是：有善有恶意之动，知善知恶是良知，为善去恶是格物。

到此可以看出，牟宗三和王阳明人性论思想的最大区别在于对生之谓性的理解，也可以说是对伦理道德意义上的恶之来源的理论界定不同。阳明的生之谓性是：凡人信口说，任意行，皆说此是依我心性出来，此是所谓生之谓性。因此他认为恶出现在心接于物的动意之时，即有善有恶意之动。而牟先生的生之谓性有两层含义。第一是气质之性，气质之性的善恶是其禀受之气所凝结成之气质就有性的善恶。第二是从材质义说的中性无记的"生之谓性"，此"生之谓性"表示善恶皆后天所成，受环境之制约及风尚之熏习，而可以转成善或恶。因此在他看来，善恶之分际或者说恶的来源就有两种情况，一是实然的人性中先天的有善有恶；二是后天的环境制约和风尚熏习。如果依牟先生的讲法，则孟子"人皆可以为尧舜"的思想就存在理论上的困难。试想一下，先天禀受的恶如果要通过后天的为善去恶来救正，就好比一个人有先天的生理缺陷要后天的努力来纠正一样，其难度很大甚至根本就不可能。

综上所述，牟宗三对阳明人性论思想的批评，不是就阳明学的内在理路来展开，而是以其道德形上学的思路来看别人的想法是否合他的意，根本就不是"以物观物"。从本文所引的三段材料来看，牟先生首先是不同意阳明的内外打通，接着是不理会阳明"无分性气"的想法，对于阳明收摄性善性恶的圆融的人性论思想更是不愿意接受，而他本人的人性论思想又存在理论上的困难。因为他在告子"生之谓性"的意义上,引入了西方"人是理性的动物"的思想,目的是为了理性主体的挺立,同时也为解决康德的圆善问题提供人性论基础。但是"人是理性的动物"这一说法植根于西方的宗教文化,与中国文化"天人合一"的人性论思想有着很大的张力。

四

牟宗三对王阳明的另一个批评是:"阳明良知教……视尽心知性知天为生而知之,存心养性事天为学而知之,立命为困而知之,此种比配全无意义,此亦贤者一时糊涂也。"①其理由是:"尽心知性知天是积极的工夫,存心养性事天是消极的工夫,都是实践的事,而且每一个人都当如此实践,圣人亦须如此,此是原则性的话。这尚说不到根器的问题,故不能以生知学知相比配。"这显然是误解,因为阳明的生知学知困知是在说工夫,而不是在说根器,正好可与之相比配。根器问题是"智"的问题。

阳明的原话是:"尽心、知性、知天,是生知安行事;存心、养性、事天,是学知利行事;夭寿不贰,修身以俟,是困知勉行事。"(《传习录上》)其解释为:性是心之体,天是性之原,尽心即是尽性。"惟天下至诚为能尽其性,知天地之化育。"存心者,心有未尽也。知天,如知州、知县之知,是自己分上事,已与天为一;事天,如子之事父,臣之事君,须是恭敬奉承,然后能无失,尚与天为二。此便是圣、贤之别。至于"夭寿不贰其心",乃是教学者一心为善,不可以穷通夭寿之故,便把为善的心变动了,只去修身以俟命。见得穷通夭寿有个命在,我亦不必以此动心。事天虽与天为二,以自见得个天在面前;俟命便是未曾见面,在此等候相似:此便是初学立心之始,有个困勉的意在。(《传习录上》)这是从工夫说本体,唯圣人能尽心知性知天,已与天为一,所以只有圣人能生知安行;贤人事天,是因为他们工夫不到家"尚与天为二";而普通人虽然一心向善,但因为他们不能穷通夭寿,看不破

---

① 牟宗三:《圆善论》,台湾学生书局1985年版,第135页;此意又见《从陆象山到刘蕺山》,上海古籍出版社2001年版,第16页;又见《心体与性体》(上)之综论部。

生死，只是去修身俟命。其要义在于指点人们实地用功，而且道德修养的工夫是伴随人一生。王阳明就实然说应然，实然即应然，反之亦然。

然而，正是因为这个原因，牟先生以为"王门四句教"不是圆教，他说："四句教中心意知物四者既皆处于'有'境，则致知以诚意正物而复心之正位这一实践工夫随而亦可以说为是一无限之进程，而吾人亦永不能至无迹之化境。"①他把儒家的圆教模型这一殊荣给了阳明的弟子王畿的四无教言，即："无心之心则藏密，无意之意则应圆，无知之知则体寂，无物之物则用神。"②因为在四无之境中，体用显微只是一机，心意知物只是一事。这样就可以一时俱尽，随时绝对，当下俱足，这就是人的无限性。如此也就可以证成其圆顿之教。而在具体时空中的人，一切义务必定不能同一时间都做到，而且，在时间行程中也必定还有次第出现的义务是人所不可能充分尽到的。在这些情况之下，人是有限的。而阳明的良知教是就实然的（有限的）人而言的，自然不符合牟先生的意思，因而他就对阳明多有批评。

总而言之，牟宗三对阳明的批评就阳明学本身而言是很难成立的，他的批评是为了挺立理性主体而展开的。他的"良知"是理性主体（人）的内在道德意识，天德完全内在于人德。而阳明道德意义上的良知是以天的无善无恶为根据，在作为根据的意义上，天是超越者。由此可见，在传统与现代之间，良知已经悄然嬗变。牟宗三的道德形上学是一个东西方思想合璧的体系，其出发点是先验的道德本体，明显受康德的影响，有人类中心主义的影子。应该看到康德哲学割裂了现象与本体，遭到了现象学的严厉批判，其人类中心主义的倾向也受到了后现代主义毫不留情的驳斥；并非像牟宗三所认为的是西方健全理性的代表，就算康德哲学解决西方的问题，它也未必就能解决中国的问题。牟氏哲学终结处的圆教模型，基本是佛家的心本体论思想，佛家空现象不空本体的基本思想最容易证成人的无限性，也就可以解决康德哲学的圆善问题。牟宗三苦心孤诣融合外来文化铸

---

① 牟宗三：《圆善论》，台湾学生书局1985年版，第322页。
② 牟宗三：《圆善论》，台湾学生书局1985年版，第319页。

成一个新的体系,目的是为了民族文化的现代转型,而挺立理性主体,尤其是道德理性主体。在这个意义上他就是新儒家,只是他在融合的时候,对中国传统的扭曲甚多。从他对阳明的批判就可以看出这一点。就世界范围来看,文化融合是必然趋势,融合即是新生,中国文化当然要融合、要新生,但不应该扭曲以求之。我认为只有先让自家地里的果树枝繁叶茂,才能嫁接好新品种。问题是在文化融合的视野之下,如何才能不扭曲自家的传统?

肆 新儒家和后儒家

肆　新儒家和后儒家

第一篇　新儒家与孟学

"新儒家"这个称谓所表达的,首先是一种持守中国传统文化尤其是儒家的立场与信念。其次才是很宽泛意义上的一个学派。因此,新儒家就不包括那些仅仅对儒学进行对象化、客观化的学术研究的人,反之,对儒学的学术研究没有达到一定水准的人也不应称之为新儒家。本章所选定的新儒家有六个,他们是梁漱溟、熊十力、冯友兰、徐复观、唐君毅、牟宗三。这里所选的新儒家任务基本是学界没有争议的,只是范围稍微小了一些,这里选冯友兰的原因,一方面是因为其学术贡献,更根本的原因是其晚年的回归。

孟学的阐释到了新儒家这里有了新的拓展,主要出现了两个方面的新变化,一是,以熊十力、牟宗三为代表的新儒家,发展出了与西方哲学相应的本体论和形而上学。二是,孟子的民本思想得到几乎所有新儒家的大力弘扬。

一、梁漱溟与孟学

梁漱溟(1893—1988),原名焕鼎,字寿铭、萧名、漱溟,后以其字行世,广西桂林人。中国现代思想家,现代新儒家的早期代表人物之一。生于北京一个仕宦之家,曾受蔡元培之邀到北大讲授印度哲学。1931年在山东邹平进行乡村建设理论试验,抗战爆发后,在重庆北碚办勉仁书院。1940年参加发起"中国民主同盟"。1946年参加重庆政治协商会议,并代表"民盟"参与国共两党的和谈。1955年由于批评当时的农民政策等,遭到政治批判。以后主要在家从事理论研究,梁漱溟对"文化大革命"以及后期开展的"批孔运动"明确表示反对。主要著作有:《东西文化及其哲学》、《中国文化要义》、《人心与人生》等。

1. 路向与意欲

孟学对梁先生影响很大,梁先生在继承孟子思想的同时,参照西方文化对孟子思想进行了一些引申,这要从梁先生立论的出发点说起。在全盘西化喧嚣尘上的时候,中国文化的出路何在?是摆在当时的文化人面前的一个严峻问题。梁先生力排众议独抒己见,他寻求答案的办法,就是去求各个文化的根本或源泉。他认为:

> 文化不过是那一民族生活的样法罢了。生活又是什么呢?生活就是没尽的意欲(will)……和那不断的满足与不满足罢了……然则你要去求一家文化的根本或源泉,你只要去看文化的根原意欲。①

因此梁漱溟先生提出"三路向"说,认为人类为自身生存而解决问题的方法,也就是生活样法,归结起来有三种:一是,遇到第一类问题(人对物的关系问题),需要持向前要求的态度,也就是奋斗的态度,即"改造局面,使其可以满足我们的要求";二是,遇到第二类问题(人对人的关系问题),需要持"对于自己的意思变换,调和,持中"的态度,即随遇而安,不求奋斗,而是求自我的满足;三是,遇到第三类问题(人对因果必至之势的关系问题),需要持"转身向后去要求"的态度,也就是想根本取消这类问题或要求。可以看出,意欲就是梁先生立论的出发点。

梁先生认为,西、中、印三大文化体系分别体现了这三种生活态度,或者说,以上三种不同的人生路向(态度)必然开发出形态别致的三种文化,

---

① 梁漱溟:《东西文化及其哲学》,商务印书馆1999年版,第32页。

即西方文化、中国文化和印度文化这世界三大文化体系。具体而言,西方文化走第一路向,是以意欲向前为根本精神的;中国文化走第二路向,是以意欲自为、调和、持中为根本精神的;印度文化走第三路向,是以意欲返身向后要求为其根本精神的。

2. 良知与直觉

这里且不论作为梁漱溟思想原点的"意欲"在西方及印度文化中的意义,就中国文化而言,那就是他所理解的孔子的"仁"。当然意欲要显现出来才成其为人生态度。那么,意欲又是如何呈现出来的呢?这就涉及梁先生的另一个重要观念:直觉。意欲是在直觉中呈现出来的。又如何理解这个"直觉"呢?梁漱溟有如下论述:

> 儒家说:"天命之谓性,率性之谓道。"只要你率性就好了,所以就又说这是夫妇之愚可以与知与能的。这个知和能,也就是孟子所说的不虑而知的良知,不学而能的良能,在今日我们谓之直觉。这种求对求善的本能、直觉,是人人都有的;故孟子说:"人皆有不忍人之心……所以谓人皆有不忍人之心者,今人乍见孺子将入于井,皆有怵惕恻隐之心,非所以内交于孺子之父母也,非所以要誉于乡党朋友也,非恶其声而然也。"又说:"恻隐之心人皆有之;羞恶之心人皆有之;恭敬之心人皆有之;是非之心人皆有之。恻隐之心仁也;羞恶之心义也;恭敬之心礼也;是非之心智也。仁义礼智,非由外铄我也,我固有之也。"这种好善的直觉同好美的直觉是一个直觉,非二;好德,好色,是一个好,非二,所以孟子说:"口之于味也有同嗜焉;耳之于声也有同听焉;目之于色也有同美焉。至于心独无所同然乎?心之所同然者何也?谓礼也,义也。圣人先得我心之所同然耳。故礼义之悦多心,犹刍豢之悦

多口。"①

这也就是说,孟子的良知良能就被梁先生解释为他自己的直觉。孟学的一些主要内容在梁先生这里得到了新的阐释和发展,揭开了孟学与西方文化融合的新篇章。当然,新儒家的"新"就体现在这里。新儒家的思想都是中西文化融合的产物,他们以中国文化为本,把西方文化纳入自己视野,通过对西方文化的一些范畴、观念以及方法进行损益,返本开新,铸造出新的学说和思想体系。

梁先生把孟子的思想与柏格森的生命哲学进行对比和融合,梁漱溟自己也不讳言,他的思想根源之一就是西方生命哲学派。但是梁漱溟与柏格森生命哲学对直觉的界定是有差异的。柏格森说:"所谓直觉就是把自己置身于对象之内,是意志生命的交融";"我们只能在直觉中,直接地把握绵延"。② 这就是说,直觉是个体生命对作为宇宙本体的生命绵延的把握。而梁漱溟认为,直觉就是仁的生发,就是说,直觉到的是仁爱的情感。正因为他如此理解直觉,所以他就认为孔子的性就是孟子的性善:"要晓得孔子的性相近,习相远,其性近就是说人的心理原差不多,这差不多的心理就是善,孟子所谓人心之所同然者是也。"③因此他同意宋儒的道统之说,认为孟子为孔子之真传。

3. 继承与发展

早年的梁漱溟认为仁和良知就是意欲与直觉,并以此立论,但晚年的梁漱溟在检讨自己学术思想的时候却说:

> 我说孔子的仁是一种极其敏锐的直觉。孟子不是使用过"良知"这样的词么?这就是今天所谓的"直觉"。直觉在英文中称为

---

① 梁漱溟:《东西文化及其哲学》,商务印书馆1999年版,第130—131页。
② 柏格森:《形而上学导言》,商务印书馆1963年版,第67、71页。
③ 梁漱溟:《东西文化及其哲学》,商务印书馆1999年版,第136页。

intuition。因此,从这个角度上说,我是用现代的名词来解释孔子和孟子的思想。现在,我感到我错了。这些现代名词(和仁)在意思上非常接近,但并不等同,也不是真正正确的。然而它们又不是完全不正确的。①

这段话是发人深省的,当一些学者在用西方文化的新鲜名词阐释传统概念的时候,以为就是那么回事,可到后来却发现不完全如此,往往是既有相通的地方,又不完全相同。梁先生用一生的经历告诉人们,继承和发展传统应深思熟虑。

在新儒家之中,只有梁先生认为,中国不能实现民主政治。中国不能民主化的原因,除了政治、经济、教育方面的原因之外,他认为,民主的精神条件,非中华民族所固有,在他看来,民主政治的运作,是基于人群的某种精神,这显然是从"民主是一种生活方式"的角度来立论的,确实也看出民主政治的一些端倪。除此而外,在制度设计方面,梁先生认为,民主政治的制度设计精神,在于牵制平衡,彼此监督,这是基于不信任人,亦即性恶论而来,而在中国的民族精神里,却是本乎孟子的性善论而发为信任人的政治制度,对于国家大事,尤其要以全幅的心肝捧出来,出之以至诚无二之心,彼此之间崇敬对方,信托对方,有极高期望于对方。正因为有此认识,所以,他才进行乡村建设理论试验。

从总体上来说,梁先生是理性主义的态度在继承和发展孔孟儒学,他认为,孔子处处教人用心反省,即自己诉诸理性,孟子更是直接抉出以理性示人,所以强调"心之官则思"、"从其大者"、"先立乎其大则小者不能夺也"。但他对理性有独到的见解,他说:"理智、理性为心思作用之两面,知的一面曰理智,情的一面曰理性……所谓理性者,要亦不外乎吾人平静通

---

① 艾恺:《最后的儒家——梁漱溟与中国现代化的两难》,江苏人民出版社2004年版,第246页。

达的心理而已。"①

诚如孟子所言:"颂其诗,读其书,不知其人,可乎?"②梁先生不仅在学术上对孟子多有继承和发展,在其真实生命中同样真切地践履了孟子的大丈夫精神。他倡导"刚"的精神,以之为中国文化的基本精神。孟子讲"富贵不能淫,贫贱不能移,威武不能屈"③,这样的大丈夫风范,就具体地体现在他的身上。牟宗三先生评介梁漱溟说:他(梁漱溟)独能生命化了孔子,使吾人可以与孔子的真实生命及智慧相照面,而孔子的生命与智慧亦重新活转而披露于人间。④ 对此评价有人心有疑虑。通观梁先生的一生,完全可以说:梁漱溟把孟学内化为自己的生命,尤其是孟子的大丈夫精神。

二、熊十力和孟学

熊十力(1885—1968),原名继智、升恒,后改名十力,号子真,晚年号漆园老人。湖北黄冈人。中国现代著名的哲学家和爱国民主人士,是新儒家的创始人之一。幼年家境贫寒,勤奋为学。青年时代曾投身湖北新军参加反清革命,后追随孙中山参加护法运动。三十五岁后,转而从事学术研究,曾入南京支那内学院从欧阳竟无学习佛法,后任教于北京大学,主讲其新唯识论。抗战期间曾讲学于复性学院、勉仁学院。其学说影响深远,在哲学界自成一系。著有《新唯识论》、《原儒》、《体用论》、《明心篇》、《佛家名相通释》、《乾坤衍》等书。

1. 唯识与心性

孟子的思想铸造了熊先生思想的核心,同时熊先生也把它与佛家以及西方的本体论思想相贯通。熊先生归宗儒家以后,以《新唯识论》成名。他认为要讲唯识,必先破外境,如何破除外境呢?这就要联系到孟子"万物皆

---

① 梁漱溟:《中国文化要义》,台北里仁出版社1982年版,第128页。
② 《孟子·万章下》。
③ 牟宗三:《生命的学问》,台北三民书局1970年版,第112页。
④ 《孟子·滕文公下》。

备于我"的思想。熊先生说:

> 吾国先哲对于境和心的看法,总认为是浑融而不可分的。……孟子也说道:"万物皆备于我矣。"孟子盖以为万物都不是离我底心而独在的。因此,所谓我者,并不是微小的、孤立的、和万物对待着,而确是赅备于万物,成为一体的。这种自我观念的扩大,至于无对,才是人生最高理想的实现。①

这就是说,自我观念扩大以至于无对时,才能破除外境,归于唯识。

熊先生认为要破除外境,归于唯识,识得本体,必须涵着工夫来讲,这可以通过孟子"尽心则知性知天"的思想讲明白。他说:

> 本心即是性,但随义异名耳。以其主乎身,曰心。以其为吾人所以生之理,曰性。以其为万有之大原,曰天。故"尽心则知性知天",以三名所表,实是一事,但取义不一而名有三耳。尽心之尽,谓吾人修为工夫,当对治习染或私欲,而使本心得显发其德用,无有一毫亏欠也。故尽心,即是性天全显,故曰知性知天。知者证知,本心之炯然内证也,非知识之知。由孟子之言,则哲学家谈本体者,以为是知识所行之境,而未知其必待修为之功,笃实深纯,乃至克尽其心,始获证见。则终与此理背驰也。②

可以看出,在熊十力体用不二的哲学框架之中,其所谓本体就是孟子的本心,其新唯识论的儒家思想根源就在孟子这里,可以说其新唯识论就是新唯心论,唯孟子之本心而论。

---

① 熊十力:《新唯识论》,中华书局1985年版,第273—274页。
② 熊十力:《新唯识论》,中华书局1985年版,第252页。

2. 良知与知识

作为现代哲学家，熊十力充分肯定科学与科学方法，但是他也指出，科学只是人类活动的一个方面，有其利亦有其弊，科学思维不能用来体认本体，不能用之发明本心。有鉴于此，晚年的熊十力提出了"智识合一"论，他说：

> 知识固是客观世界现实世界的反应，然知识之成毕竟有由内在的主动力深入乎物、了别乎物，方成知识，此主动力即吾人本心之发明，所谓智是也。①

因为他认为："一切学术上之重大创见皆天机乍动而来，天机即是一点明几骤然开发……此一明几确是吾心天然本有的。"熊先生的这一看法，确实洞见了科学发现以及技术发明的本质。知识系统本身只是一种客观的反应，本身并无善恶可言，但是熊先生认为不能就此认定，知识是价值中立的，他说："保任良知做主，私欲不得乘间窃发，则一切知识之运用莫非良知之流行。"②反过来说，运用知识的人，如果没有良知做主，知识就会成为助纣为虐的工具。总之，知识的运用一定不能背离道德良知的制约，应该使知识的运用过程同时成为良知流行的过程。这是熊先生在现代化的过程中，面对价值理性和认知理性之间的紧张，对孟子的良知一词所作的新的发挥。

3. 民本与民权

熊十力常用"大海水与众沤"来比喻体用不二，他不像清末洋务派的张之洞那样主张：中学为体，西学为用。他说：

> 西洋政治思想，社会科学，皆非与吾人脑袋扞格不相入者，吸收西学，在今日固为理势之必然，而反之吾数千年来所奉为常道

---

① 熊十力：《明心篇》，上海龙门书局1959年版，第124、129页。
② 熊十力：《明心篇》，上海龙门书局1959年版，第175页。

之六经,则西洋各种学术之端绪,吾未始不具,只未发展耳,西学在吾,既非绝无端绪,则因人之成功,而疆起力追,固可事半功倍。中学既有其体,即有其用。而用有所未尽者,则取诸人以自广可也。若中学果为有体无用之学,则尚安用此死体为哉?①

在熊先生看来,西方的民主与科学,就其为用而言,中学之体也有其端绪,只是没有发展而已。如果通过对西学的吸纳,把中学之体的各种端绪开发出来,那么,中学也就可以呈现明体达用的局势。照此看来,儒学与民主科学之间表面上的紧张关系就会消于无形。

正因为如此,曾经追随孙中山先生进行旧民主主义革命的熊先生,对民权思想有着深刻的体认。他在《读孟子》一文写道:

> 子舆论政,重教养,贵民。(当时列强对内行武断政策,对外持侵略主义,故孟氏提倡民权。)以学者为社会之中坚,而惧夫生心害政。故游说横议,诸持浅薄之论及挟异端者,皆与之力辩。(以公孙衍、张议为妾妇之道,谓"善战者服上刑",又以杨墨为禽兽,唯攻墨为过。)识卓哉!当乱世,阅历人事至深,斯言之切也。②

把孟子贵民的民本思想解读为民权思想,这是熊先生在新的形势下对孟学的发展。

三、冯友兰与孟学

冯友兰(1895—1990),字芝生,河南唐河县人。北京大学哲学系毕业后,赴美国哥伦比亚大学研究院留学,获哲学博士学位。1949年任清华大学校务会议主席,维持清华校务。曾获印度德里大学和美国哥伦比亚大学

---

① 熊十力:《读经示要》,台北广文书局1972年版,第5页。
② 熊十力:《新唯识论》,中华书局1985年版,第23页。

名誉文学博士。1955年被选为中国科学院哲学社会科学部委员、常务委员。冯先生著述甚丰,中、英文著作近500万言。30年代编著两卷本《中国哲学史》,为中国哲学史学科的奠基之作;40年代有《中国哲学简史》影响深远;耄耋之年,著《中国哲学史新编》。抗战期间,他撰有"贞元六书",即《新理学》、《新事论》、《新世训》、《新原人》、《新原道》、《新知言》,期盼中华民族"贞下起元"。冯先生"阐旧邦以辅新命",最后遗言门人:"中国哲学必大放光彩。"

1. 王道与民主

冯先生主要在中西比较的意义上来言说孟子,在对比中西文化后,他认为:"孔子在中国历史中之地位,如苏格拉底之在西洋历史,孟子在中国历史之地位,如柏拉图之在西洋历史,其气象之高明亢爽亦似之。"[①]就在哲学史中的历史地位而言,这一比较符合实际。关于孟子的抱负,冯先生认为,孔子的一生是以继承文王周公为志业,孟子则以舍我其谁的气概,一生是为了继承孔子的事业。

对孟子的政治思想,冯先生作了充分的肯定,虽然,孟子"率由旧章","遵先王之法"以"分田制禄",对"周室班爵禄"的制度,基本是拥护的,但其根本的政治经济观点则与传统不同,传统的政治经济制度完全为贵族而设立,而在孟子则一切为民而设,这是孟子政治及社会哲学的根本观点。这也就是孟子的王道政治的理想,王道与霸道是孟子政治思想中的两种不同的样态,王道的一切政治制度设计和政治举措,都是为了民众,所以民众都悦而从之,而霸道则只以武力征服人,强迫人们服从。王道与霸道之区分,影响深远,中国后来的政治哲学,都将政治分为这两种。冯先生用现代的政治术语说,民主政治就是王道,因为它代表着人民的自由结合;而法西斯政治就是霸道,因为它的统治是靠恐怖和暴力。

不仅政治经济制度都是为民而设,而且君也是为民而设。因为孟子

---

① 冯友兰:《中国哲学史》,华东师范大学出版社2000年版,第86页。

说:"民为贵,社稷次之,君为轻。是故得乎丘民而为天子,得乎天子为诸侯,得乎诸侯为大夫。"①治人者所以存在的理由,完全在于他们能"得乎丘民",不能做到这样,就失去了其所以为君的理由,也就是非君。所以孟子说:"贼仁者谓之'贼',贼义者谓之'残'。残贼之人谓之'一夫'。闻诛一夫纣矣,未闻弑君也。"②这也就是孟子的正名思想,孔子正名而"乱臣贼子惧",孟子的正名则让乱君亦惧。孟子的这个思想,在中国的历史中,以至在晚近的辛亥革命和中华民国的创建中,曾经发生巨大的影响。西方民主思想在辛亥革命中也发挥了作用,这是事实,但是对于人民群众来说,本国的古老的有权革命的思想,它的影响毕竟大得多。

从政治哲学的角度,冯先生认为孟子不是功利主义。他虽然主张义,反对利,然而对于义利之辨,没有作详细说明,也没有将公利与私利分开辩论,因此颇受后人的诘难。只是从孟子与墨者夷之辩论薄葬之说,可以看出其非功利主义之主要意义。孟子说:"盖上世尝有不葬其亲者,其亲死,则举而委之于壑。他日过之,狐狸食之,蝇蚋姑嘬之。其颡有泚,睨而不视。夫泚也,非为人泚,中心达于面目,盖归反虆梩而掩之。掩之诚是也,则孝子仁人之掩其亲,亦必有道矣。"③又说:"古者棺椁无度,中古棺七寸,椁称之。自天子达于庶人,非直为观美也,然后尽于人心。"④墨家攻击儒家厚葬久丧,主张节葬短丧,纯粹从功利主义立论。而孟子则纯粹不从功利主义立论。厚葬久丧,对社会固然也有利。"慎终追远,民德归厚矣。"这是从功利主义立论以主张厚葬久丧。然而孟子则认为厚葬是为了"尽于人心",此儒家之精神也。

2. 神秘主义

冯先生讲中国哲学有两条线索,一是新实在论哲学的理性主义,一是

---

① 《孟子·尽心下》。
② 《孟子·梁惠王下》。
③ 《孟子·滕文公上》。
④ 《孟子·公孙丑下》。

神秘主义。他一方面以理性的分析与概括为根本的哲学方法,另一方面以哲学达到的最高精神境界为神秘主义的境界。而且在冯先生认为,未来的世界哲学一定比中国传统哲学更理性主义一些,比西方传统哲学更神秘一些。只有理性主义和神秘主义的统一才能造成与整个未来世界相持的哲学。这也就是说,神秘主义才是中国哲学的特色。所以,在儒家哲学中他特别重视孟子。

这是因为冯先生认为,中国哲学中,孟子派的儒家和庄子派的道家,都以神秘境界为最高境界,以神秘经验为个人修养的最高成就。道家所用的方法,是以纯粹经验忘我,而儒家所用的方法,是以"爱的事业"去私,无我无私,个人乃与宇宙合一。万物皆备于我,就是我与万物本为一体,上下与天地同流,有神秘主义的倾向,孟子所谓浩然之气,即个人在最高境界中之精神状态。他说:

> 照孟子和儒家中孟子这一派讲来,宇宙在实质上是道德的宇宙。人的道德原则也就是宇宙的形上学原则,人性就是这些原则的例证。孟子及其学派讲到天的时候,指的就是这个道德的宇宙。理解了这个道德的宇宙。就是孟子所说的"知天"。一个人如果能知天,他就不仅是社会的公民,而且是宇宙的公民,即孟子所说的"天民"。①

冯先生进一步从"万物皆备于我"这句话中,看到了孟子哲学中的神秘主义成分。他的理解是这样的:一个人也只有充分发展他的不忍人之心,他才内有仁德。要达到仁,最好的方法是行忠恕。通过行忠恕,他的自我、自私,都逐步减少了。一旦减无可减,他就感觉到再也没有人与我的分别,再也没有人与天的分别。这就是说,他已经同天,即与宇宙同一,成为一个

---

① 冯友兰:《中国哲学简史》,北京大学出版社1985年版,第390页。

整体。由此就认识到"万物皆备于我"。

  如何做到这一点呢？那就得养浩然之气,孟子养浩然之气的方法有两个方面:一个方面,可以叫做"知道"。道就是提高精神境界的道;另一方面,孟子叫做"集义",就是经常做一个"天民"在宇宙中应当做的事。把这两方面结合起来,就是孟子说的"配义与道"。这也就是说,在孟子那里,儒家用"爱的事业"养浩然之气,最后做到"万物皆备于我"。

  应该说明的是冯友兰的神秘主义不是一种宗教体验,而是一种境界哲学,是指承认有所谓万物一体之境界的哲学;在此境界中,个人与冯先生所谓的"大全"合而为一;所谓主观客观、人我内外之分,在此境界中俱已不存,因此,与神秘主义相关的就是天地境界,在他的四个境界(自然境界、功利境界、道德境界、天地境界)之中,天地境界是最高境界。他是这样定义的:

  最后,一个人可能了解到超乎社会整体之上,还有一个更大的整体,即宇宙。他不仅是社会的一员,同时还是宇宙的一员。他是社会组织的公民,同时还是孟子所说的"天民"。有这种觉解,他就为宇宙的利益而做各种事。他了解他所做的事的意义,自觉他正在做他所做的事。这种觉解为他构成了最高的人生境界,就是我所说的天地境界。①

  所以冯先生认为:哲学的任务在于提高人的精神境界。他说:

  现在,如果有人要我下哲学的定义,我就会用悖论的方式回答:哲学,特别是形上学,是一门这样的知识,在其发展中,最终成为"不知之知"。如果的确如此,就非用负的方法不可。哲学,特

---

① 冯友兰:《中国哲学简史》,北京大学出版社1985年版,第390页。

别是形上学,它的用处不是增加实际的知识,而是提高精神的境界。①

正是因为有如此看法,所以冯先生特别重视神秘主义,在这一线索上,他也特别重视孟子。本来接着程朱理学讲的冯友兰,用正的方法在《新理学》中建构儒家形上学的时候,不太重视以孟子发轫的心学,进一步的研究使他发现了神秘主义这一中国哲学的特质。虽然他的理性主义和神秘主义之间也存在一定的张力,但他为后来者进一步研究儒学,尤其是研究以孟子代表的心学留下了不同于他人的线索。

四、徐复观与孟学

徐复观(1903—1982),原名秉常,字佛观。湖北浠水人,早年曾先后求学于湖北省第一师范学校、国学馆,以后又留学日本。回国后,他又组织"开进社",试图以马克思主义与三民主义相结合,解决中国的问题。1943年,徐复观拜访了熊十力,并因读史问题受到了熊"起死回生的一骂",心悦诚服地接受了熊氏"亡国族者常先自亡其文化"的教诲,徐复观在先秦两汉思想史研究方面颇有建树。主张要在中国文化中找出可以和民主衔接的内容,力图揭示历史上个人主义与专制政体、道德与政治的对立和冲突。强调对中国封建专制主义与传统思想文化应加以区分,认为儒家思想在长期专制压迫下必然会歪曲和变形,说明专制政体压歪和阻隔了儒家思想的正常发展,却不能说儒学就是专制的"护符"。提出一种不同于宗教恐怖绝望意识的"忧患意识"概念,认为正是在这种忧患意识的激发下产生了中国的道德使命感和文化精神,它成为中国传统文化的主流。徐复观以陆军少将的身份退役,办了学术刊物《学原》,从 1949 年 5 月起,他在香港创办《民主评论》,他有传统主义与自由主义的双重品格。主要著作有:《中国人

---

① 冯友兰:《中国哲学简史》,北京大学出版社 1985 年版,第 387 页。

性论史》、《两汉思想史》、《中国思想史论集》、《公孙龙子讲疏》、《儒家政治思想与民主自由人权》、《周官成立之时代及其思想性格》、《中国经学史基础》、《中国艺术精神》等。

1. 心善与性善

徐复观认为中国传统思想始于殷周之际,以人性论为其主干,而孔、孟、老、庄及宋明理学家的人性论就是中国人性思想的主流,因此他特别重视孟子,他认为孟子在中国文化中最大的贡献,是性善说的提出。他说:

> 在人性论的发展过程中,性善两字,直到孟子始能正式明白地说出。性善两字说出后,主观实践的结论,通过概念而可诉之于每一个人的思想,乃可以在客观上为万人万世立教。①

徐先生认为,孟子所说的性善之性,指的是在生而即有的内容中的一部分,而这一部分,不是出自思辨的分析,乃指的是人的心的作用。所以心善即是性善,而孟子便专从心的作用来指性善。这是因为,孟子在生活体验中发现了心独立而自主的活动,乃是人的道德主体之所在,这才能作为建立性善论的根据。因此,在徐先生看来,心善是性善的根据。因为心善是"天之所与我者",所以心善即是性善,而孟子便专从心的作用来指证性善。孟子的四端为人心之所固有,随机而发,由此而可以证明"心善"。这可谓是徐先生独到的见解,这一见解所面临的问题,就是必须对心、性、情、才的关系有一个自己的说明。他说:

> 孟子曰:"乃若其情,则可以为善矣,乃所谓善也。若夫为不善,非才之罪也。恻隐之心,人皆有之;羞恶之心,人皆有之;恭敬之心,人皆有之;是非之心,人皆有之。恻隐之心,仁也;羞恶之

---

① 徐复观:《中国人性论史》,上海三联书店2001年版,第141页。

心,义也;恭敬之心,礼也;是非之心,智也。仁义礼智,非由外铄我也,我固有之也,弗思耳矣。故曰:'求则得之,舍则失之。'或相倍蓰而无算者,不能尽其才者也。诗曰:'天生蒸民,有物有则。民之秉彝,好是懿德。'孔子曰:'为此诗者,其知道乎! 故有物必有则;民之秉彝也,故好是懿德。'"①

徐先生认为,这里"乃若其情,则可以为善"的情,即指恻隐、羞恶、是非、辞让等而言。从心向上推一步即是情;情中含有向外实现的冲动、能力,即是才。性、心、情、才,都是环绕着心的不同的层次。

关于恶的来源一直是理解孟子性善论的关键,徐先生认为,归纳孟子的意思,可从两点说明:一是来自耳目之欲;二是来自不良的环境,两者都可以使心失掉自身的作用。孟子并不轻视生理的欲望;而只是要求由心作主,合理地满足这种欲望。因为欲望本身并不是恶;只是无穷的欲望,一定会侵犯他人,这才是恶。但耳目的欲望虽然不是恶,而恶毕竟是从耳目等欲望而来。孟子说:"耳目之官不思,而蔽于物。物交物,则引之而已矣。"徐先生认为孟子的这几句话,正说明这一点。其次孟子非常重视环境对于一般人的影响。心虽然是善的,但若无适当的环境,则就一般人而论,心的思的作用发挥不出来,便失掉了心的自主性。孟子是针对着仅有知性活动而不能作主的心以言本心;本心即善,即是道德的心。道德之心呈现时,自然能为人的生活作主,而欲望自然会受道德理性的指挥,此时的欲望自然也不是恶,这就是孟子所说的"先立乎其大者,则小者不能夺也"的意思。

在徐先生看来孟子的性善论意义重大,是因为孟子的性善论完成了从宗教向人文的转化,由心之存养扩充的工夫可以尽心知性知天。他指出:

"圣而不可知之谓神"的神,都指的是某种神秘实体的存在;

---

① 《孟子·告子上》。

至此就完全转化为心德扩充后的形容词。这一名词的转化,即表现从宗教向人文的转化的完成。经此一转换,凡是任何原始宗教的神话、迷信,皆不能在中国人的理智光辉之下成立。这代表了人类自我向上的最高峰。所以孟子的性善论,是人对于自身惊天动地的伟大发现。①

徐先生总结说:亲亲而仁民,仁民而爱物的根据是"万物皆备于我",即我与万物,同展现于无限地价值平等的世界。这是孟子性善论的真正内容,也是孟子性善论的起点与终点。

2. 性善与民主

徐先生主张,要在中国文化中找出可以和民主衔接的内容,力图揭示历史上个人主义与专制政体、道德与政治的对立和冲突。强调对中国封建专制主义与传统思想文化应加以区分,认为儒家思想在长期专制压迫下必然会歪曲和变形,说明专制政体压歪和阻隔了儒家思想的正常发展,却不能说儒学就是专制的"护符"。认为中国传统思想始于殷周之际,以人性论为其主干,而孔、孟、老、庄及宋明理学家的人性论就是中国人性思想的主流。他提出一种不同于宗教恐怖绝望意识的"忧患意识"概念,认为正是在这种忧患意识的激发下产生了中国的道德使命感和文化精神,它成为中国传统文化的主流。

徐复观曾经也和许多人一样,以为孟子的"民贵君轻"思想,只是民本思想,与民主思想尚有间隔。但后来他发现:

> 民治的制度实为孟子所未闻,但民治的原则,在孟子中已可看出端绪。《梁惠王下》:"国君进贤……左右皆曰贤,未可也;诸大夫皆曰贤,未可也;国人皆曰贤,然后察之(察其贤之事实);见

---

① 徐复观:《中国人性论史》,上海三联书店2001年版,第159页。

贤焉(见其有贤之事实),然后用之。左右皆曰不可,勿听,诸大夫皆曰不可,勿听;国人皆曰不可,然后察之;见不可焉,然后去之。左右皆曰可杀,勿听;诸大夫皆曰可杀,勿听;国人皆曰可杀,然后察之;见可杀焉然后杀之。故曰国人杀之也。"……这段话的意思,是说用人、去人、杀人之权,不应当由人君来决定,而应当由人民来决定。人民的好恶决定政治的具体内容,而对用人、去人、杀人的政治权力,又主张保留在人民手上,这怎么没有透露出"民治的原则"呢……由此一原则性的要求,便发展而为《礼记·礼运》大同章的"天下为公,选贤任能"的主张,这已向制度方面迈进了一大步。①

之所以有这样的看法,是因为徐先生认为,孟子政治思想的结构就是,要把政治从以统治者为出发点、以统治者为归结点的方向,彻底扭转过来,使其成为一切为人民而政治。孟子不仅把当时统治者的利益从属于人民利益之下,由人民的利益来作一切政治措施得失的衡断,并且把儒家所强调的"礼义",也把它从属于人民现实生活之下,使礼义为人民的生活而存在。正是因为孟子坚持政治应以人民为出发点,为归结点,所以孟子明白无误地确定政权的转移应由人民来决定。孟子提出了"天与"的观念来否定统治者把政权当作私产来处理的权利,而孟子之所谓天与实际便是"民与",并且孟子还认为人民的力量,是政治上最大的力量。

徐先生认为:孟子代表了在中国政治思想史中最高的民主政治的精神,只是缺乏民主制度的构想。而他的政治思想,是与他的性善说有不可分的关系。在他所构想的政治社会中,乃是发于各人内心之善的互相扶助的社会,即是把个人与群体,而不是仅靠强制的法律,以融合在一起的社会。在这种社会中,才能真正使自由与平等合而为一。

---

① 徐复观:《中国思想史论集》,上海书店出版社2004年版,第113页。

五、唐君毅与孟学

唐君毅(1909—1978),四川省宜宾县柏树溪人,病逝于香港九龙。在一个充满了传统文化气氛的家庭的涵育下长大,父亲唐烺,深契于孟子,著有《孟子大义》一书,对孟子的心性之学身体力行,母亲被欧阳竟无比作孟母。由北京大学转入南京中央大学哲学系,并曾听熊十力先生讲"新唯识论"。1932年到1949年在国内多所大学任教。1949年后赴港与钱穆等人共同创办新亚书院,兼任教务长一职。1958年元旦,由他负责起草,并与张君劢、牟宗三、徐复观等联合署名,发表了被称为海外当代新儒家思想纲领的《中国文化宣言》。1963年香港中文大学成立,任文学院院长、哲学系讲座教授,1975年任台湾大学哲学系客座教授。是第二代新儒家的代表人物之一,被牟宗三誉为"文化意识宇宙的巨人"。主要著作有:《道德自我之建立》、《心物与人生》、《人文精神之重建》、《中国文化之精神价值》、《中国人文精神之发展》、《哲学概论》、《中国哲学原论》、《生命存在与心灵境界》等。

1. 孟学三变

唐君毅认为,在中国历史上,孟学有三大变。汉代的儒家学者,因为经学而肯定孟学的地位,汉儒言诗书之义,大多遵循孟子以意逆志之旨而言之。到了唐代,韩愈以为孟子醇乎醇,更有赵岐孟子注,特别是到了宋代,程朱象山诸儒皆以孟子言性善说本心,而推崇孟子。因此自宋以后,就以孔孟并称,改变了唐以前以周孔并称的习惯。宋明以后,孟子乃称亚圣,其书亦列为经书之一。而孟子民贵君轻的思想,只到明末方为黄宗羲所重视,清末则更为变法革命者大加推崇,民国至今,孟子又成为中国民本、民主思想的宗师。民国至今,一切反专制集权的思想,皆有孟子民贵之义为其本。唐先生以其渊博的学识,为人们清晰地呈现了孟学的历史际遇。那么这是否意味着,孟学没有一个"一以贯之"的核心思想呢?对此,唐先生作了否定的回答。

他进一步认为,与孔子的"仁道"、墨子的"义道"相比,孟学的核心就是"立人"之道。他说:

> 孟子之道,教人下别于禽兽,而向上奋起,以尽心知性、存心养性,以知天、事天,而尚友千古圣贤,更兴起人民旨心志,皆以"天民"自居,"天爵"自贵,若为训政则以"天吏"自任之道。此道之所在,即人之义所当行。是为人之配义与道之事……然于此须知孟子之言人之义,乃归本在人之仁。孟子言"仁者,人也;合而言之,道也"。人而能仁以有其义,而立此人之道,方为孟子之道之所存。①

这就是说,唐先生认为在孟学中,有一个兴起一切人之心志,以自下升高,而向上植立的"立人"之道,而且此道可以贯通历代孟学三大变之义旨。孟学三变乃是其历史遭遇,不变的"立人"之道才是孟学的义理根本。

2. 尽性立命

孟子的思想铸造了唐君毅哲学思想的核心,为什么这么说呢?弄清楚唐先生晚年的皇皇巨著《生命存在与心灵境界》的核心思想就明白了。这本书从起念到完成,历时三十年。早年他在写作《人生之体验》和《道德自我之建立》的时候,就有写此书的意愿,唐先生用一生的经历,在经过了《人生之体验》之后,才有"接触道德价值之全体"的《道德自我之建立》。这就是唐先生自谓的"三十岁前的人生之本文";最后才是"三十岁后的人生之注脚"的巨著《生命存在与心灵九境》,因此在《生命存在与心灵境界》中,他将"道德自我"展开为人的整个生命存在与心灵活动,这个体系由三向九境组建起来。所谓三向,一是横观种类(事体、性相、功用);二是顺观次序(客观境、主观境、超主客观境);三是纵观层位。"纵观"其实就是"综观",

---

① 唐君毅:《中国哲学原论——原道篇》,台湾学生书局1985年版,第215页。

即横向三观与顺向三观的综合观照,如此的结果构成"九境"。所谓"心灵九境",一、万物散殊境;二、依类成化境;三、功能序运境;此三境为客观境,称为前三境。四、感觉互摄境;五、观照凌虚境;六、道德实践境;此三境为主观境,称为中三境。七、归向一神境;八、我法二空境;九、天德流行境;此三境为超主客观境,称为后三境。这个体系展现了心灵由客观境界进至主观境界,然后通达超主客观境界的发展过程。他以"三向九境"的庞大体系,对中西印各文化精神作了判教式的总结,最终归结于心灵九境的最高境界——天德流行境。而此天德流行境与孟子有莫大关联。

唐氏哲学把天德流行境又称为尽性立命境。为什么是这样呢？依据唐先生的意思,他是本《中庸》的"天命之谓性"而说天德流行,解决性的形上根原,本孟子的"尽心知性知天"而说尽性立命,如此方可以立人道成教化。他说:

> 天只是性之形上根原。此形上根原之为何物,只能由人依其性而有之自命自令为何物而知之……故孟子谓尽心即知性知天也,尽心即尽此心之自命自令,而行之,亦即就此心自命自令之时,所视为当然者而行之,此亦即尽此天之所于我者,而立此命于我之生命存在之内也……因孟子之言命,或自外境之顺逆说。此外境之顺逆,乃另一义之命……而人于此可有其自命自令之命说。言外境之顺逆之事实,可即启示一义所当为,而见客观之天于人有所命,而人即由此以知所以自命,其义亦更有深于《中庸》之只言性命即天命者。①

这就是说,这个所谓天德流行境,乃是以人德之成就,同时是天德流行而说。显然,在此境中,首先是天德流行于人和物,其次是,人尽性上达天

---

① 唐君毅:《中国现代学术经典·唐君毅卷》,河北教育出版社1996年版,第693页。

命,所以他称为天德流行境或尽性立命境。那么如何能见天德呢?他主张:"于人德中见有此天德之存在。"这就是说唐先生是即人而言天。所以,唐先生特别重视孟子的"立人"之道。

因为其核心观念如此,所以唐君毅在论自由时,是以人文精神的实现为第一义,他所谓的人文精神,是指:"对于人性、人伦、人道、人格、人之文化及其历史之存在与其价值,愿意全幅加以肯定尊重……以免人同于人以外、人以下之自然物。"①所以,唐先生第八个层次的自由,就是个人袒露实现此仁心,为真正的最高的由己,亦即最高的真正的自由,此自由就是孔子"为仁由己"的自由,也是孟子"立人"之道之根本精神。因此,唐先生批判英国式的消极自由,而比较认同德国式的积极自由。他进一步认为,作为现代民主核心的个人自由权利概念,应该以人文价值实现的基点而受到肯定,西方的民主精神,也是根源于其人文精神而来,所以,唐先生强调由孟子的性善论引申出的平等精神,可以作为与现代民主精神接榫的精神条件。

六、牟宗三与孟学

牟宗三(1909—1995),字离中,第二代新儒家最主要的代表人物。出生于山东栖霞牟家疃,北京大学哲学系毕业。曾在华西大学、中央大学等多所大学任教,1949年后在台湾和香港的多所大学任教,影响遍布港台波及海外。牟宗三先生的哲学体系,是五千年中华文明史上第二次融合外来文化的一个阶段性成果,而且是这一阶段的主要成果之一。主要著作有:《认识心之批判》、《历史哲学》、《道德的理想主义》、《政道与治道》、《中国哲学的特质》、《生命的学问》、《名家与荀子》、《才性与玄理》、《佛性与般若》、《心体与性体》、《从陆象山到刘蕺山》、《智的直觉与中国哲学》、《现象与物自身》、《圆善论》、《中国哲学十九讲》、《康德的道德哲学》。

---

① 唐君毅:《中国人文精神之发展》,台湾学生书局1988年版,第10页。

肆 新儒家和后儒家

1. 十字打开

牟宗三先生着眼于现代、着力于传统,融贯中西,构建了一个庞大而严整的哲学体系。而牟先生要完成这个工作,就必须要在这两大文化传统中找到可以对接的思想家,如果泛泛而论就会因为没有着力点而踏空,进一步说,传统文化本身就是由各自众多的优秀思想家铸造的。牟先生找了哪些思想家来对接呢?毫无疑问,在西方文化他特别钟情于康德的理性主义,他独力译注康德三大批判就说明了这一点;而在中国文化中,牟先生则主要遥契孟子。

那么牟宗三为什么要用孟子的思想来对接康德呢?这是因为,自西方文艺复兴运动以来,人类的理性取代了上帝而成了一切价值之源,如此除魅的结果,就是世界成了一个理性主义大行其道的世界,理性主义主要包含三个方面内容:一是理论理性,二是道德理性,三是政教分离之后的民主政治。康德讲道德自律,被牟先生当作健全理性的代表,而牟先生认为孟子的基本义理正好是自律道德,而且很透辟。这就是说,这两大思想家在理论上的接榫点就是道德自律,而道德自律是理性主义哲学的必由之路。牟先生把握时代精神的脉搏,构建了一个理性主义的哲学体系,对中国文化进行了理性主义的改造。从实践理性的角度说,理性主义打掉了意志的他律,只能讲道德自律,这就是他用孟子对接康德的原因。

在一个理性主义大行其道的时代,几乎所有的新儒家都非常重视孟子,孟子思想的阐释到了新儒家这里有了新的拓展,主要出现了两个方面的新变化,一是,以熊十力、牟宗三为代表的新儒家,发展出了与西方哲学相应的本体论和形而上学。二是,孟子的民本思想得到几乎所有新儒家的大力弘扬。而对孟子发挥最多、评价最高的则是牟宗三。他说:

> "孟子在战国时尽了他的责任,亦为精神表现立下一型范……殊不知孔子之全,若不经由孟子所开示之精神表现之型范,以为其'全'立一精神之系统,则孔子之全亦被拖下来而成为疲软

无力矣。吾人说孔子为通体是文化生命,满腔是文化理想,转化而为通体是德慧。现在则说:孟子亦通体是文化生命,满腔是文化理想,然转化而为全幅是'精神'。仁义内在而道性善,是精神透露之第一关。浩然之气,配义与道,至大至刚,乃集义所生,非义袭而取,是精神之透顶。万物皆备于我,反身而诚,乐莫大焉,所存者神,所过者化,上下与天地同流。此是由精神主体建体立极而通于绝对,彻上彻下,彻里彻外,为一精神之披露,为一光辉之充实。"①

之所以对孟子有如此评价,是因为牟先生认为儒学要应对新的文化格局,必须要有新气象,因此,他提出了"第三期儒学"的概念,他以先秦原始儒家为第一期,宋明理学吸收了佛学为第二期,第三期则要吸纳西方文化。按照这个划分,新儒家显然属于第三期儒学,其目的也很明确,就是要吸收西方文化。正是在这个意义上,牟先生归宗儒家,遥契孟子,对接西方,提升康德,精心构筑了一个缜密而又庞大的哲学体系,其核心内容就是道德形上学。他认为:"全部康德的道德哲学不能超出孟子的智慧之外,而且孟子之智慧必能使康德哲学百尺竿头进一步。"②他把孟子的一些思想与西方的形而上学(metaphysics)相贯通,创立了自己的道德形上学。

孟子思想与牟宗三哲学思想之间的联系,可以从牟先生的新内圣和新外王两个方面来说,就新内圣而言,其道德形上学可谓是"十字打开、一网打尽,性善为根基、圆善是究竟"。从这个简单的概括就可以看出,道德形上学的理论框架、理论基础和终极问题即圆善问题皆有取于孟子。牟宗三道德形上学的理论框架就是一个"十字打开"的体系,这个体系的模式与孟子关系甚大。因为牟先生理解的形而上学是:

---

① 牟宗三:《历史哲学》,广西师范大学出版社2007年版,第108页。
② 牟宗三:《圆善论》,台湾学生书局1985年版,第53页。

一般说的形上学,它一定要讲存在,讲 being,这是 ontology;还要讲 becoming,这是 cosmology。形上学主要就是这两部分。①

being 就是讲存在者,是横着讲,这样讲的思想体系牟先生称之为横贯系统,becoming 讲生成论,是纵着讲的宇宙论生成模式,这样的体系则称之为纵贯系统,牟先生主要讲纵贯的道德生成论,纵贯的是经线,横贯的是纬线,纵贯系统是从实践理性的角度讲道德创造,横贯系统从实践理性说是工夫论,在理论理性方面是知识论。这就是牟先生的"十字打开"。在这里必须说明的是,牟先生讲的形而上学和存在都是讲的存在者而不是存在本身。

"十字打开"来源于陆象山对孟子的解读。陆象山说:"夫子以仁发明斯道,其言浑无罅缝,孟子十字打开,更无隐遁,盖时不同也。"②但象山先生此语是总结性的点拨式话语,他并没有进一步展开,也未曾引起同时代学者的注意,后儒也少有人重视象山先生的这个总结,只是到了近代,牟宗三才对此作了现代性的发挥,并以此作为自己的思想核心。牟宗三认为,陆象山是孟子之后唯一能懂孟子,与孟子的智慧生命相应的人。其文本依据是,象山说过:"'先生之学亦有所受乎?'曰:'因读孟子而自得之。'"③从这里也可以看出,牟先生的道德形上学是儒家心学的现代版。

因为"十字打开",所以牟先生特别重视孟子。进一步从义理上来说,纵贯系统应该有一个超越的根据,而在牟先生看来,儒家的超越根据与孟子有莫大的关系。他说:

> 儒家是彻底的纵贯系统,而且是纵贯纵讲……孔子论仁,孟子论性,都是讲道德的创造性。什么叫道德的创造性呢?用中国

---

① 牟宗三:《中国哲学十九讲》,上海古籍出版社 2005 年版,第 58 页。
② 陆九渊:《陆九渊集·语录》,中华书局 1980 年版。
③ 陆九渊:《陆九渊集·语录》,中华书局 1980 年版。

老话讲,就是德行之纯亦不已。分解地说,德行之所以能纯亦不已,是因为有一个超越的根据;这个超越的根据便是孟子所谓"性善"的"性"。这个性便是道德的创造性。有这个创造性作为我们的性,我们才能连续不断、生生不息地引发德行之纯亦不已。……"性"不是一个空洞的概念,而是有内容的,恻隐之心、羞恶之心、辞让之心、是非之心通通包括在内,孔子的仁也包括在内。①

同时,孟子讲"性"也挺立了道德主体,牟先生说:"孟子讲性就是重视主体这个观念,儒家讲性善这个性是真正的真实的主体性。"②

这就是说,在牟先生看来,孟子的"性"是道德创造的出发点,是纵贯系统的顶点,创造最确切的意义就在于道德的创造。他甚至用孟子的"性"来涵盖孔子的仁,这也意味着孟子的"性"是牟宗三道德形上学的出发点。除此之外,牟先生基本是用"十字打开"的模式,铸造了自己的思想模式,并进而网罗天下一切思想体系。在中国文化中,儒家是彻底的纵贯系统,而且是纵贯纵讲,道家和佛家都是纵贯横讲。

2. 圆善论

所谓"圆善"是牟宗三对康德哲学"最高善"或者说至善概念的借用和转化。康德所谓"最高善"有两层意思,一是无条件的、最高的善(highest good),二是最圆满的善(round good),包括幸福与德性在内,它要求幸福与德性的统一,什么是最高善呢? 牟先生说:

> 我们可以就道德本身说最高善,凡是依照无条件的命令而行的就是最高善。我们可以说所谓的最高善就是指最纯粹的道德性而言。就好像孟子所说的:"今人乍见孺子将入于井,皆有怵惕恻隐之心,非所以内交于孺子之父母也,非所以要誉于乡党朋友

---

① 牟宗三:《中国哲学十九讲》,上海古籍出版社2005年版,第334页。
② 牟宗三:《中国哲学十九讲》,上海古籍出版社2005年版,第64页。

也,非恶其声而然也。"由此所发动的恻隐之心,即是最高善。①

但是,经验却无法提供二者之间的必然联系,它们之间既不是先天分析的,又非后天综合。牟宗三认为哲学的究竟就是"圆教与圆善"问题,也就是说一个哲学体系到最后必须解决这个问题。但是从理性主义的角度来说,康德并没有解决好这个问题,在基督教的文化传统中,道德的创造性和道德主体被上帝封住了,没有最后透出来,所以,康德哲学肯定上帝的存在以保障圆善,那么康德哲学就不是圆教。而要真正解决这个问题,则要看中国传统。牟先生说:

> 假如西方哲学以康德为中心,还要向前发展,它就不能停留在康德那里,它就必须看看中国的传统,再转进一步,所谓:百尺竿头,更进一步。②

在中国传统中,牟先生讲"圆善"就是直接从孟子讲起。他说:"圆善,意思是整全而圆满的善。依孟子,天爵与人爵的综和,所性与所乐的综和,便是整全而圆满的善。"③简言之,"圆善"就是德福相配的问题,就是人们通常说的好人应该有好报。他所用的方法就是直接疏解《孟子》,他在《圆善论》的序言中说,这样做的原因有三个:"一因有所凭藉,此则省力故;二因讲明原典使人易悟入孟子故;三因教之基本义理定在孟子,孟子是智慧之奠基者,智慧非可强探力索得,乃由有真实生命者之洞见发,为不可移故。"④

这就是说,在牟先生看来,孟子是智慧的奠基者,而圆善问题,是哲学

---

① 牟宗三:《中国哲学十九讲》,上海古籍出版社2005年版,第253页。
② 牟宗三:《中国哲学十九讲》,上海古籍出版社2005年版,第339页。
③ 牟宗三:《圆善论》,台湾学生书局1985年版,第172页。
④ 牟宗三:《圆善论》,台湾学生书局1985年版。

的究竟,是所有哲学体系必须要解决的最关键、最核心的问题,而在儒家,这个问题的基本义理就定在孟子,所以他必须疏解《孟子》,这样做的目的还在于,让人们能够明白孟子所讲的道理,让人们能够洞见孟子真实生命的智慧之光。

那么,牟宗三又是如何解决圆善这个哲学的关键问题的呢?首先,他区分了孟子所言"性"的两种不同涵义,指出:

> 依孟子,性有两层意义的性。一是感性方面的动物性之性,此属于生之谓性,孟子不于此言性善之性,但亦不否认人们于此言食色性也之动物性之性。另一是仁义礼智之真性——人之价值上异于禽兽者,孟子只于此确立"性善"。①

区分这两种性的意义就在于:"义理之性之定然的善亦有需于生而有的气性或才性,否则义理之性不能有具体而现实的表现。须知气性或才性之不定为善,但义理之性可使之成为善,而且亦有'能转化之使之成为善'之力量。义理之性本身就是一种动力,由此说的动力是超越的动力,是客观的根据。"②

那么义理之性又如何转化生之谓性呢?牟先生用孟子的"性命对扬"来解决这个问题。"性者,气委下于个体,就个体之初禀,总持而言之之谓也;命者,就此总持之性之'发展之度'而言之之谓也。"③他认为:

> 命是道德实践中的一个限制概念,道德实践须关联着两面说:正面积极地说是尽心以体现仁义礼智之性,消极负面地说是克制动物性之泛滥以使其从理。在此两面的工夫中都有命之概

---

① 牟宗三:《圆善论》,台湾学生书局1985年版,第150页。
② 牟宗三:《圆善论》,台湾学生书局1985年版,第69页。
③ 牟宗三:《才性与玄理》,台湾学生书局1985年版,第5页。

念的出现,因此命亦须关联着这两面说。①

命有受其正当的正命,也有受其不正当的非命,也就是牟先生所谓的理命(义命)与气命(福命),无论理命还是气命都是与生俱来的,是外在于我的,是我所不能把握的,因此要在"立命"中超越它。故牟先生说:

> 它(命)首先因着"修身以俟"而被确立,其次因着孟子下文所说的"顺受其正"而被正当化。此皆属于"知命",故孔子曰:"不知命无以为君子。"再进而它可以因着"天理流行"之"如"的境界而被越过被超化,但不能被消除。②

可见,圣人之所以能与天为一,就在于他能用义理之性转化生之谓性,使"生之谓性"通过"知命"而被正当化,并且在仁者的境界中被超越,其途径有二,一是尽心以体现仁义礼智之性,这是从积极正面的意义来说;二是从消极负面的方面说是人们克制人的动物性属性以防止其泛滥,使其符合道德伦理的要求。

在他看来,哲学的终极处,就是用圆教成就圆善。就圆教而言,道德实践的超越根据就是人的性体(义理之性),那么,没有义理之性,圆教就没有了超越的根据,但仅此还不够,必须落实到生之谓性,"教"才是有意义的。他说:

> 性体心体在个人的道德实践方面的起用,首先消极地便是消化生命中的一切非理性的成分,不让感性的力量支配我们;其次便是积极地生色践形、晬面盎背,四肢百体全为性体所润,自然生命底光彩收敛而为圣贤底气象;再其次,更积极地便是圣神功化,

---

① 牟宗三:《圆善论》,台湾学生书局1985年版,第150页。
② 牟宗三:《圆善论》,台湾学生书局1985年版,第144页。

仁不可胜用,义不可胜用,表现而为圣贤底德业;最后,则与天地合德,与日月合明,与四时合序,与鬼神合吉凶,性体遍润一切不遗。①

这里自然生命的非理性成分、生色践形等,是属于生之谓性的,而性体(义理之性)在生命(生之谓性)中层层进显,以转化生之谓性,那么它显然就不是一个预设,而是必然要在道德实践中呈现出来,其终极呈现就是:与天地合德,与日月合明,与四时合序,与鬼神合吉凶,至此性体才能遍润一切存在而不遗。在此境界之中,其所润生的一切存在必然地随心意知而转,此即是福——一切存在之状态能随心转,事事如意而无所谓不如意,这便是福。这样,德即存在,存在即德,德与福通过这样诡秘的相即便形成德福浑是一事。②

这就是牟先生的德福一致。很显然,这是一条内在超越的思想路径,只有在道德主体完成自我超越才能成就德福一致的圆善。

3. 民主政治

再说新外王,牟先生认为:儒家学术第三期的发展,所应负的责任即是要开这个时代所需要的外王,亦即开新的外王。新外王有科学和民主两个方面,要求民主政治是新外王的第一义,科学必须在民主政治的条件下才能充分实现,否则,缺乏民主政治的形式条件而孤立地讲中性的科学,亦不足以称为真正的现代化,因此,民主政治才是现代化的本质之所在。民主问题,牟宗三也是从疏解孟子来展开的。他认为,道德理性表现在政治上就是民主政治,而民主政治有内容和外延两个方面,像人权、自由、平等以及国家主权、政府权力的分配与限制等,都是外延的表现。中国文化重内容表现,而西方则重外延表现。

关于民主的内容表现,牟先生根据自己的理解,归纳为三条:其一,政

---

① 牟宗三:《心体与性体》(上),上海古籍出版社1999年版,第154页。
② 牟宗三:《圆善论》,台湾学生书局1985年版,第325页。

道上确立推荐普选(天与人与)之"公天下"观念(随政权而言政道);其二,治道上确立"让开散开,物各付物","就个体而顺成"之原则(随治权而言治道);其三,道德上确立"先富后教","严以律己,宽以待人"之教化原则(此含政治上的教化之限度及政治与道德之分际)。① 对于这三条的阐释,牟先生亦主要取自于孟子。首先,对于孟子"天子能荐人于天,不能使天与之天下"(《孟子·万章下》)的一段话,他认为,是孟子首先提出推荐这个观念,也就是今天的所谓竞选提名。"天与之"是通过"人与之"表现出来的,这无异于说,经过普选而得到人民的热烈拥护,这种经过推荐与普选而得天下,践天子位,完全是"公天下"的观念,是德的观念。

对于第二条,牟先生大量引用了《孟子·梁惠王下》的材料,来说明民主政治的内容应该是与民同乐,与民同富,保障人民有安定快乐的生活,总而言之,就是要行仁政。他引用《孟子》的话来说:"老而无妻曰鳏,老而无夫曰寡,老而无子曰独,幼而无父曰孤。此四者,天下之穷民而无告者。文王发政施仁,必先斯四者。"(《孟子·梁惠王下》)他认为,仁政先斯四者,必不止于此四者,使人人皆得其所,各安其生,这种全幅让开、散开的精神,正是仁者的精神。以人治人,物各付物,才是民主政治的顺成原则。

第三条,也是牟宗三政治思想的关键一条,他引用孟子的话说:

> 不违农时,谷不可胜食也;数罟不入洿池,鱼鳖不可胜食也;斧斤以时入山林,材木不可胜用也;谷与鱼鳖不可胜食,材木不可胜用,是使民养生丧死无憾也,养生丧死无憾,王道之始也。五亩之宅,树之以桑,五十者可以衣帛矣。鸡豚狗彘之畜,无失其时,七十者可以食肉矣。百亩之田,勿夺其时,数口之家可以无饥矣。谨庠序之教,申之以孝悌之义,颁白者不负戴于道路矣。七十者衣帛食肉,黎民不饥不寒,然而不王者,未之有也。(《孟

---

① 牟宗三:《政道与治道》,广西师范大学出版社2006年版,第109页。

子·梁惠王上》)

牟宗三接着阐释说：

  在政治措施上，就个体而顺成，生存第一……不但生存第一，畅达其物质的生活幸福，亦须畅达其价值意义的人生而为一"人道的存在"。故曰"谨庠序之教，申之以孝弟之义，颁白者不负戴于道路矣"。教者，即教此孝弟忠信，礼义廉耻之道。完整言之，即孟子所谓"父子有亲，君臣有义，夫妇有别，长幼有序，朋友有信"也……教者不过教此……故在内容的表现上，就生活之全而言之，牵连至此种教化的意义，不得谓为妨碍自由也。然在政治上所注意之教化亦只能至乎此，过此即非其所能过问，亦非其所应过问。此即政治上的教化意义之限度。此限度，在以前之儒者皆自觉地公认之。律己要严，对人要宽。此是一般地言之。若落在政治上，此对人要宽，第一是"先富后教"。第二是教以起码普遍的人道。①

4. 继承与创新

  综上所述，牟宗三不仅在其新内圣——道德形上学上遥契孟子，而且在新外王之一的民主政治方面亦主要取自孟子。可以说，孟子的思想铸造了牟宗三思想的精魂。换言之，牟宗三通过对孟子思想的现代诠释铸造了其核心思想，其用意就在于以人本主义的新内圣开出科学和民主的新外王。那么，在这里必然要问到的一个问题就是，为什么是孟子而不是孔子铸造了牟宗三思想的精魂？而这又意味着什么？

  李泽厚曾说：

---

① 牟宗三:《政道与治道》，广西师范大学出版社2006年版，第107页。

令人难解的是,牟宗三抬孔子,认为高出一切,当然也远超康德。但只征引孔子一两句话而已,从未对《论语》一书作任何全面的阐释或研究,而宁肯花大力气去译康德,不知这是什么缘故。①

牟宗三重视康德,这很好理解,因为新儒家所确立的第三期儒学的目标就是要吸收西方文化,而牟先生又以康德为健全理性的代表,所以他选择康德为突破口。而牟宗三不能重视孔子确实是一个问题。牟先生是第二代新儒家的杰出代表之一,著作等身,几乎论及历史上所有的儒家人物,甚至都没有专门讨论过孔子。徐复观曾经也为此事批评过牟宗三还有唐君毅先生。

至于原因,其实李泽厚对牟先生"内在超越说"的批评就已经道出,他说:

> 没有外在超越对象的超越,没有那个可敬畏的上帝,又能够超越到哪里去呢?实际上,它只剩下内在,而失去了超越。而这内在总是与人的感性生命和感性存在相关联,它在根本上只是感性的、经验的,而不可能是超验的或超越的。②

这就是说,牟宗三不讲孔子,是因为无法安顿孔子思想中作为超验的、外在的超越者的天,这与牟先生的内在先验思路有着根本性的冲突。他的道德形上学,是以孟子的先验内在的恻隐之心为根基。然而有意思的是,李泽厚本人也是一个人本主义者,他虽然指出了问题,但却没有意识到这个问题的重要性,李泽厚重视孔子,是因为他认为,孔子思想已经成为中华民族的文化心理积淀,对中华民族的影响是挥之不去的,但这仍然是对孔子思想的人本主义解读。

---

① 李泽厚:《论语今读》,三联书店 2004 年版,第 4 页。
② 李泽厚:《论语今读》,三联书店 2004 年版,第 10 页。

然而孔子的思想中确实是有超越者的,但不是李泽厚所说的上帝而是"天",下面来分析其中的区别。孔子说:"天生德于予,桓魋其如予何?"(《论语·述而》)还有"子畏于匡。曰:'文王既没,文不在兹乎?天之将丧斯文也,后死者不得与于斯文也;天之未丧斯文也,匡人其如予何?'"(《论语·子罕》)很明显,这里的天就是超越者,而且孔子也曾谈到"梦见周公"这样的超越体验。(《论语·述而》)但是孔子思想中的超越者并非西方人格化了的上帝,并不参与人间事务,是以不言,孔子说:"天何言哉?四时行焉,百物生焉,天何言哉?"(《论语·阳货》)所以,孔子对待超越者的态度就是"如神在":"祭如在,祭神如神在。"(《论语·八佾》)正是这种"如神在"的态度,既不彻底排除超越者,也不把超越者当作人格神,超越者的主要作用就在于启发人们的理性思维。孔子关于超越者的思想对于人类今天在宗教信仰的废墟上重建信仰意义重大。

在西学东渐的过程中,中国现当代学术所取得的主要成就就是对中国传统文化的人本主义改造,这通常也被人们理解为中国传统文化的现代化,其目的就是要吸收西方自文艺复兴以来的现代化成果,以求中华民族的救亡图存,简言之,就是科学和民主。牟宗三改铸孟子成就其道德形上学这一个案也说明了这一点。同时也就说明,牟宗三的哲学思想是时代精神的反映。

然而,人们在把西方现代性的思想和成果引入中国的同时,也把西方现代性的问题引入了中国,其中最主要的问题就是信仰的缺失,以及由此而带来的道德滑坡,当然这不仅是中国的,也是全人类的,这也就是说,如何重建信仰是全人类面临的共同难题。

重建信仰的困难就在于如何给天或者神这样的超越者定位。西方文艺复兴以否定神本主义的方式确立人本主义,从而用人本主义来重估一切价值,如此除魅的结果就是彻底驱除了天或上帝这样的外在超越者,没有了天或上帝这样的外在超越者,如何说明德福一致的问题就成了人本主义的最大的一个难题,康德想用上帝作为一个设定,建立纯粹理性限度内的宗教，理性宗教至今也无人信仰，而牟宗三想依东方文化资源以内在超越的方式解决这个问题，为人本主义的道德确立根基。上述李泽厚对内在超越的批评说明这个办法也有问题。

启蒙运动以来的人本主义不能很好地解决德福一致的问题，就无法说明好人有好报，也就无法劝人为善，人本主义居然不能劝善，这个问题是很严重的。这可能就是信仰的缺失、道德滑坡的根本原因之一。如何解决德福一致的问题，劝人为善是人类接下来要解决的重大问题之一。牟宗三改铸孟子成就内在超越，那么能否通过重新阐释孔子的方式来解决德福一致的问题，这个可能性总归是有的吧。

第二篇　牟宗三道德形上学刍议①

现代新儒学是中国进入近代社会以来出现的儒学形态,现代新儒家是现代新儒学在当代的典型代表,是儒家的一种现代性言说。中国正在步入现代社会,在新的历史条件下,新儒家致力于重新建构儒家传统,其核心的内容就是:重建儒家形而上学。他们认为,唯其如此,才能从根本上重建儒家的人生理想和价值系统。牟宗三以儒家传统为主体,通过同以康德为代表的西方哲学对话,精心构筑了一个缜密而庞大的哲学体系,其核心内容是无执的存有论即道德的形上学。其目的在于:"我们由中国传统哲学与康德哲学之相会合激出一个浪花来,见到中国哲学传统之意义与价值以及时代使命与新生,并见到康德哲学之不足。"②

可以说:牟宗三是一座高山,是中国哲学成为"科学"以来的一座高山,此科学乃分科之学术也。中国哲学成为一个学科乃是中国传统学术进行现代性言说的结果。在新儒家的现代性言说之中,牟宗三的道德形上学无疑是一个亮点,也是一个热点。学术界众说纷纭,聚讼不已,一个理论能引起普遍的关注和思考,这本身就说明它自有其意义和价值。倪梁康认为:"牟宗三先生的学说思想,是中国历史上第二次文化交流成果的主要代表之一。"在此基础上他还说:"因而对他的深入研究,有可能达至两方面的目的:既可以检阅百余年来中西思想交融的基本结果与收获,也可以窥望中

---

① 原载《理论学刊》2006 年第 8 期。在此增加了一些内容。
② 牟宗三:《现象与物自身》,台湾学生书局 1984 年版,第 3 页。

国传统文化之发展在全球化趋势下的未来走势与取向。"①

这话很有道理,我们也正在超越牟宗三的道路上前行。对于这样一个有着现实意义的哲学理论,无论是赞成也罢,批评也罢,首先应该找到它的理论入口,把握它的纲脉,寻到它的要害,然后再来评价它哲学上的意义和价值,所谓提纲挈领正是如此。那么牟先生道德形上学的纲和领又在哪里呢?这得从他如何建立道德形上学说起。

一、道德形上学的入口:无限与有限

牟宗三认为道德形上学中国古已有之,并非他自己一时的臆造。他说:"儒家自孔子讲仁起(践仁以知天),通过孟子讲本心即性(尽心知性知天),即已涵着向此圆教下的道德形上学走之趋势。至乎通过《中庸》之天命之性以及至诚尽性,而至《易传》之穷神知化,则此圆教下的道德形上学在先秦儒家已有初步之完成。宋明儒继起,则充分地完成之。"②在此必须说明的是,形而上地说明道德这一维度虽然也蕴涵在儒家传统之中,但是如此独到地做一个形而上的道德学,却是牟先生的创见,下面将详细说明这一点。那么他的道德形上学又是什么呢?牟先生说:"'道德形上学'云者,由道德意识所显露的道德实体以说明万物之存在也。因此,道德的实体同时即是形而上的实体。"③这里道德意识是道德形上学的核心,其理论进路是:道德意识—道德实体—万物存在。这个进路背后意味着什么样的哲学观念,下面再进一步说明。

而且,牟先生把康德的"道德底形上学"(Metaphysic of Morals)与他的"道德的形上学"(Moral Metaphysics)做了区分,"前者是关于'道德'的一种形而上学的研究,以形上地讨论道德本身之基础原理为主,其所研究的题材是道德,而不是'形上学'本身,形上学是借用。后者则是以形上学本

---

① 倪梁康:《牟宗三与现象学》,《哲学研究》2002年第10期,第42—48页。
② 牟宗三:《从陆象山到刘蕺山》,上海古籍出版社2001年版,第158页。
③ 牟宗三:《心体与性体》(上),上海古籍出版社1996年版,第436页。

身为主(包含宇宙论和本体论),而从'道德的进路'入,以由'道德性当身'所见的本源(心性)渗透至宇宙之本源,此就是由道德而进至形上学了,但却是由'道德的进路'入,故曰'道德的形上学。'"① 牟先生认为康德是用形而上学来研究道德,给出道德原理,由事实判断给出价值判断,由实然给出应然,也可以说是用认识论来给出道德原理,而他自己则相反,他是由道德而进至形而上学。也可以看出,牟宗三和康德有一个共同的前提,就是道德理性和认知理性的二分。下面来弄清牟先生做此区分的理由及其目的。

牟先生认为,康德哲学有两个基本预设:1.现象与物自身的区分;2.人是有限的存在。而且第二预设更为根本,它包含第一预设。② 公正地说,牟宗三对康德的解读是有很深刻的洞见的。牟先生对康德哲学的破解,或者用他的话说升进,即由此展开,康德依西方传统认为"人是有限的",因为在西方基督教的文化传统中,人和上帝不可通约。而牟先生依中国传统认为"人有限而可无限",人圣之间并没有不可逾越的鸿沟。我个人认为,牟宗三确实看出了中西文化的根本差异:就在圣人和上帝之间,或者说在神性和人性之间。这里的关键是如何看待这个问题:人是有限的抑或是无限的?

牟宗三对康德人的有限性问题进行了破解,他是从清理海德格尔的《康德和形而上学问题》来展开的,康德哲学的四个问题是:1.我能知道什么? 2.我应做什么? 3.我可希望什么? 4.人是什么? 海德格尔是这样来说明康德这四个问题之间的关联:人类理性不只是因为它提出了上述三个问题而成为有限的,相反,正因为它是有限的,它才提出这些问题,就是说,由于它的有限,对它来说它的理性存在取决于有限性本身。由于这三个问题都在探讨同一个东西,即有限性,因此"它们都可以"与第四个问题"相

---

① 牟宗三:《心体与性体》(上),上海古籍出版社1996年版,第199—120页。
② 见牟宗三《现象与物自身》,为了行文的方便,本节引用该书没有直接引用原文,而采用了转述的方式。

关":人是什么?① 牟宗三认为在"有限是有限,无限是无限"的前提下,只是以与上帝为外在的划类的观点看人,海德格尔的观点是对的,但是在"人虽有限而可无限"的前提下,他的解释就不够完备。牟先生对此一一作了分析。实际上也是展开了一次中西哲学的对话。

首先,在"人能知道什么"的问题中的能力问题,如果从事实上的知性与感性看人的能力,那自然是有限的,但是如果人展露出智的直觉,人也可知本体与物自身。牟先生在这里对"知"进行了辨析,他说,知本体与物自身之知不是知现象的知。当然也就转换了话题。康德这个问题是一个认识论话题,而牟先生则不是。在转换了话题之后,牟先生作结论就认为,在他所说的情况下,就可以说人虽有限而实可具有无限性。牟宗三当然知道,他和康德说的不是同一个问题。但他认为这两个问题是内在相关的,其理由是,那只知现象的知性与感性既可以被转出而令其有,也可以被转出而令其无。被转出时,它们就只能知现象,这样看来,人就是有限的;但当它们被转化时,人的无限心就呈现了,这样看人时,人就具有无限性,东方的圣人、真人、佛就是这样的无限的存在。知性与感性为什么可以转呢?牟先生说:这不只是事实之定然,而且也是价值上被决定了的。

在这里,牟先生给出了他的道德形上学的三个预设:1.人虽有限而可无限;2.人有智的直觉;3.德行优于知识。这三个预设的关系是这样的,依据东方文化传统,牟先生说:人虽有限而可无限,这是因为人可以转出智的直觉,人之所以可以转出智的直觉,又是由人的道德价值所决定的(德行优于知识)。由此可以看出,牟宗三道德形上学的总预设是:人是道德的。完全可以说,牟先生的道德形上学是高扬人的主体性的哲学。

在这个关于认识能力的问题上,牟先生实际上并没有反对海德格尔,他也承认人的认识能力是有限的,只是依据不同的文化背景给出了另外一个问题:人是道德的,人应当知道什么? 因此牟先生的人虽有限而可无限

---

① 海德格尔:《海德格尔选集》,孙周兴等译,上海三联书店1996年版,第107页。

的意思就是：在认知（事实）问题上人是有限的，在道德问题上，依据东方文化传统，人是无限的。这样，牟先生就把道德（价值）和认知（事实）割裂开来，因此，他就必须设置两层存有论，用无执的存有论来解决道德问题，用执的存有论来解决认识论问题，所以，他要内圣开出新外王——科学和民主的时候，就只能是用良知坎陷的办法。

第二，在"人应当做什么"的问题上，牟先生说这是一个关于义务的问题，如果把义务看成一个应尽而不必能尽，应当是而不必实是，只就义务这一概念而如此分解，那么人就是有限的；但是如果我们能展露一个超越的本心，一个自由的无限心，例如阳明子的良知，那么凡有义务都应作，也必定能作。也就是说，在良知充分呈现的时候，就呈现了人的无限性。这里要三种情况来说，第一，在具体时空中的人，一切义务必定不能同一时间都做到，而且，在时间行程中也必定还有未能充尽的义务次第的出现。在这些情况之下，人是有限的。第二，就无限的进程而言，自然永远不能充尽一切义务，就是孔子临终也不免叹口气，这也显现了人的有限性。第三，如果依照圆顿之教的话，那就可以一时俱尽，随时绝对，当下俱足，这就是人的无限性。

第三，在"人可希望什么"的问题中，牟先生认为：如果只从可得与不可得这样的一般期望而言，人是有限的。但是当人希望绝对、希望圆善（德福相配）的时候，也可以依一自由的无限心圆顿地朗现出来。德性与幸福本来没有隔绝，即烦恼即菩提，这就是圆善，如果是这样，那么人就有无限性，而且就是一个无限的存在。康德依据西方传统设定上帝来保证圆善，把德性与幸福看作综合关系。只在这一点牟先生与康德的问题是相对应，而且也是他依中国传统讲得最好的。

牟先生总结说：由此看来，人不是绝对有限的，而是"虽有限而可无限"，而且这就是人最内在的本质。由此就可建立一个"本体界的存有论"。其实，牟宗三这里说的真正的问题是：现实生活中的（有限的）人如何圆善（道德上的圆满）？无论在人能够知道什么、人能做什么还是在人可希望什么的问题上都是如此。当然第一个问题必须在牟先生所说的智的直觉的意义上才能这么说。无限的问题只是一个逻辑上的设定,这一点牟先生比谁都清楚。所以,我认为牟先生的入口处是找得很准的,但是,这里的论证却不必如此,在不相应的问题上计较,让人觉得他是在强为之辩。当然这是个小问题。

对于牟宗三对海德格尔的关于人的有限性的批评,倪梁康在《牟宗三与现象学》一文中,站在现象学的立场为海德格尔做了辩护。他认为:"海德格尔对人的有限性的确认,乃是基于此在的存在者性质和它的时间性。海德格尔在很大程度上是用古希腊哲学对'人是会死的动物'之定义来抵御自文艺复兴以来始终占据主导地位的'人是理性的动物'之定义。在这一点上,海德格尔对人的有限性的强调与对近代主体性哲学和人本主义的解构是同步进行的。"[①]这个问题涉及他们对"时间"的理解不同,因为:"他(牟宗三)所理解的海德格尔之'时间'(Zeit),应当是海德格尔所说的'时间性'(Zeitlichkeit)。""因此,实际上,如果牟宗三与海德格尔在人的有限性问题上有区别,那么这个区别更多是在于:在牟宗三(以及康德)那里并不具有海德格尔意义上的'时间'概念,因而也没有海德格尔意义上的'形而上学'概念。"[②]

确实是这样,牟宗三没有海德格尔意义上的形而上学概念(时间问题尚需另说)。但却不能就此说明:在人是有限抑或无限的问题上,牟宗三与海德格尔之间并不存在原则性的区别。因为海德格尔说:"有两个动机主要规定了形而上学的上述学院概念的形成,并越来越阻碍了人们有可能从新接受这种本源性的质疑。其中一个动机,涉及对形而上学的内容上的划分,并来源于基督教所信仰的对世界的说明。——按照这种基督教的世界意识和此在意识,存在者总体便划分为神、自然和人。而其领域随即也就

---

① 倪梁康:《牟宗三与现象学》,《哲学研究》2002年第10期。
② 倪梁康:《牟宗三与现象学》,《哲学研究》2002年第10期。

划分了:其对象为最高存在者的神学、宇宙学和心理学。"① 牟宗三说得没错,西方的形而上学的确植根于他们的基督教传统。就是海德格尔的基础存在论也是如此。我认为牟宗三对中西文化的根本差异是看得很准的,他建立道德形上学的入口是找对了、他在东西方文化差异处所标出的价值取向,是第二代新儒家特定的价值取向。因为他们把这一根本差异更多地放在人文教化的意义上,或者说在"宗教"意义上,东西方人文教化的区别就是:"肉身成道"和"道成肉身"之间。这就导致了他们的哲学思想更多地朝这一方向发展,其鲜明特色和独特价值也就在这里。

二、道德形上学的关键:智的直觉

在牟宗三的道德形上学中,人虽有限而可无限必然包含人有智的直觉,不然无法说明人的无限性。而且,牟宗三认为这是他与康德的根本不同,是他升进康德哲学的地方,因为康德认为只有上帝才有智的直觉,而人没有。可以说,智的直觉是牟宗三道德形上学的枢纽。人的无限性必须依此而证成,这是其一;其二,智的直觉是无执的存有论得以成立的前提。

什么是智的直觉呢? 先说直觉,牟先生认为直觉就是具体化原则,就事物的存在来说,如果它是认知的呈现原则,那它就是感触直觉;如果它是智的直觉,那么它就是存有论的(创造的)实现原则。② 他认为,张载在《正蒙·大心》中说的"耳属目接"就是感触直觉;"心知廓之"就是智的直觉。此"心知"是普遍恒常唯一而无限的道德本心之诚明所发的圆照之知,此知是从体而发,不是从见闻而发。这就是康德所说的"只是心的自我活动"的智的直觉。所谓"智的直觉"就是主体的直觉只是自我活动,主体只判断它自己。因为它不是感触的,所以是纯智。张载说的"见闻之知乃物交而知,非德性所知,德性所知不萌于见闻"(《正蒙·大心》)正合此义。牟先

---

① 海德格尔:《海德格尔选集》,孙周兴等译,上海三联书店1996年版,第86-87页。
② 牟宗三:《智的直觉与中国哲学》,台湾商务印书馆1987年版。为了行文的方便,本节有些地方引用该书没有直接引用原文,而采用了转述的方式。

生进一步推而广之认为,《论语》、《孟子》、《中庸》、《易传》中的道体、性体、心体、仁体、诚体以及神体皆有此义;明道的一本论、象山的本心和阳明的良知也可以表示这个意思。只有伊川和朱子的德性之知没有此义。

接下来的问题自然就是:智的直觉如何可能?牟先生认为要回答这个问题,必须先回答:什么是道德?牟先生说:"道德即依无条件的定然命令而行之谓。"①发布此无条件的定然命令的,康德称之为自由意志,在儒家就叫做仁体、本心或良知,也就是我们人的性体。牟先生说:"性是道德行为底超越根据,而其本身又是绝对而无限普遍的,所以它虽特显于人类,而却不为人类所限,不只限于人类而为一类概念,它虽特显于成吾人之道德行为,而却不为道德所限,只封于道德界而无涉于存在界。它是涵盖乾坤,为一切存在之源。"②牟先生在对"性"作了这样的解说之后就说:"本心仁体既绝对而无限,则由本心之明觉而发的直觉自必是智的直觉,只有在本心仁体要其自身挺立而为绝对无限时,智的直觉始可能。"③这里的理论环节是:性体超越、绝对而又无限,是一切存在之源,所以性体的明觉(人心)所发的直觉就是智的直觉。

智的直觉是否可能的关键在于牟先生对"性体"的规定,也就是对"天"的规定。首先,它是最高主宰,涵盖乾坤,为一切存在之源,绝对、普遍而无限而又有创造性。其次,它特别显现于人类而不为人类所限,特别显现于道德而不为道德所限。第三,它由本心之明觉的直觉也就是智的直觉来呈现。因此牟先生说:"此绝对普遍而无限而又有创造性的本心仁体即上帝——最高的主宰。此在中国以前即说此即是天道天命之真体——客观说的天命天道必须与主观说的本心仁体合一,甚至是一。"④

如此这般来规定"天",在中国文化中确实不曾有过,因此,他的内圣之

---

① 牟宗三:《智的直觉与中国哲学》,台湾商务印书馆1987年版,第190页。
② 牟宗三:《智的直觉与中国哲学》,台湾商务印书馆1987年版,第190页。
③ 牟宗三:《智的直觉与中国哲学》,台湾商务印书馆1987年版,第193页。
④ 牟宗三:《智的直觉与中国哲学》,台湾商务印书馆1987年版,第201页。

学是一种"新内圣"。从这些规定可以看出,牟先生把"天或者说性体"规定为了至上实体,也就是上帝。但与西方基督教的上帝又不完全相同。天在牟先生的道德形上学中,在超越、绝对而又无限,是一切存在之源等意义上与上帝相同;其不同之处在于:这一作为至上实体的天又是直接与心体打通,天的意志由本心之明觉而发的直觉来呈现,而且也只是由它来呈现,所以他说,性体(天)的明觉(人心)所发的直觉就是智的直觉。也就是说,在牟先生的道德形上学中,天心和人心是直接打通的,而在西方,人心是绝对不可能直通上帝的。牟先生在形上学的思路上有两点是明显不同于前人的,其一,是把天直接规定为至上实体;其二,凭借智的直觉,把人的道德主体性提高到了一个前所未有的高度,与至上实体直接打通。这样的说法可谓是"古今无两"。

　　智的直觉如何能具有创生性？也就是说,其自身就能给出它的对象之存在？牟先生分三层说明了这个问题:1. 本心仁体之明觉活动反而自知自证其自己,如其为一"在其自己"者而知之证之,这就叫做逆觉体证,此逆觉就是智的直觉。……在此,也不能说"此直觉就能给出它的对象之存在",因为此直觉活动就是此本心仁体自己之具体呈现的缘故。因此,越是这样逆觉体证,本心仁体之自体就越是具体呈现,因而也就越有力。接下去就是:2. 有力者即有力发布道德行为者是。此即本心仁体连同其定然命令之不断地表现为德行。见父自然知孝,见兄自然知弟,当恻隐则恻隐,当羞恶则羞恶,这些都是德行,都是奉行本心仁体之所命。实际上,智的直觉也只能如其为一内生内在物而觉之,实现之,除此而外,再无所知。此义是就道德行为而说,扩大开来而可以应用于一切存在物。这就到了第三层。3. 本心仁体本是无限的,有其绝对普遍性。它不但特显于道德行为之成就,它亦遍润一切存在而为其体。前者是其道德实践意义,后者是它的存有论意义。……在道德形上学中,成就个人道德创造的本心仁体是连带着其宇宙生化而为一的,因为这本是由仁心感通之无外而说的。就感通之无外说,一切存在皆在此感润中而生化,而有其存在。所以智的直觉本身即给出它的对象之存在(对象是方便言,实际无对象义),这就是智的直觉的创生性。

在此,牟先生首先给出道德的定义:"道德即依无条件的定然命令而行之谓。"然后依此推出人有智的直觉。智的直觉自证自成,而且能自觉呈现,自觉发布道德命令,所以,智的直觉的创生性也就是赋予一切存在物以道德意义。在智的直觉的意义上,道德本体就是道德现象,准确地说,没有道德现象,只有道德本体,一切都是本体的自我呈现。如此一来,康德意义上的认识论问题,也就是牟先生要开出的新外王—科学就必须另外想办法,只能用两层存有论来解决。

三、两层存有论:道德与认知的紧张

基于对海德格尔的批评和升进康德哲学的目的,也基于牟先生认为"人虽有限而可无限"和人有"智的直觉",也为了接纳科学,所以他必须重新统一康德哲学的形上学系统,建立他自己独特的道德形上学,给出两层存有论的形上学系统,才能从理论上解决这些问题。因为康德把整个形而上学系统分为四个部分:1.本体论(牟译为存有论)。2.理性(合理)的自然之学。3.理性的宇宙学。4.理性的神学。先看牟先生怎样调整康德的形而上学系统:

第一部分:本体论,就是康德在《纯粹理性批判》中所说的先验哲学,康德认为不过是纯粹知性的一种分析论而已,也就是海德格尔所说的一般形而上学,牟宗三称之为:现象界的存有论,或"执的存有论"。

牟先生把康德形而上学的第三部分理性的宇宙学和第四部分理性的神学全部归入第二部分。下面来看他这样归并的理由。关于自然之学,康德根据理性的使用是内在的还是超绝的,[①]而分为:内在的自然学与超绝的自然学。内在的自然学又分为理性的物理学(对象为物质的自然)、理性的

[①] 牟宗三所用的超越的(transcendental)和超绝的(transcendent)现在一般翻译为先验和超验,超验的原理是指要超出可能的经验的范围之界限来应用的原理。牟先生取其超越而又绝对之意而翻译为超绝。

心灵学(对象为思维的自然)。牟先生把内在的自然学又叫做内在的形上学,因为它们是内在的,对象又是被给予的,所以应该归并入"执的存有论"。

由于灵魂既属于本体界又属于现象界,因此超绝的自然学应该有三支:理性的宇宙学(关于世界的超越知识)和理性的神学(关于上帝的超越知识)和超绝的理性心灵学。由于牟先生认为自由的无限心就是上帝,也是永恒的常在,所以这三支就没有分的必要。这个超绝的自然学也叫做超绝的形上学或无执的存有论。如此一来,形上学就只有两支:执的存有论(现象界)和无执的存有论(本体界)。

牟先生认为,康德完成了超越的哲学(现象界的存有论)和内在形上学,这都属于执的存有论。但由于康德不承认人有智的直觉,所以他没有完成超绝的形上学。这也就是牟宗三要升进康德而建立的道德形上学原因。

总而言之,牟宗三认为在"人虽有限而可无限"的前提下,必须承认两种知识:1.智识,这是由智的直觉所成就的;2.知识,这当然是由感触直觉所成就的。这就必然需要两层存有论。要弄清楚他的两层存有论的目的、作用和意义,必须先清理这个概念本身。

存有论的问题是一个很复杂的问题,这个概念本身就很麻烦,还是来看牟宗三自己的说法吧。他在《圆善论》的附录中,专门对存有论作了总结,现在节录如下:

> 西方的存有论大体是从动字"是"或"在"入手,环绕这个动字讲出一套道理来即名存有论。——因此,范畴亦曰存有论的概念。范畴学即是存有论也,此种存有论,吾名之曰"内在的存有论",即内在于一物存在而分析其存有性也,康德把它转为知性之分解,因此这内在的存有论便只限于现象,言现象之存有性也,即就现象之存在而言其可能性之条件也;吾依佛家词语亦名之为

"执的存有论"。——中文说一物之存在不以动字"是"来表示,而是以"生"字来表示。"生"就是一物之存在。但是从"是"字入手是静态的,故容易着于物而明其如何构造成;而从生字入手,是静态的,故容易就生向后返以明其所以生,——中国无静态的内在的存有论,而有动态的超越的存有论,——这种存有论即在说明天地万物之存在,就佛家言,即在如何能保住一切法之存在之必然性,不在明万物之构造。此种存有论亦函着宇宙生生不息之动源之宇宙论,故吾亦合言而曰本体宇宙论。

若越出现象存在以外而肯定一个"能创造万物"的存有,此当属于超越的存有论。但在西方,此通常不名曰存有论,但名曰神学。

吾人依中国的传统,把这神学仍还原于超越的存有论,此是依超越的、道德的无限智心而建立者,此名曰无执的存有论,亦曰道德的形上学。此中无限智心不被对象化个体化而为人格神,但只是一超越的,普遍的道德本体而可由人或一切理性存有而体现者。此无限智心之为超越的与人格神之为超越的不同,此后者超越而不内在,但前者之为超越既是超越而又内在。[1]

牟先生对存有论的解说基本上是很清楚的,他直接设定了一个"能创造万物"的存有,没有说明形上学奠基的问题,是独断论的形而上学。他的两层存有论试图说明道德与认知,把道德问题和认识论问题对峙起来。这样的问题:如果无执的存有论圆满自足,那么你设置一个执的存有论又有什么意义;反过来也一样,如果执的存有论只是知识论问题,不能升进道德,甚至于可以说完全与道德无关,那么你为什么又要转智成识、良知坎陷而去开出来呢?所以道德至上、道德超绝的结果就是:知识无大用,科学仅

---

[1] 牟宗三:《圆善论》,台湾学生书局1985年版,第337—340页。

仅是工具。

四、新外王：五四思维

牟宗三的道德形上学是典型的五四哲学，亦今亦古、亦中亦西的牟氏哲学文风正是五四的历史印记。这是表层的标志，下面进一步分析其思想的印记。五四运动有两面大旗：科学和民主。当时的三派，科学派、玄学派和唯物史观派有一个共同的前提，都认为中国应该吸收西方文化的精华——科学和民主，这些后来被称为工具理性的东西。这就必然承认这个事实前提，那就是中国传统文化中没有科学和民主，即使有也不发达。牟宗三的哲学体系正是典型的五四思维，他宗儒家内圣外王的传统，明确提出内圣开出新外王——科学和民主，就是最好的证明。其道德形上学除了前面所提到过的三个前提之外，还有一个前面提到的事实前提，那就是中国没有科学，这里单说科学，民主再论。所以，虽然他肯定中国传统学术，尤其是宋明儒学所建立的道德形上学的价值，认为只有它才是"真正的形上学"，但是也有不足。牟宗三先生认为：

> 名理是逻辑，中国是不行的，先秦名家并没有把逻辑发展到学问的阶段。至于数学、科学也不行，故中国文化发展的缺陷在逻辑、数学与科学。这些都是西方文化的精彩所在。①

这显然是用西方的科学为标准的。对牟宗三哲学体系的文化定位，这是必须首先要明确的。

其次，五四时期的思想者都是民族主义者，全盘西化派是以一种"刘备摔阿斗——恨铁不成钢"的心态在进行思考，国粹派想在坚守民族文化本位的前提下，吸收西方文化的精华。但毫无疑问，他们都是民族主义者，有着

---

① 牟宗三：《中西哲学之会通十四讲》，上海古籍出版社1997年版，第22页。

强烈的民族感情,为恶劣的民族生存状况而忧心忡忡。在当时帝国主义列强意图在全球推进殖民化的情况下,中华民族有着亡国亡种的危险。民族生存第一,这是那个时代的人们思考问题的出发点。不止是思想者如此,各行各业的人们都是如此,君不见,那时节,不是有教育救国、科技救国、实业救国等各式各样的救国口号吗?当然,正是这些中华民族的仁人志士怀抱着他们的救国理想,上下求索,中华民族才有今天。可以说,牟宗三是用他的哲学在完成他的救国宏愿。正是由于牟先生有着哲学救国的理想,他开始了艰难的思想探索之旅直至生命最后一息。他构筑了一个庞大的、思想深邃、逻辑严密的哲学体系。他的哲学体系是五四思维中最有价值者之一。

无疑,牟先生的哲学属于五四那个特定的时代,那个时代给出了他哲学思考的前提。事实上,每个哲学家都属于他的时代,哲学家的价值主要在于他的时代性。我们不能说康德哲学比亚里士多德哲学更有价值,阳明子的思想比朱子的思想更有价值,因为他们的思想都属于他们的时代。同样不能否认牟宗三哲学的价值,而且它的价值还在继续。因为五四运动的任务还没有最后完成,中华民族的生存危机也没有最终消除。

但是今天的时代毕竟不同于五四,今天的中华民族正在发展壮大,正在成为世界舞台上的一支重要力量。因此,思想者哲学思考的事实前提发生了变化,其理论前提也应该随之发生了变化。是哪些前提发生了变化呢?先说科学。牟宗三从来不曾对科学有过疑问,虽然他批评过科学主义,但那是在价值层面。事实上,科学是一个双面刃,这是今天人类的共识,科学及其应用的技术在给人类带来巨大的物质享受的同时,也让人类唯一的家园——地球变得越来越不适合人类居住。环境污染和人口爆炸在蚕食着我们的家园,核战争随时可能吞噬全人类。今天的思想者在思考的时候,必须得想着科学之利同时,也一定不要忘记了科学之弊。当然这个科学是指自哥白尼以来的西方近代科学,它是人们今天在一般意义上谈论的科学的范型和标准。这背后的西方文化中心论是显而易见的。

所以今天我们应该问:科学只应该有一个标准吗?科学一直以来就应该是这样的吗?中国历史以来就从来没有科学吗?还可以进一步追问:科学思维是一种理性的概念思维,西方有亚里士多德的十大范畴,有康德的范畴表,难道中国就没有自己的范畴系统吗?其背后隐藏的文化问题是:西方人为了拯救现象说明世界发明了他们的范畴系统和科学。五千年的中华文明就没有对世界作出自己的说明吗?如此等等,不一而足。这些问题足以警醒今天的思想者,提示人们应该在牟宗三等前辈思想者的基础上,把思考推向深入。

至于民主问题,牟先生也是肯定了它的普适价值,在《道德的理想主义》的序言中提出了"三统之说":"道统之肯定,此即肯定道德宗教之价值,护住孔孟所开辟之人生宇宙之本源。学统之开出,此即转出'知性主体'以融纳希腊传统,开出学统之独立性。政统之继续,此即由认识政体之发展而肯定民主政治为必然。"

综上所述,牟宗三哲学的五四思维是很明显的,主要有以下三点:1.亦今亦古、亦中亦西的牟氏哲学文风是表层的历史印记。2.对新外王——科学和民主本身缺乏反思,对工具理性的弊端没有给予足够重视。3.以西方近代科学为科学的唯一标准,以西方的范畴为范畴的唯一标准,在局部问题上不自觉地陷入了西方文化中心论的泥坑。正是:"却笑从前颠倒见,枝枝叶叶外头寻。"(《咏良知四首示诸生》之三)更是:"抛却自家无尽藏,沿门持钵效贫儿。"(《咏良知四首示诸生》之四)

五、新内圣:超绝的形上学

当然,牟宗三道德形上学的主要问题不在新外王,而在新内圣,也就是道德形上学本身。

他的道德形上学用他的话说是超绝的形上学(Transcendent metaphysics)。他把天规定为一个绝对超越而又无限的实体,也就是一个至上的存在者,这有点形而上学独断的意味。同时把人的道德主体和天道直接打通,无限放大人的道德主体性,其结果是人就直接成为了自己的道德上的上帝。他的内圣之学的的确确是一种新内圣,因为历史上的儒家人物谁也没有如此这般讲过。总之,牟宗三的内圣之学是现代性的新内圣。

牟宗三的新内圣之为新内圣,关键在于他对儒家传统的理解。他讲儒家从孟子开始讲起,以王龙溪的"四无"为儒家的圆教模型。走的康德先验哲学的路子,从道德的先验性、内在性来看待整个儒家思想,确实有些以偏概全。大家都知道,孟子是接着孔子讲的,孔子是圆,孟子是方,孟子剑走偏锋实为不得已。而且,圣人之教即圆教。这里仅举几例加以说明他对圣人的理解。比如牟先生说:

> 孔子说吾十有五而志于学,依我的生活发展说,学就是自然生命之一曲。这一曲使生命不在其自己,而要使用其自己于"非存在"的领域中,即普通所谓追求真理。追求真理,或用之于非存在的领域中,即投射其自己于抽离的、挂空的概念关系中,这也就是虚空中。这是生命之外在化,因吊挂而外在化,生命不断的吊挂,即不断的投注。在其不断的投注中,其所投注的事物之理即不断的抽离,不断的凸显。生命之不断的吊挂与投注即是不断的远离其自己而成为"非存在的",而其所投注的事物之理之不断的抽离凸显亦即是不断的远离"具体的真实"而成为形式的、非存在的真理。

这里把"学"理解为生命的扭曲,"学"就是追求真理(此真理又是非存在的概念化的真理)。这显然不是圣人的意思。还有,学界一般认为牟先生论荀精于论孟,论孟精于论孔,他以专书论孟荀,却没有专书写孔子。而按照牟先生的思路这正是他首先要做的,而且必须要做的最重要的事情,因为他认为中西文化的差异在于圣人和上帝之间。牟宗三应该很努力地去用真实的生命去完整地完成对圣人的理解,然而有人评价他是所谓"宋明理学、魏晋人物",甚至认为,新儒家基本上都是儒学的学问家、研究家,而非生命意义上的儒家,这并非空穴来风,其中的问题值得深思,今天的我们,来者可追,应该更上一层楼。

牟宗三的新内圣主要是在"宗教"或者说"人文教化"的意义上成其为新内圣。从其道德形上学的入口处说,他的"人虽有限而可无限",是在西方基督教和东方儒释道三教的背景下对人的不同理解,其背后的依据和实质是西方的上帝和东方圣人的不同。这显然是在宗教的意义上作比较。从其道德形上学的关键:智的直觉处说,上帝和圣人都有智的直觉,依据西方传统,人没有智的直觉,而东方传统则认为有,这当然又是在宗教上说。至于两层存有论,其无执的存有论的宗教意义自不待言,在此牟先生认为,东方的宗教明显高于西方,至于执的存有论方面,虽然西方胜于东方,但那是转智成识以后的事情,东方虽无但可以有,与执的存有论相比,其价值和意义当然要稍逊一筹。如果有人说西方的近代科学就植根于他们的基督教之中,不知牟先生又作何言。

在文化层面上,牟先生的新内圣也有自己的鲜明特点。他把东方文化看作一体,把儒释道三家合流。这不能不说是他的创见,也不能不说这是他新内圣的一个显著特点。牟先生特别推崇的宋明理学,就是把辟佛老作为首要任务和理论前提的。历史上的儒释道三家,理论的论证方面相互融合是显然的,但基本立场却是泾渭分明。不过,我个人是很认同牟先生的这种做法的。五四直到今天,基本上可以说是东西方文化在相较短长,这种说法虽然不好,但事实如此。在中国文化内部的儒道之争,以及儒、道和佛家的论辩,学理上可能有些价值,但应该说现实意义不大。对东方文化求同,进而彰显其对世界的普遍价值,是牟先生新内圣的鲜明特点。在一个西方文化处于强势地位的时代里,有如此胆气去升进以康德为代表的西方哲学,是牟宗三的狂者胸次、汉子气在哲学上淋漓尽致的显现。这是作为新儒家的人物的牟宗三在新内圣方面敢于摆脱时尚、坚持民族文化的核心价值的表现。

正是凭借这股独特的汉子气,牟先生肯定了中国哲学的价值,在此基础之上,给出了哲学的一般定义,并且道出了中西传统文化的差异,这里的差异主要是在哲学上。牟宗三认为:"最成熟的智慧是主观性和客观性的统一,是普遍原理(泛立大本)与当下决断的互相摄契。我看西方哲学在这一方面的活动所成的理想主义的大传统,最后的圆熟归宿是向中国的'生命学问'走。"[①]而且"中国的文化生命民族生命的正当出路是在活转'生命的学问'以趋近代化的国家之建立"[②]。在牟先生看来,中国人的"生命的学问"是最重要的,不仅是中国人的正当出路,也是西方哲学的最后的圆熟归宿。先弄清楚这里的"生命的学问"说的是什么?他说:"中国人的'生命的学问'的中心就是心和性,因此可以称之为心性之学。"[③]很自然他给哲学下的定义就是:"凡是对人性的活动所及,以理智及观念加以反身说明的,便是哲学。"[④]那么中国哲学的未来又是如何呢?牟先生认为:"我们看出了中国哲学的未来的方向:(一)根据传统儒释道三教的文化生命与耶教相摩荡,重新复活'生命的学问'。(二)吸收西方的科学,哲学展开智性的领域。"

牟先生的这些话表明:就哲学而言,心性之学是人类哲学的圆熟归宿,而中国哲学又需要吸收西方的科学。那么已有的中西哲学是有差异的,它们之间差异的要害何在?他认为:"用一句最具概括性的话来说,就是中国哲学特重'主体性'(subjectivity)与'内在道德性'(inner morality)。儒家把主体性复加以特殊的规定而成为'内在的道德性'即成为道德的主体性。西方哲学刚刚相反,不重主体性,而重客体性。它大致是以'知识'为中心而展开。"牟宗三的新内圣不仅在宗教意义上肯定儒家的主体地位,哲学上也是如此。

---

① 牟宗三:《中国哲学的特质》,台湾学生书局1994年版,第10页。
② 牟宗三:《中国哲学的特质》,台湾学生书局1994年版,第110页。
③ 牟宗三:《中国哲学的特质》,台湾学生书局1994年版,第120页。
④ 牟宗三:《中国哲学的特质》,台湾学生书局1994年版,第5-6页。

哲学就是心性之学,本着这一理解,牟先生把宋明理学分为了三系。这一划分在宋明理学的研究中也是引起了轩然大波。因为宋明之际的理学和心学,是在中国历史上发生过实际影响的两大儒学流派。理学和心学都归宗儒学,实际上是一个系统,为什么非要把它们分开来说?能不能把它们合在一起来说?这可能才是宋明理学研究中真正有意义的问题。

总而言之,牟先生超绝的形上学是新内圣。在宗教、文化以及哲学的意义上,肯定儒家文化的主体地位,打通儒释道,划分宋明三系,都是新内圣的特点。新内圣的核心就是:人是自己的上帝。

六、新内圣与新外王

牟宗三的新内圣就是他的道德形上学,新外王自然就是科学和民主。从理论上来讲他的新内圣和新外王之间有着巨大的张力,甚至于可以说,他的新内圣根本就开不出新外王。从道德形上学本身来说,无执的存有论把道德绝对化,两层存有论割裂了道德与认知,这样会导致取消新外王。因为如果无执的存有论圆满自足,那么你设置一个执的存有论又有什么意义;反过来也一样,如果执的存有论只是知识论问题,可以说完全与道德无关,那么你为什么又要转智成识、良知坎陷而去开出来呢?所以道德至上、道德超绝的结果就是:知识无大用,科学仅仅是工具,至少也是知识的学习、科学的发展与道德无关。这是其一。

其二,就牟宗三道德形上学的外缘,康德哲学来说,也是如此。牟先生以康德哲学为西方健全理性的代表,意图通过升进康德哲学来铸造新内圣来解决新外王的问题。这在理论上也说不通。首先,需要对工具理性本身进行反思,科学和民主有其利也有其弊。其次,还必须假定,康德哲学彻底解决了认识论问题,给出了科学的一般形上学的牢固基础。但事实显然不是如此。从科学和哲学发展来看,从来也没有一个哲学家能给出科学的一般形而上学基础,科学和哲学都在不断地发展之中。而且他没有意识到西方哲学有一个很麻烦的问题:就是时间问题。可以说,从康德到胡塞尔再到海德格尔的哲学的发展,对时间的思考起着至关重要的作用。在康德那里,把牛顿的绝对时空观内在化,把时间作为感性直观的纯形式,但用爱因斯坦的相对论时空观来看,则康德把时空作为感性直观的纯形式就不可能。下面只说时间,康德的时间概念的形而上学阐明的第三条说:"时间是一维的;不同的时间不是同时的,而是前后相继的。"①因为相对论是四维时空观。正是基于这一点,胡塞尔把康德形而上学科学化的理想继续推进,悬搁了这些可疑的作为感性直观的纯形式的时间和空间,直接还原到先验自我,以此建构最后的科学的形而上学。但他解决不了主体间性的问题,也无法先验地说明流俗的时间。海德格尔则把时间分为绝对时间、相对论时间和流俗的时间,而所谓流俗时间(common time)——就是日常与我们照面的时间。海德格尔在《存在与时间》中所说的时间是一种被存在所规定并且同时也规定着存在的东西。牟先生没有对时间问题加以很好的思考和说明,基本上照搬了康德的时间观念,至少在认识论上是如此。也许是因为牟宗三认为,"时间"只能用来解释人的实践体证,却无法也没有必要与超越的实体或理境相关联。但是在转智成识去接纳认识论的时候,这个问题就必须予以说明。

康德哲学本身并没有一劳永逸地解决科学的形上学基础问题,牟先生想通过康德来解决新外王的可能性就要大打折扣。在康德哲学那里,尤其是在认识论问题,囿于康德而跳不出来,没有重视康德之后,西方哲学的发展,认识论的发展。

其三,本来可以作为牟先生新内圣的创新点的现象学,被他忽略了。他注意到了海德格尔现象学的非理性倾向,他知道海德格尔想拆毁西方自柏拉图以来的理性传统而恢复柏拉图之前的古义,而没有注意到海德格尔对形而上学本身的深刻反思,当代现象学意图解构与克服近代西方哲学的二元论传统,这里所说的"二元"不仅是指现象与本体意义上的二元,而且

---

① 康德:《纯粹理性批判》,邓晓芒译,人民出版社2004年版,第34页。

也是指认识本体与道德本体意义上的二元。海德格尔认为,情感活动涉及人的存在的根本问题,因此要比理智(道德、认知)活动更加基本,事实上往往是情感活动在先,理智活动在后。

七、批判为了继承

"牟宗三先生之后必须得有批判的新儒学。"林安梧如是说。他是牟先生的晚年弟子,常有一些新的思考,颇有启发性。在鹅湖的两大阵营,护教的新儒学和批判的新儒学之中,他属于后者,意图批判地继承牟先生的思想。他说:"这样的提法(良知坎陷)是站在主体主义、形式主义、康德式批判哲学的立场而说的,这是在启蒙的乐观气氛下绽放出来的哲学,这与我们当前整个世界的处境已然不可同日而语。"①他认为:批判的新儒学不同于原先的当代新儒学之以"主体性"为核心的思考,而特别强调"生活世界"这一概念。

林安梧认为:"君父是错置了'宰制性的政治连结'与'血缘性的自然连结',圣君则是'人格性的道德连结'与'宰制性的政治连结'。"②这就是所谓的"道的错置"。这是秦汉以后的事情,良知学与专制权威的关联是在"道的错置"下造成的异化关联。因此,需要解开这"道的错置"。林安梧还指出,对新外王而言,是一个学习的次序,不是原先发生的次序,也不是以理论的次序所能做成的。牟先生因为时代的限制,对此没有分别清楚。总之,"当代新儒学背后是主体主义的,是道德中心主义的,而在方法上则是形式主义的,是本质主义的。……这么一来,就难免会被诬为良知的傲慢"③。因此,林安梧的口号是:"让儒学来参与、调整现代化,让现代化来调

---

① 林安梧:《解开道的错置——兼及于"良知的自我坎陷"的一些思考》,《原道》第十辑,北京大学出版社2005年版,第179-194页。
② 林安梧:《解开道的错置——兼及于"良知的自我坎陷"的一些思考》,《原道》第十辑,北京大学出版社2005年版,第179-194页。
③ 林安梧:《解开道的错置——兼及于"良知的自我坎陷"的一些思考》,《原道》第十辑,北京大学出版社2005年版,第179-194页。

整、参与儒学。"本文对林安梧的看法不作评论,只是摘要于此,说明我们应该批判地继承牟先生的思想,也提供一种批判地继承的思路。

不只是牟先生的弟子们在做着批判地继承,像倪梁康这样的现象学专家也是如此,他通过从现象学的角度的考察认为:"牟宗三在胡塞尔那里没有看到共同的形而上学基本旨向,在海德格尔那里没有看到共同的方法途径。"但是,总的说来:"在牟宗三与现象学之间即便没有一种完全相合的关系,也绝不存在一个根本对立的关系,而更多是种种可以会通和互补的可能性。"他还指出,与牟宗三的思想意旨和思想方法最为接近的现象学家是舍勒。他们最有可比性,原因有二:"其一是在内容上:牟宗三与舍勒都在追求客观的理念与价值,并且共同耕耘在伦理、宗教等实践哲学领域。在宽泛的意义上,他们从事的是伦常行为与对象的现象学,而不是认识行为与对象的现象学。他们都把伦常行为看作是第一性的;或者说,把实践哲学视为'第一哲学';但他们同样也相信,虽然伦常行为较之于认识行为是奠基性的行为,但却需要通过认识行为来加以澄清。其二是在方法上:牟宗三与舍勒都在追求道德认识的直接性、伦理直观的明见性,反对康德'本体'概念或'物自体'概念的'糊涂'或'隐晦'。而且他们实际上都在运用现象学的本质直观方法,无论是以'智的直觉'(intellektuelle Anschauung)的名义,还是以'伦常明察'(sittliche Einsicht)的名义。"①

当然倪梁康基本上是在肯定牟宗三的道德形上学的积极意义的前提下,认为牟宗三的哲学思想可以与现象学会通和互补。而林安梧是要解开"道的错置",强调"生活世界"这一概念。但是,他们都以现象学为新的视角或者说方法,来重新打量牟宗三哲学。虽然说,现象学尤其是海德格尔的存在哲学的主旨在于克服西方哲学的主客二元式的认识论进路,试图回到无分主客的本源境域,这与非认识论进路的中国哲学有着很大的亲和性。张祥龙尤其推崇现象学作为中国哲学返本开新的生长点,努力找寻海

---

① 倪梁康:《牟宗三与现象学》,《哲学研究》2002年第10期。

德格尔与中国文化的蛛丝马迹的关联。但是，现象学还是西方的现象学，如果只是以现象学方法为方法，是否又会像牟先生那样陷入不中不西的尴尬境地呢？借用现象学的口号来说，我们应该"面向事情本身"，回归自己的家园，回归中国人自己的文化传统，回到儒家传统来重新阐释"内圣"。否则，又会弄出一个不伦不类的"新内圣"。

和牟宗三对科学的态度不同，黄玉顺先生认为：

> 我们今天同时面对着科学主义和反科学主义这样两种截然对立的思潮：科学主义思潮乃是一种头足倒置的立场，因为这种立场视科学为终极奠基性的东西，而非被奠基的东西。不是生存为科学奠基，而是科学为生存奠基，这就意味着此在的生存，即人的生活本身反倒成了一种派生性的东西。于是科学俨然成为一种意识形态，一种"霸权话语"，乃至成为一种宗教，一种"拜科学教"。但反科学主义思潮则是一种因噎废食的立场，因为这种思潮不是积极地寻求为科学奠基，而是消极地对科学及其文明成果加以拒绝。这种立场完全取消了科学奠基问题，因而也就不能真正现实地解决这个问题。尤其对于我们亟待实现现代化的中国人来说，反科学主义思潮显然是错误的。因此，我们既不能做"现代科学的拜物教徒"，也不能做科学的敌人；我们今天的一项重要任务，乃是"科学复位"问题，即把科学安放到一个恰当位置上，这就是：为科学奠基。①

通过对科学的现象学考察，他还认为，中国人有自己的科学，科学不只是属于西方，更不是只属于西方近代。中华文明有自己的范畴系统，那就

---

① 黄玉顺：《为科学奠基——中国古代科学的现象学考察》，载《面向生活本身的儒学》，四川大学出版社2006年版，第291页。

是洪范九畴。基于这些思考,他提出了自己的"生活儒学"。① 意欲在牟宗三等人的基础上,重建儒家形上学,目的就是要解决"现代之后"的种种问题。

在这里有几点值得注意,第一点主要是方法论意义,立足点是我们的"生活世界"("事情本身"意义上的"本源境域")。在这个本源境域中,古今中外汇集于此,并因此获得起意义。在这个立足点上以人类共同面临的问题为问题,不拘泥于中西哲学的差异。第二,黄玉顺先生的"生活儒学"确实是在与现象学——海德格尔对话的过程中展开的,但是与海德格尔只拆不建的反理性倾向不同的是:拆除是为了重建。第三,在重建形上学的问题上,以自己的生活家园为家园,力图趋近孔子,回到轴心期之前儒家的原发境域,突破了新儒家从孟子开始讲形而上学的所谓"先验思路"的那条老路,构置了一个"情—性—情"的架构,以此来解决形而上学奠基、形而上学独断以及主体性问题。第四,突破了五四思维,借用现象学对作为工具理性的科学作了深刻的反思,更为根本的是,突破了五四以来民族文化本位的思维定势,而立足于"生活世界"。当然,依本文的观点来看这也是批判地继承牟先生思想的结果。

综上所述,我们应该批判地继承牟宗三先生的思想,而不是护教。虽然他重建儒家形而上学的努力没有能够取得全功,但他留下了很多有益的思考。因为新儒家身上承载太多,负担太重,既要稳住中国文化传统,使之不至于花果飘零,又想要尽快吸收西方文化之精华,以图为我所用,解决当时的民族生存危机。而西方文化真正的精华传入中国还不久,没有经过中国文化很好的诠释和反思,这时的新儒家想融合东西方文化自然就很困难。但是新儒家的努力并没有白费,在新的历史条件下,肯定了中华文明的核心价值,他们对传承中华文明作出了卓越的贡献。牟先生的道德形上学在"人文教化"的意义上也切近了中西文化真正的差异,此差异就在神与

---

① 倪梁康:《牟宗三与现象学》,《哲学研究》2002年第10期。

人之间。西方传统认为"人是有限的",因为在基督教的文化传统中,人和上帝不可通约。而牟先生依中国传统认为"人有限而可无限",人圣之间并没有不可逾越的鸿沟。

牟宗三先生的哲学体系,是五千年中华文明史上,第二次融合外来文化的阶段性成果,而且是这一阶段的主要代表之一,因而对牟先生思想的深入研究,有两方面的目的:其一,可以检阅百余年来中国文化吸收西方文化的基本结果与收获。其二,可以预期中国传统文化的发展在全球化的背景下的未来走势与取向,当然,这主要是在批判地继承的意义来说。

肆　新儒家和后儒家

第三篇　牟宗三的人性论思想①

牟宗三先生的人性论思想散见于他所著各书之中,对此有很多论述,他是在三个义理层面上来把握"性"之一字的不同意义,而且用自己的方式把中国的人性论思想做了一个总结。同时人性论对牟先生的哲学体系来说至关重要,是其道德形上学的着眼点,更是其哲学之究竟——圆善论的立足处。所以要把握牟先生的人性论思想必须从两个方面着手:一是他对历史的总结,二是他的思想体系。

牟先生说:"这全幅的人性的学问是可以分两方面进行的,一是先秦的人性善恶问题:从道德上的善恶观念来论人性;二是《人物志》所代表的'才性名理':这是从美学的观点来对人之才性或情性的种种姿态作品鉴的论述。"②他对历史上的人性论正是顺着这两条线总结。他说:

> 凡言性有两路:一顺气而言,二逆气而言。顺气而言,则性为材质之性,亦曰"气性",或曰"才性",乃至"质性"。——逆气而言,则在于气之上逆显一"理",此理与心合一,指点一点心灵世界,而以心灵之理性所代表之真实创造性为性。③

顺气而言的就是生之谓性,逆气而言的就是义理之性。这是中国文化

---

① 原载《中共济南市委党校学报》2007年第4期。
② 牟宗三:《才性与玄理》,台湾学生书局1985年版,第40页。
③ 牟宗三:《才性与玄理》,台湾学生书局1985年版,第1页。

中两个不同的传统:"'生之谓性'原是'性者生也'一老传统之结成,人性就是这个性,并无所谓'超越的道德心性'之性。"①而天命之谓性与此不同:"孟子之说、《中庸》之说,乃根据另一老传统而来,即《诗书》中帝、天、天命、敬德以及孔子之仁、智与天诸观念。"②

先来看生之谓性这一路。牟先生认为:

"生之谓性"意即:一个体存在时所本具之种种特性即被名曰性。此即"性者生也"之古训所含有之意旨。西汉初年董仲舒尚能通晓此义。他说:"性之名非生欤?如其生自然之质谓之性。"这是"生之谓性"一语的谛解。我们可说这是吾人所依以了解性的一个原则。③

这是对生之谓性的总的概括,可以涵盖下面所说的动物性意义上的生之谓性。

对于历史上的生之谓性,牟先生认为从大的方面来讲,有明道和告子两个义理结构下的生之谓性。在明道的意义上,生之谓性说的是:"断自一个体有生以后,与气禀混杂而说其于穆不已之真几之性。这是道体直贯性体而说生之谓性。"④这也就说牟先生理解明道的意思就是人生来就有义理之性。

在告子的意义上,生之谓性又有两层含义。较高层是气质之性,此性是可善可恶的,是生物学的先天生就的,此性既不是父母遗传,也不是环境与熏习所能决定的。气质之性的善恶是其禀受之气所凝结成之气质就是如此,故有性善、有性不善也。这里善与恶说的倾向。牟先生说:"只能说

---

① 牟宗三:《心体与性体》(中),上海古籍出版社1999年版,第170页。
② 牟宗三:《心体与性体》(中),上海古籍出版社1999年版,第170页。
③ 牟宗三:《圆善论》,台湾学生书局1985年版,第5页。
④ 牟宗三:《心体与性体》(中),上海古籍出版社1999年版,第170页。

有些人的气性善的倾向分数多,有些人的气性善的分数少。……每一个人的气性皆有善与恶的倾向,或善恶混杂的倾向。"

较低层是指饮食男女的生物本能之动物性。这一层的"生之谓性"意即:

> 就自然生命之种种自然征象,自然质性而说性;自然生命生而有此、自然征象,自然质性,就叫做是性。种种自然征象,自然质性,如具体地列举之,不外是生物、生理、心理三串现象之总聚。此完全是就人的自然生命,乃至凡有生者之自然生命之实然而说性。在此,就其为材质之自然而本然言,当然是中性无记者,是"无分于善不善"者。①

牟先生把荀子的性恶论就定在这一层。他认为这两层之间有距离,必须分开。他说:"荀子之'性恶'是指人之动物性一面说,而动物性非气质之性也(至少动物性与气质之性间尚有一段距离)。"②

这个中性的动物性的"生之谓性"却是可善可恶。自材质义说,无所谓善恶是中性的;自材质之可塑造义说,是可善可恶。他认为材质塑造的可善可恶是:

> 表示善恶皆后天所成,受环境之制约及风尚之熏习,而可以转成善或恶,善恶皆非其本其性之本然。其好善之善性,非性之本有,其好暴之暴性,亦非性之所本有,惟是熏习而始然。③

依牟先生的总结,善恶之分际或者说恶的来源就有两种情况,一是气

---

① 牟宗三:《心体与性体》(中),上海古籍出版社1999年版,第166页。
② 牟宗三:《才性与玄理》,台湾学生书局1985年版,第8页。
③ 牟宗三:《心体与性体》(中),上海古籍出版社1999年版,第164页。

质之性中先天的有善有恶;二是生物学意义上的人(动物性)受后天的环境制约和风尚熏习。这与孟子"人皆可以为尧舜"的思想就有差异。试想一下,先天气禀的恶怎么能通过后天的为善去恶来救正? 这好比一个人有先天的生理缺陷要后天的努力来纠正一样,其难度甚大抑或根本就不可能。这是否只是牟先生对历史的总结,而与他个人的人性论思想无关呢? 在《圆善论》首章的附录中对此有详细的说明,他信誓旦旦地说:"一定要这样两面说始得。若只说'生而有',不提起来落实于熏习,那便成了定命菩萨,与修行无关。"①

在《圆善论》中却意图打通这两者,统称之为生之谓性。牟先生认为,先天禀有与后天的熏习并不冲突,他用生物学的遗传来说明这一点,由父母、祖先、种族一长串的历史熏习,通过生物学的遗传而成为个体的先天禀有,不过这一说法在生物学上是说不通,熏习不会改变人的遗传基因。而在伦理学意义上,道德的善恶又怎么能够遗传呢?

当然这不是问题的关键,在牟先生看来,告子意义上的"生之谓性"都是说人的实然之性,虽然很重要,却不能说明人的真正道德行为,不能说明人之所以真正异于禽兽者。所以必须在另外的一个层面上来说性。他说:

> 因此,必须推进一步,直就人之真正的道德行为所以可能建立一种人的应然之性。此种应然之性不只是道德上之理论要求,而且必须是一种真实的呈现。因为真正的道德行为是实有的,不纯是一种幻想,因此作为其超越根据的性亦必须是一真实的呈现,而不能只是一种要求。②

接着牟先生说这种应然之性就是"天命之谓性":

---

① 牟宗三:《圆善论》,上海古籍出版社 1999 年版,第 78 页。
② 牟宗三:《心体与性体》(中),上海古籍出版社 1999 年版,第 169 页。

此种性,就孟子说,就是人的"内在道德性"之性,就《中庸》、《易传》说,就是由天命流行、物与无妄之实体所规定之性(此实体落于个体上而为个体所具有即为性,故此种性之意义,可完全为此天命流行物与无妄之实体所规定)。故此种性虽在个体而见,却完全是宇宙性的,绝对普遍的,它虽是人之所以真正异于禽兽之所在,但却不是定义之类名,它实是一个道德创造之真几。

牟先生说:"超越的道德心性之一性则是普遍地人人皆道体上或义理上所先天具有的,自然不能说有善有恶。"①这也就是说,在天命之谓性的层次上不能说善恶的。

由此可以看出,牟先生是用自己的人性论思想对中国思想史进行了总结。这一总结的基本框架符合实情,是可以成立的。但是,这其中在"生之谓性"层面引入了西方尤其是康德"人性本恶"的观念(此即是西方的原罪说),在先天气禀和后天熏习的打通上,使用生物学的遗传概念来说明显然有问题。还有他抛弃中国传统中"天"的超越意义,完全用人的道德理性来解说"天命之谓性"。这些都是牟先生不同于传统人性论的地方,他又是为什么要这么做呢?这就要提及他的道德形上学。

牟宗三的道德形上学体系庞大,熔铸东西方文化于一炉,构思也堪称严谨。他从破解康德人的有限性入手,认为人虽有限而可无限,因为人有智的直觉,人可以一时俱尽,随时绝对,当下俱足,这就是人的无限性。这显然是在伦理道德的层面上说人的无限性,而且这一无限性是敞开的,因为牟先生所说的道德不只是局限于伦理层面,他说:

> 道德,不是具体的个体物,而是人(广之一切理性的存有)所独特表现的精神价值领域中之实事实理,这不是由上帝之创造而

---

① 牟宗三:《心体与性体》(中),上海古籍出版社1999年版,第167页。

言的,亦不是由天道创生而言的。反之,我们可以笼综天地万物而肯定一超越的实体(上帝或天道)以创造之或创生之。①

而牟先生理解的形而上学则是:"一般说的形上学,它一定要讲存在,讲being,这是ontology;还要讲becoming,这是cosmology。形上学主要就是这两部分。"②而康德只讲道德的先验而纯粹的那一部分,把经验的那一部分拿掉了,因此康德是道德底形上学(metaphysics of morals),所以牟先生是把先验纯粹的道德(义理之性)来统帅经验的存在(生之谓性),故其道德形上学就是:

> 若越出现象存在以外而肯定一个"能创造万物"的存有,此当属于超越的存有论。但在西方,此通常不名曰存有论,但名曰神学。吾人依中国的传统,把这神学仍还原于超越的存有论,此是依超越的、道德的无限智心而建立者,此名曰无执的存有论,亦曰道德的形上学。③

从这个定义可以看出牟先生所谓超越的存有即是道德的存有,他把二者打并为一。因为牟先生认为:

> 主观地说是仁体,客观地说是道体,结果只是一个无限的智心,无限的理性(此不能有二)……此所谓天覆地载也。自无限的智心理性而言,则曰天覆;自大人底践仁智实践而言,则曰地载。……性体是居中的一个概念,是所以能作道德实践之超越的性能——能起道德创造之超越的性能。无限智心(仁)与天道具在

---

① 牟宗三:《心体与性体》(中),上海古籍出版社1999年版,第133页。
② 牟宗三:《中国哲学十九讲》,上海古籍出版社2005年版,第58页。
③ 牟宗三:《圆善论》,上海古籍出版社1999年版,第78页。

这性能中一起呈现。①

这里有道体、仁体和性体三个环节,三者的关系就是:道体是天,仁体是地,性体居中。道体是客观地言天德;仁体和性体是主观地说人德。那么超越的道体和道德的仁体如何合一呢?他说:"天是客观的、本体宇宙论地言之,心性则是主观地、道德实践地言之,及心性显其绝对普遍性,则即与天为一矣。"②能与天为一的人就是达到仁的境界的仁者、大人、圣人,这是以人表法。这是因为超越的道体和作为道德主体的性体是合一的。也就是牟先生所理解的天命之谓性,即:"超越的道德心性之一性则是普遍地人人皆道体上或义理上所先天具有的。"③

问题的关键还是在牟先生的人性论思想,因为性体是一个居中的环节。超越的天道必然先天地赋予人道德性,人先天禀赋的善性又由人心敞现。然而此义理之性只是义理上必然具有的先天根据,不是人的实然之性。

> 依孟子,性有两层意义的性。一是感性方面的动物性之性,此属于生之谓性,孟子不于此言性善之性,但亦不否认人们于此言食色性也之动物性之性。另一是仁义礼智之真性——人之价值上异于禽兽者,孟子只于此确立性善。④

牟先生也正是此意。他说:"义理之性之定然的善亦有需于生而有的气性或才性,否则义理之性不能有具体而现实的表现。"⑤这两种性的关系是:"须知气性或才性之不定为善,但义理之性可使之成为善,而且亦有'能

---

① 牟宗三:《圆善论》,台湾学生书局1985年版,第309页。
② 牟宗三:《心体与性体》(上),上海古籍出版社1996年版,第24页。
③ 牟宗三:《心体与性体》(中),上海古籍出版社1999年版,第167页。
④ 牟宗三:《圆善论》,台湾学生书局1985年版,第150页。
⑤ 牟宗三:《圆善论》,台湾学生书局1985年版,第69页。

转化之使之成为善'之力量。义理之性本身就是一种动力,由此说的动力是超越的动力,是客观的根据。"①

那么义理之性又如何转化生之谓性呢？牟先生用孟子的"性命对扬"来解决这个问题。"性者,气委下于个体,就个体之初禀,总持而言之之谓也;命者,就此总持之性之'发展之度'而言之之谓也。"②他认为在道德实践中的"命"这个概念是儒家所独有的。命不是理论理性的命题,"命是道德实践中的一个限制概念,道德实践须关联着两面说:正面积极地说是尽心以体现仁义礼智之性,消极负面地说是克制动物性之泛滥以使其从理。在此两面的工夫中都有命之概念的出现,因此命亦须关联着这两面说"③。当然命有受其正当者的正命,也有受其不正当的非命,也就是牟先生区分的所谓理命(义命)与气命(福命),这都是外在于我是我所不能把握的。因此要在"立命"中超越它。故牟先生说:"它(命)首先因着'修身以俟'而被确立,其次因着孟子下文所说的'顺受其正'而被正当化。此皆属于'知命',故孔子曰:'不知命无以为君子。'再进而它可以因着'天理流行'之'如'的境界而被越过被超化,但不能被消除。"④可见"命"与义理之性和生之谓性两相挂靠,受命于天的生之谓性通过知命而被正当化,最后在"如"的境界中被超越。

所以,道德形上学是与牟先生的人性论思想紧密相关的,义理之性是先验纯粹的道德性,其意义恰巧在于转化生之谓性,他通过义理之性转化生之谓性而成就无执的存有论,成就圆善,这就是他的生命的学问。圆善是道德形上学的终极处。

所谓圆善是牟宗三对康德哲学至善概念的借用和转化。康德所谓"至善",即无条件的、至上的善,包括幸福与德性在内,它要求幸福与德性的统

---

① 牟宗三:《圆善论》,台湾学生书局1985年版,第69页。
② 牟宗三:《才性与玄理》,台湾学生书局1985年版,第5页。
③ 牟宗三:《圆善论》,台湾学生书局1985年版,第150页。
④ 牟宗三:《圆善论》,台湾学生书局1985年版,第144页。

肆　新儒家和后儒家

一。但是,经验却无法提供二者之间的必然联系。它们之间既不是先天分析的,又非后天综合。牟先生认为:"圆善,意思是整全而圆满的善。依孟子,天爵与人爵的综和,所性与所乐的综和,便是整全而圆满的善。"①他又指出:"顺孟子基本义理前进,直至天爵人爵之提出,此则可以接触圆善问题矣。孟子未视圆善为一问题而解决之。视之为一问题则来自西方,正式解答之则始自康德。"②又认为,天爵因德自贵而非贵于人,为天贵,是定然的、无条件的贵。人爵则是有条件的贵。天爵之贵即良贵是最高价值标准,超越一切相对价值之上为绝对。此可与康德的德福观相论。简言之,圆善就是德福相配的问题,就是人们通常说的好人应该有好报。

关于德福相配的重要性,牟先生说:"德福之间必须有一种和谐,因为吾人固不能抹杀良贵,但亦不能抹杀幸福,正犹如既不能去掉'自由',亦不能去掉'自然'(形色是天然有的,不能废除)。既然如此两者之间必须有一种圆融之一致(恰当的配称关系)。人生不能永远处于缺陷悲壮之中,如在现实过程之中者。"③

圆善又如何可能呢? 牟先生认为圆善问题的唯一入手处就是人有"智的直觉",也就是本心(自由无限心或无限智心)。"依此,撇开那对于超越理念之个体化(真实化、对象化)、实体化、人格化之途径,归而只就无限智心以说明圆善可能之根据,这将是所剩下的唯一必然的途径。这途径即是圆教之途径。此只就实践理性而言即可。"④这里的实践理性意味着:圆善的可能性只在人类自身。圆善是道德本心的极成,有道德本心就肯定有圆善,它在人生的日用之间呈现。既然如此,就决不能离开本心来讲圆善,因为本心涵盖了一切,具有存有论的遍润性。"此遍润性之所以为存有论的,乃因此无限智心是'乾坤万有之基'之故也。王阳明即依此义而说'有心俱

---

① 牟宗三:《圆善论》,台湾学生书局1985年版,第172页。
② 牟宗三:《圆善论》,台湾学生书局1985年版,第12页。
③ 牟宗三:《圆善论》,台湾学生书局1985年版,第58页。
④ 牟宗三:《圆善论》,台湾学生书局1985年版,第255页。

是实,无心俱有幻'。意即一有此无限的智心之润泽,则一切俱是真实的。"①圆善之所以为可能,为真实原因皆在此。"只此一无限的智心之大本之确立即足以保护'德之纯亦不已'之纯净性与夫'天地万物之存在以及其存在之谐和于德'之必然性。此即开德福一致所以可能之机。"②

牟先生认为无限智心可以合并康德的自由意志、灵魂不灭、上帝存在,把德福一致的实现寄希望于自己,当下悟入。这样做的真实可能之根据在中国思想中的圆教(即圆满、圆实如理而实说之教,儒释道三家皆具备),佛家由"解心无染"入,道家从"无为无执"入,犹以儒家为最圆盈、积极,直接从道德意识入。

> 因为在神感神应中,心物知意浑是一事。吾人依心意知之自律天理而行即是德,而明觉之感应为物,物随心转,亦在天理中呈现,故物边顺心即是福。此亦可说德与福浑是一事。③

德是理性事,依仁心本体之自律而成;福是存在事,依仁心本体遍润之作用而成物,德为本,福为迹,迹本圆融,理性与存在为一,故德福浑是一事。

显然,圆善论势必涉及人性论。牟先生由"仁义内在"说性善,把实然的"生之谓性"与应然的"义理之性"区别开,义理之性是圆善问题的形上学根基,生之谓性则是圆善的落实处,如果不落实到生之谓性来说,圆善问题就会挂空。进一步,圆善问题必须依据"智的直觉",也就是本心(自由无限心或无限智心)方能解决,而牟先生是心体(本心)与性体(义理之性)合一的。再者,圆善是圆教之下的圆善,圆教也涉及人性论。

因为"德福一致是教之极致之关节,而圆教就是使德福一致真实可能

---

① 牟宗三:《圆善论》,台湾学生书局1985年版,第307页。
② 牟宗三:《圆善论》,台湾学生书局1985年版,第263页。
③ 牟宗三:《圆善论》,台湾学生书局1985年版,第325页。

之究竟圆满之教,德福一致是圆善,圆教成就圆善。就哲学而言,其系统至此而止"①。圆教是佛教中用来判教的一个概念,那么何者为教?牟先生说:

> 凡能启发人之理性,使人运用其理性从事于道德的实践,或解脱的实践,或纯净化或圣洁化其生命之实践,以达致最高的理想之境者为教。②

正是因为牟先生如此理解"教"以及"圆教",所以他认为:"宋明儒之将《论》《孟》《中庸》《易传》通而为一,其主要目的是在豁醒先秦儒家的'成德之教',是要说明吾人之自觉的道德实践所以可能超越的根据。此超越根据直接地是吾人之性体,同时即通'於穆不已'之实体而为一,由之以开道德行为之纯亦不已,以洞察宇宙生化之不息。"③

既然道德实践的超越根据就是人的性体(义理之性),那么,没有义理之性,圆教就没有了超越的根据,但仅此还不够,必须落实到生之谓性,"教"才是有意义的,他说:

> 性体心体在个人的道德实践方面的起用,首先消极地便是消化生命中的一切非理性的成分,不让感性的力量支配我们;其次便是积极机地生色践形、睟面盎背,四肢百体全为性体所润,自然生命底光彩收敛而为圣贤底气象;再其次,更积极地便是圣神功化,仁不可胜用,义不可胜用,表现而为圣贤底德业;最后,则与天地合德,与日月合明,与四时合序与鬼神合吉凶,性体遍润一切

---

① 牟宗三:《圆善论》,台湾学生书局1985年版,第271页。
② 牟宗三:《圆善论》,台湾学生书局1985年版,第267页。
③ 牟宗三:《心体与性体》(上),上海古籍出版社1996年版,第32页。

不遗。①

这里自然生命的非理性成分、生色践形等,显然是属于生之谓性的,而性体(义理之性)在生命(生之谓性)中层层进显,以转化生之谓性,那么它显然就不是一个预设,而是必然要在道德实践中呈现出来。因此他说:

> 依原始儒家的开发及宋、明儒者之大宗的发展,性体心体乃至康德所说的自由、意志之因果性,自始即不是对于我们为不可理解的一个隔绝的预定,乃是在实践的体证中的一个呈现。②

性体心体在道德实践中的终极呈现就是:与天地合德,与日月合明,与四时合序,与鬼神合吉凶,至此性体才能遍润一切存在而不遗。这种境界当然只有圣人才可能有的,在此境界之中,"其所润生的一切存在必然地随心意知而转,此即是福——一切存在之状态能随心转,事事如意而无所谓不如意,这便是福。这样,德即存在,存在即德,德与福通过这样诡秘的相即便形成德福浑是一事"。③

所以在牟先生看来,儒家的圆教模型就是王龙溪的"四无"句:"无心之心则藏密,无意之意则应圆,无知之知则体寂,无物之物则用神。"因为"在四无之境中,'体用显微只是一机,心意知物只是一事'(《天泉证道记》),此方是真正的圆实教"。④

圆教必定成于圣人,在牟先生看来,只有圣人才能"心意知物只是一事",从而当下具足,他说:"饮食男女之事不变,视听言动之事不变,然'形色天性(生)也,唯圣人为能践形'。能践形,则统是天理;不能践形,则统是

---

① 牟宗三.《心体与性体》(上),上海古籍出版社1996年版,第154页。
② 牟宗三.《心体与性体》(上),上海古籍出版社1996年版,第153页。
③ 牟宗三.《圆善论》,台湾学生书局1985年版,第325页。
④ 牟宗三.《圆善论》,台湾学生书局1985年版,第323页。

人欲。"① 这里所谓践形就是圣人用个体的自然生命完成道德实践。这也就是说,只有圣人才能把生之谓性转化为义理之性。生命的学问必待圣人而后成,所以牟先生说,讲中国文化必讲孔子,讲西方文化必讲耶稣。简单说来,"教"就是教人成圣,圣人就是圆善的模型。

综上所述,牟先生的人性论有三层:最高一层是义理之性,这是先验而纯粹的道德理性;较高的一层是气质之性,较低层是指饮食男女的生物本能之动物性。后面的两层统称之为生之谓性,是经验的实然的人性。用义理之性转化生之谓性,教人成圣,成圣处就是圆善处。

牟宗三的人性论思想是一个中西文化融合的产物,首先,他在价值层面把中国文化中天的超越意义内在化,取消天的超越性,彻底否定人格神的天,如此一来,他就把中国传统的人性论思想做了"现代化"的解读,此现代化就是人们所说的"除魅"亦即驱除人格神,实际就是理性化,故牟先生自谓是一个理性的道德理想主义者。其次,他把西方"人是理性的动物"作了中国式的解读,在牟先生看来,理性就是义理之性,人的动物性就是生之谓性。可以说牟宗三的人性论思想是扎根于传统而又有所发展的一种新的人性论思想。

---

① 牟宗三:《圆善论》,台湾学生书局 1985 年版,第 324 页。

中国文化的再展开

第四篇　道德自我与心灵九境
　　——唐君毅哲学的主体性反思①

　　唐君毅是现代新儒家第二代的代表人物之一,他晚年集自家思想之大成,构筑了一个涵摄古今中外哲学、宗教、文化的庞大思想体系,那就是《生命存在与心灵境界》。郭齐勇评价为:

　　　　唐是一位博大的哲学家。他会通中西,融贯三教,创造性地建构了"性""道"一元、"体""用""相"多面撑开的文化哲学系统。这一系统以道德自我为中心。②

　　这一评价甚为精到,尤其"以道德自我为中心"这一点很关键,可以说是解读唐氏哲学的一把钥匙。这个"道德自我",就是唐君毅哲学体系中的一个关键词"心灵"。那么,在唐君毅那里,何谓"心灵"？黄玉顺曾指出:

　　　　心灵的观念来自儒家心学的心性观念,它在今天被理解为一种先验的前设。不过,它不是宗教家的心灵(soul 灵魂)设定,也不是经验论的心灵(psyche 心理)设定③,而是儒家的心灵(mind)设定:心灵既不是一个不朽的灵魂主体,也不是一个速朽的心理

---

① 原载《中共济南市委党校学报》2006 年第 2 期。在此增加了部分内容。
② 郭齐勇:《单波〈心通九境——唐君毅哲学的精神空间〉序》,人民出版社 2001 年版,第 1 页。
③ 胡塞尔现象学对 psyche(心理心灵)和 consciousness(纯粹意识)作出了严格区分。——原注。

主体。但是无论如何,心灵的实质是对人的主体性的设定。这就正如海德格尔在谈到传统的形而上学哲学的观念时所说:"什么是哲学研究的事情呢?……这个事情就是意识的主体性";"作为形而上学的哲学之事情乃是存在者之存在,乃是以实体性和主体性为形态的存在者之在场状态"。所以,海德格尔曾经这样评论康德哲学:"对形而上学本质的探讨就是对人的'心灵'诸基本能力之统一性的探讨。"显然,这个评论同样适用于唐先生的哲学。①

这就是说,唐君毅哲学的根本,在于某种主体性的建构;而其庞大的哲学体系,不过是这个主体性的展现。本文的任务,就是分析:唐君毅所建构的究竟是怎样的一种主体性?这种主体性又是如何展现为"生命存在"的诸种"心灵境界"的?

一、唐君毅的文化意识

当我们说"唐君毅的主体性建构"的时候,这里的"主体性"有着双重的含义:一是唐君毅所建构起来的哲学体系中的主体性观念(心灵、道德自我);二是这种主体性观念的建构者自身的主体性,亦即唐君毅本人作为一个思想者自身的主体性。显然,后者是比前者更为根本的:哲学中的主体性观念的建构是取决于建构者自身的主体性的。问题在于:建构者自身的这种主体性又是何以可能的?所以,我们首先须理解唐君毅这个人作为一个思想者的主体性,理解唐君毅这个人的生活情境、生活情感、生活领悟。这也就是孟子所说的"知人论世":"颂其诗,读其书,不知其人,可乎?是以论其世也。"②为此,我们将从牟宗三给予唐君毅的这样一个评价切入:文化

---

① 黄玉顺:《唐君毅哲学的现象学奠基问题》,《思想家》第一辑,巴蜀书社2005年版。
② 《孟子·万章下》。

意识宇宙的巨人。①

1. 文化意识

牟宗三为什么称唐君毅为"文化意识宇宙的巨人"？这绝不是因为他们私交甚深，牟出于私情而赞誉自己的朋友：依牟的个性，这是绝不可能的；牟后来甚至还在一些具体问题上对唐有所批评。他这里对唐的赞誉和肯定，是另有原因的。这样的盖棺论定，是在肯定唐终其一生的道德文章，这当然不是一般意义上的出于礼节的辞令，而是由于高度的认同而发自内心的颂扬。

这个评价意味着：唐之所以成为如此这般的一个"巨人"，是因为他构筑了如此这般的一个"文化宇宙"；而其所以如此，又因为他具有一种"文化意识"。换句话说，唐君毅就是如此这般的一个主体性。那么，这里的"文化意识"、"文化宇宙"是什么意思呢？牟宗三认为：

> 儒者的人文化成、尽性知命的成德之教在层次上是高过科学宇宙、哲学宇宙，乃至任何特定的宗教宇宙；然而它却涵盖而善成并善化了此等等之宇宙。②

这就是说，文化宇宙就是儒者的人文化成、尽性知命的成德之教，它是一切宇宙中之最高宇宙。这和梁漱溟以持中、向前和向后的"三路向"来说明中、西、印三家文化的差别，是明显不同的。现代新儒家第一代，以儒家文化为指归，以儒家文化为人类真正的终极关怀。当然，他们对"文化"一词有自己的阐释，认为"文化"一词中国古已有之，在《易经》之《贲卦象传》中就有："观乎人文，以化成天下。"牟说："由人文以化成，故亦可缩称曰'文化'，此缩称之'文化'即表示以人之道德实践以化成天下也。"③他进一步

---

① 牟宗三：《悼念唐君毅》，《唐君毅全集》卷三十，台湾学生书局1991年版，第26页。
② 牟宗三：《悼念唐君毅》，《唐君毅全集》卷三十，台湾学生书局1991年版，第28页。
③ 牟宗三：《悼念唐君毅》，《唐君毅全集》卷三十，台湾学生书局1991年版，第30页。

阐释：

> 吾所谓"文化意识"乃即中国固有之"观乎人文以化成天下"之意识也。此一意识乃是孔孟成德之教所开辟，而由贲卦象传简单辞语作代表。由此意识，吾人即可开辟价值之源。依此价值之源以作道德实践而化成天下，即名曰"文化意识宇宙"。①

唐君毅也说过："一切文化之精神，都是人文精神。"②可以看到：他们不仅是肯定了人文精神对于人类的至上性，而且更进一步地肯定了中国文化的价值。唐把中国文化的精髓概括为：

> 唯在充量的依内在于人之仁心，以超越的涵盖自然与人生，并普遍化此仁心，以观自然与人生，兼实现之于自然与人生而成人文。③

可以说，现代新儒家第二代找到了他们价值之源，那就是孔孟的成德之教。他们的人生价值就在于依据此价值之源以作道德实践而化成天下，成就一个"文化意识宇宙"。

问题在于：唐君毅何以会具有这样一种文化意识？

2. 文化悲情

换句话说，现代新儒家第二代的这种文化意识是如何得来的？他们对中国传统文化的这种意识及其坚定信心是如何铸成的？他们这样一种"意识的主体性"是何以可能的？这是因为：他们的思考基于某种"文化悲情"。

这种悲情的一种典型表现，就是 1958 年元旦发表的、被称为海外"当

---

① 牟宗三：《悼念唐君毅》，《唐君毅全集》卷三十，台湾学生书局 1991 年版，第 30 页。
② 唐君毅：《中国人文精神之发展》，《唐君毅全集》卷六，台湾学生书局 1991 年版，第 1 页。
③ 唐君毅：《中国人文精神之发展》，《唐君毅全集》卷六，台湾学生书局 1991 年版，第 7 页。

代新儒家宣言"的文件,亦即由唐君毅负责起草,并与张君劢、牟宗三、徐复观等往复讨论、联合署名发表的《中国文化与世界——我们对中国学术研究及中国文化与世界文化前途之共同认识》。这里面表现最为强烈的是"花果飘零"的民族文化悲情。现代新儒家第二代有着很强的忧患意识,面对台海分治、港澳当时仍是殖民地、他们自身全都是悬孤海外的现实处境,他们需要从中国传统文化中找寻到的精神家园,为中华民族稳固文化上的凝聚力。他们所面对的情境,正如唐君毅所言:

> 此种自动自觉的向外国归化之风势……则整个表示中国社会政治、中国文化与中国人之心,已失去了凝摄自固的力量,如一园中大树之崩倒,而花果飘零,遂随风吹散;只有在他人园林之下,托阴避日,以求苟全;或墙角之旁,沾泥分润,冀得滋生,此不能不说是华夏子孙三大悲剧。①

面对如此严重的情形,他们勇敢担当,勉力为之,在欧风美雨之中着力强调中国文化的普适价值。他们的努力就表现在他们的哲学言说之中。虽然在今天看来,他们有些剑走偏锋,过于强调中国文化的"一本性",但这确实是"不得已而为之"。"予岂好辩哉?予不得已也。"②中国文化之所以能历久而不绝灭,正是因为有像现代新儒家这样的许多人的"不得已而为之"。因此,唐在《中华人文与当今世界》之《自序》中说:

> 只因当今世界之有四面八方狂风暴雨之冲击,而将中国人文风教破坏,才逼得我漫天盖地,四面八方的谈论许多大问题,其实

---

① 唐君毅:《中华人文与当今世界》自序,《唐君毅全集》卷七,台湾学生书局1991年版,第2页。
② 《孟子·滕文公下》。

这不是我的初意,这只不过是不得已。①

因为这不仅是一个文化的问题,这会导致:"不仅是使中国人不成为中国人,亦使中国人不能成为中国一个人,更不配成为天下一家世界中之一份子,而将使中华民族沦为万劫不复之地。"②现代新儒家正是为了避免这种情况的发生,而作出了他们艰难的努力。

这就是唐君毅的生活情感,也就是整个现代新儒家的生活情感。

他们这种文化悲情不仅是民族的,而且进一步扩展到了全人类。这种"人类文化悲情"主要表现在对工具理性及其西方文化背景的思考。唐君毅认为:

> 近代科学知识之形成,则由于人本于其观照凌虚境中,所得之数学、几何学之知识,用至感觉世界之物相,更发现物体之具有种种物能,以至于原子能、核子能,然后乃有此核子弹之知识,足毁灭"具此知识,与一切科学知识,具感觉经验,亦有能凌虚而观照之心灵"之人类之自身。③

唐君毅认为,这个结果是由于:西方文化自文艺复兴以来就坠入感性文化之途,而人类的宗教道德理想与哲学思想,无不可加以工具化,因此,现代社会是一个功利主义遍及人心的社会,人们对上天下地的事物,无不求加以利用,以达其功利性之目标。因此,在现代社会中,一切神圣之事物,无不颠倒其价值,而如为魔鬼之所用。所以,唐称:现代世界为一真正之"神魔混杂"之时代。他说:

---

① 唐君毅:《中华人文与当今世界》自序,《唐君毅全集》卷七,台湾学生书局1991年版,第3-7页。
② 唐君毅:《中华人文与当今世界》自序,《唐君毅全集》卷七,台湾学生书局1991年版,第3-7页。
③ 唐君毅:《中国现代学术经典·唐君毅卷》,河北教育出版社1996年版,第900页。

> 现代人类之最高之智慧,即在认识一切神圣事物皆可工具化,而颠倒其价值,认识此世界,此人类历史与人之生活,在根底上即是一神魔混杂者。①
>
> 故吾人亦可谓能知此神魔混杂之今之下意识心理学,与杞克果、尼采,与存在主义哲学,即现代人类之最高智慧之所存。②

这就是唐君毅的一种生活领悟,也就是整个现代新儒家的一种生活领悟。

可以看出,唐君毅对西方自文艺复兴以来的文化基本是持批判态度的,认为他们脱离了他们的古希腊传统,也脱离了他们的希伯来传统,而坠入感性文化一途,由此而导致功利主义的泛滥。

正是有了这样的文化悲情,唐君毅试图通过对传统文化的反省和对西方文化的透视,寻求一切中西人文精神之"返本开新"之道。这样做的目的首先在于:"疏导百年来中国人所感受之中西文化之矛盾冲突,而在观念上加以融解。"③这就是说,要对这种生活感悟进行一种哲学的说明。这种"融解"依据于唐君毅的一种坚定信念:"中国人文精神之返本,足为开新之根据,且有贡献于西方世界。"④从这一信念出发,唐说他自己:

> 主张中国文化之"精神",乃一真实不虚之存在,乃贯注于中国过去历史中,表现于中国过去文化,亦贯注于中国当前之现实之历史中,而必再表现于中国未来文化之形成之一大力。⑤

唐君毅坚信中国文化的精神不仅属于中华民族,同时也属于全人类。

---

① 唐君毅:《中国现代学术经典·唐君毅卷》,河北教育出版社1996年版,第905页。
② 唐君毅:《中国现代学术经典·唐君毅卷》,河北教育出版社1996年版,第905页。
③ 唐君毅:《中国人文精神之发展》,台湾学生书局1991年全集校订版,第1页。
④ 唐君毅:《中国人文精神之发展》,《唐君毅全集》卷六,台湾学生书局1991年版,第1页。
⑤ 唐君毅:《中国人文精神之发展》,《唐君毅全集》卷六,台湾学生书局1991年版,第255页。

这里可以看到,唐君毅等现代新儒家第二代与他们的前辈相比,对于中西文化的理解要深刻得多,也要独特得多。他们对科学、民主等工具理性及其文化背景有了新的思考,而且力图在思想上融解它们,既要吸纳科学与民主以为我所用,也想力戒其弊。

为此,他们在儒学的现代化方面进行了更为深入的尝试。这种尝试的意义在于:在新的情势下,激活儒家文化原本具有的内在生命活力,彰显儒家文化的博大精深,重铸儒家文化的新的精神外壳。其得失成败尚可讨论,但其努力之价值永在。

二、唐君毅的主体观念及其展开

这种文化悲情、文化意识铸造了唐君毅的文化主体性,而这种文化主体性又在他的哲学思考中表现为一种主体性的观念构造。这种主体性观念,就是那作为"道德自我"的"心灵"。

1. 道德自我

唐君毅哲学的主体性观念,就是一个"道德自我"的观念。他的文化意识,被收摄于这个"道德自我"中。所以,在他看来:"人类一切文化活动,均统属于一道德自我或精神自我、超越自我,而为其分殊之表现。"[①]

显然,他是用这个"道德自我"来建立起他的一种道德理想主义的文化哲学系统。所以,在《文化意识与道德理性》的自序中,他说:

> 本书之写作,一方是为中国及西方之文化理想之融通建立一理论基础,一方是提出一文化哲学之系统,再一方是对自然主义、唯物主义、功利主义之文化观,予以一彻底的否定,以保人文世界

---

① 唐君毅:《文化意识与道德理性》自序,《唐君毅全集》卷二十,台湾学生书局1991年版,第5-27页。

之长存而不坠。①

按照唐氏的思路,这个道德自我建立后,必有一个扩张的外化形式,这就是人类的文化系统。"一切文化活动之所以能存在,皆依于一道德自我,为之支持";反过来说,"一切文化活动,皆不自觉的,或超自觉的,表现一道德价值";故"道德自我是一,是本,是涵摄一切文化理想的;文化活动是多,是末,是成就文明之现实的"。② 由此可以看出:道德自我是唐君毅的文化意识之内核,实质上就是一个本体的观念。

那么,道德自我这个内核是如何确立起来的呢? 道德自我的确立,可以说是唐君毅涵泳于中西哲学之间多年的结晶。三十岁之前,唐发表了一系列的论文,并于1943年由正中书局结集出版,这是他的第一本书,名为《中西哲学思想之比较研究集》。但此书1948年再版后,他本人要求停止重印,也不愿意把它作为自己的第一本书,因为他自己很不满意,自称这本书是一种鸟瞰式的论法——全书均以"天人合一"之中心观念比较中西哲学之不同,那时他并没有真正契合儒家的道德形上学,以中国文化的精神为"无定体观",对本体论没有真正的认识。在经过了《人生之体验》之后,才有"接触道德价值之全体"的《道德自我之建立》。这就是唐君毅自谓的"三十岁前的人生之本文";那么,以后的书自然是"三十岁后的人生之注脚"。即使是在最后的巨著《生命存在与心灵境界》中,他也说:"吾今之此书之规模,亦不能出于此二书所规定者之外。"③

在《道德自我之建立》中,唐君毅首先指出:道德生活之本质为自觉的自己支配自己,以超越实现自我;然后,进一步追溯道德自我在宇宙中的地位。他指出:心之本体即现实世界的本体。最后,他讨论心本体如何表现

---

① 唐君毅:《文化意识与道德理性》自序,《唐君毅全集》卷二十,台湾学生书局1991年版,第5-27页。
② 唐君毅:《文化意识与道德理性》自序(二),《唐君毅全集》卷二十,台湾学生书局1991年版,第5-27页。
③ 唐君毅:《中国现代学术经典·唐君毅卷》,河北教育出版社1996年版,第919页。

在生活乃至文化的各个方面,以表明人性之善以及一切生活都可以含神圣的意义。从这本书即可看出唐氏哲学的大端,尤其是与思孟学派以来儒家"心性"之学的内在关联。

关于道德自我的思考,纵贯唐君毅的一生,自然也就贯穿于唐氏的整个哲学之中。道德自我是唐氏哲学中最为鲜明的特色,也是最吸引人的地方。如果说,牟宗三以哲学思辨使人着迷的话,那么,唐君毅就是以道德自我的存在感悟引人入胜。诚然,道德自我首先是唐君毅个体小我的生命感悟,但也是他穿透小我形骸、拆除小我块垒之后找到的一个哲学思考的基点。人们可以批评说:唐氏哲学驳杂、体系不够严谨,有自相矛盾的地方;但若从道德自我之确立、之游历、之升进去体会唐的心灵九境,则自会另有一番滋味。

但是,作为唐氏哲学的根基,道德自我这样一个主体性观念的建构,恰恰也是他面临着当代思想的质问的要害所在:主体性何以可能?这是本文最后一节将要讨论的问题。

2. 心灵九境

既然唐认为"一切文化活动之所以能存在,皆依于一道德自我,为之支持",那么,就必然要对这个道德自我作进一步说明,使之具有普适性;而且,道德自我是一、是本,文化活动是多、是末,那么这一如何展现为多,本怎样收摄末,也需在思想上加以解决。晚年的唐君毅对人有了更为全面的认识,他认识到,人的思想不是全部由道德问题所引发的,而且道德自我也不是一个独立的存在,而是与人的生命存在的各个方面相联系的。唐的弟子李杜为人们指出了乃师的这一变化:

> 它实仅为人依道德心灵的活动而来的一种肯定,但人的心灵活动除了道德的活动外尚有其他种种活动。人可以由人的道德活动以肯定一道德自我,亦可由其他的活动以肯定其他不同的自

我,而此不同的自我皆有活动。①

于是,晚年的唐君毅就建构了"心灵九境"的体系,以心(道德自我)灵(通)九境(各种文化),而最后皈依于儒家人文化成的"天德流行境"。

要领略唐君毅"心灵九境"的意蕴,首先必须明白他的"心灵"之心。此本体论意义上的心,就是"道德自我"。其次,还应该注意到唐从"道德自我"到"心灵"或曰"生命存在"的变化。这也是唐君毅在主体性问题上不同于牟宗三的地方:他虽然没有彻底逃脱主体性的言说方式,但毕竟留下了空间。后来者也已经注意到:在面对西方后现代的冲击的时候,唐氏哲学可能比牟氏哲学有着更大的阐释价值。

唐君毅在《生命存在与心灵境界》中,将"道德自我"展开为人的整个生命存在与心灵活动,以"三向九境"的庞大体系,对中西印各文化精神作了判教式的总结。他称之为:"一生之思想学问之本原所在,志业所存,所谓'诗言志','兴于诗'者是也。"②这是一个融会中西而贯通儒释道、收摄哲学与宗教而建构起的一个博大精深的哲学体系,实可以比照于黑格尔。而且,黑格尔只是把西方的哲学与宗教"一网打尽"了,唐的"心灵九境"却涵盖了东方与西方。应当说,唐君毅哲学并不是一种拼盘式的大杂烩,而是匠心独运、融贯中西印、会通百家、归宗儒学的一次有益尝试。

这个体系由三向九境组建起来:1.横观种类(事体、性相、功用);2.顺观次序(客观境、主观境、超主客观境);3.纵观层位。"纵观"其实就是"综观",即横向三观与顺向三观的综合观照,如此的结果构成"九境"。所谓"心灵九境"就是:1.万物散殊境;2.依类成化境;3.功能序运境。此三境为客观境,称为前三境。4.感觉互摄境;5.观照凌虚境;6.道德实践境。此三境为主观境,称为中三境。7.归向一神境;8.我法二空境;9.天德流行境。

---

① 李杜:《唐君毅的哲学》,台湾学生书局1983年版,第58页。
② 唐君毅:《中国现代学术经典·唐君毅卷》,河北教育出版社1996年版,第3页。

此三境为超主客观境,称为后三境。见下表:①

顺观次序＼横观种类	1 观事体→	2 观性相→	3 观功用	◎
3 超主客观境	⑦归向一神境（上帝）	⑧我法二空境（空性）	⑨天德流行境（天人合德）	↑ 纵观层位
↑ 2 主观境	④感觉互摄境（感觉）	⑤观照凌虚境（理解）	⑥道德实践境（道德理性）	
↑ 1 客观境	①万物散殊境（个体）	②依类成化境（种类）	③功能序运境（因果关系）	
◎	纵观层位 →			*

这个体系展现了心灵由客观境界进至主观境界、然后通达超主客观境界的发展过程。

尤须注意的是,唐君毅哲学的根基却与黑格尔的迥然不同:黑格尔的全部哲学是"绝对观念"的自我展开,而唐的整个体系却是"心灵"的活动。就此而言,唐的思想根基正是儒家。不仅如此,唐氏哲学要义的"九境"之指归"天德流行境"也是儒家的。因此,唐君毅哲学的根基及其指归都属于儒家。正因为这样,唐君毅才被恰当地归属于"现代新儒家"。

下面来看唐的形上哲学是如何展开的。先来看生命、存在、心灵之间的关系:

> 生命即存在,存在即生命。若必分其义而说,则如以生命为主,则言生命存在,即谓此生命为存在的,存在为生命之相。如以存在为主,则言生命存在,即谓此存在为有生命的,而生命为其相。至于言心灵者,则如以生命或存在为主,则心灵为其用。此

---

① 此表引自黄玉顺《唐君毅思想的现象学奠基问题》。黄克剑也有一个类似的表格,发表在大陆出版的唐君毅著作的前面的导读性的文字中,但比较简略。

心灵之用,即能知能行之用也。①

这里存在、生命、心灵三者是体、相、用的关系,而且相互涵摄。

当然,要理解他的心灵九境,首先得知道他所说的心灵、心、境界,以及它们之间的关系。唐把心灵分成了两个概念。他说:"又心灵之'心',偏自主于内说,'灵'则言其虚灵而能通外,灵活而善感外,即涵感通义";"合'心''灵'为一名,则要在言心灵有居内而通外以合内外之种种义说。"②唐把心灵原本包含有的两个概念"心"和"灵"分开,明确其能指和所指,避免语意含混。至于境界,唐说:"此境界一名,初出自庄子之言境。佛家唯识宗以所缘为境界依。所缘即心之所对、所知,则境界即心之所对、所知。"③这里心和境的关系,唐认为只能说是感通关系,就是心与境可因感应而互相通达。他说:"境与心之感通相应者,即谓有何境,必有何心与之俱起,而有何心起,亦必有何境与之俱起。此初不关境在心内或心外,亦不关境之虚妄。"④而关于心与境的先后关系,他这样说:"如人之开门见山,此山虽或先有,然如此如此之山之境,以我开门而见者,亦正可为前此所未有也。"⑤从他对心、灵和境界这几个范畴的定义和关系来看,唐全部哲学建构的基础就是一个"心"字,仍然是一种主体性思维。

唐君毅认为,心与境感通的方式有种类、次序、层位的不同,即有横观、顺观和纵观的不同。横观在观种类,如"人行路时,人所求知之境物之类,初乃如横陈于行路时之左右者。人唯由兼观左右,得中道行,如偏倾左右,必至倾跌"。顺观在观生命心灵活动之往来于前后之次序,如"人行路,必前后步次第而进,如两步并作一步,以前步混于后步,此必至倾跌"。纵观在观层位,如"人行路遇高低地,足必随之升降,如以高为低,以低为高,必

---

① 唐君毅:《中国现代学术经典·唐君毅卷》,河北教育出版社 1996 年版,第 7 页。
② 唐君毅:《中国现代学术经典·唐君毅卷》,河北教育出版社 1996 年版,第 9 页。
③ 唐君毅:《中国现代学术经典·唐君毅卷》,河北教育出版社 1996 年版,第 9 页。
④ 唐君毅:《中国现代学术经典·唐君毅卷》,河北教育出版社 1996 年版,第 10 页。
⑤ 唐君毅:《中国现代学术经典·唐君毅卷》,河北教育出版社 1996 年版,第 76 页。

至倾跌"。①

由此他提出了他自己的"心灵九境"说。唐君毅庞大的心灵境界体系以本体之"一心",开"三向"、通"九境"。"心"与"境"相涵互摄、感通相应,诸种文化皆由"心"所观照以成"境界"。"心"感通"境"的方式有三种:"横观"是生命心灵活动之往来于内外左右向,是主体与客体相接的活动,在观种类;"顺观"为前后向,是生命主体在时间中的进度,在观次序;"纵观"为上下向,是生命活动超越当前之内外关系而进于更高层次,在观层位。因而,横观、顺观和纵观称作"心灵生命之三意向或三志向"。由于生命心灵感通"境"的方式不同,相应而起的境界就不同,宏观上有三大境界:客观境(觉他境)、主观境(自觉境)、超主客观境(超自觉境)。以上"三向"与此三境之"体"、"相"、"用"交相辉映而成为"心灵九境",古今中外所有文化形态都可判归入此九境之中。

3. 宗教哲学

上述所谓"心灵九境",其实就是唐君毅依据儒家精神在"判教",也就是对古今中外所有文化的境界高低的判定。我们这里所说的"宗教哲学",并非以宗教为哲学的分支,而是说在唐的思想体系中,宗教高于哲学,哲学成于宗教。因为,在唐君毅看来,哲学的目的在成教,他心目中的儒家哲学乃是即哲学即宗教的;也可以说,儒家的全部精神即在成教。

现代新儒家第二代对东西方文化的思考,不仅在现实层面的科学和民主,而且更着力于超越层面的道德和宗教。这在表面上看是为了应对西方基督教文化对中国文化的冲击,因为当时有一种普遍流行的看法,以为中国文化只是注意人与人之间的伦理道德,而不重人对神的宗教信仰,并据此而认为,中国文化没有西方宗教性的超越性;但实际上,在一个信仰缺失的时代,重建人类的信仰这一努力本身已经超越了东西方文化。

用儒家思想重建信仰,首先要解决的问题是:儒家是否宗教?或者退

---

① 唐君毅:《中国现代学术经典·唐君毅卷》,河北教育出版社1996年版,第18页。

而言之:儒学有没有宗教性? 关于儒学的宗教性,现代新儒家学者们的看法有些差异:梁漱溟以为儒学非宗教而似宗教;熊十力严守儒家和宗教的界限;冯友兰认为儒学是足以取代宗教而又高于宗教的哲学;牟宗三则认为儒家是即道德即宗教的,而与唐君毅然同气相求,致力于阐发儒学的宗教性。

唐君毅认为,宗教问题涉及以下三个方面:首先是有没有宗教仪轨;其次是超越者的有无;最后是如何超越的问题。因此,他就从这三个方面来论证中国文化的宗教精神。首先,虽然中国确实没有制度化的宗教及教会,但并不表示中华民族先天缺乏宗教性的超越感情或宗教精神。中国过去有祭天地、社稷、祖先之礼,即表现为一种宗教性的超越感情。其次,在中国思想家所重视的"天人合德"、"天人合一"、"天人不二"、"天人同体"等说法中,"天"之意涵显然超越了现实的个人与人际关系,是一种超越性的存在者。中国文化能使天人交贯,一方面使天由上彻下、以内在于人,另一方面亦使人由下升上、而通于天。最后,中国人的义理之学包含一种对仁义之价值及道之本身的信仰,而视仁义之价值为超越个人生命之价值,以至在必要时,人可自觉地杀身成仁、舍生取义,这种信仰即是一种宗教性的超越信仰。因为此"道"是:一方面内在于此心,另一方面亦是超越了个人之现实生命之道。①

这样,唐君毅破解了西方人对"超越性"的理解,区分"内在超越"和"外在超越",认为应该有两种超越进路;他进而认为,对儒教而言,超越者不是表现为人格神的上帝,而是中国传统中的另一形而上的绝对实在——天。同时,他对在西方被普遍接受的一种宗教观进行了修正,认为宗教信仰不必非得相信神的存在和灵魂之不朽,而是求人生价值的超越和完满。儒教和一切宗教的共同点在于:"安身立命"。在这样的"安身立命"、"内在超越"的意义上,儒家就是宗教。

---

① 唐君毅:《中国文化与世界》第五节,《唐君毅全集》卷四,台湾学生书局1991年版,第17 - 22页。

那又为什么要用儒家思想来重建信仰呢？这就涉及判教的问题。判教源于佛教,意为判别或判定佛教中各类经典的意义和地位,目的是调和佛教内部各宗派的不同学说,同时确立本宗派的正统地位和权威。单波认为:唐氏之所以宗华严及其判教法,是因为在他看来,华严便是使各种相对的价值系统各安其位,这与他的文化哲学相应;而且就其教理而言,华严宗确实明显优于天台宗,而可以导向儒家的天德流行。① 这个分析是很有道理的,因为判教的关键在于判教的标准,唐君毅的标准就是他所理解的儒家道德自我的人生体验,也可谓之以"良知的呈现"为标准。以下简略分析:

在"归向一神境"中,"人在对天地精神或神灵之独语与祈祷中,恒是自忘其我,而只有一此语言所表之思想意义,悬于上天下地之间,而此语言即其义理,即道"②。这就是说:"归向一神境"在破除"我执"。以"我法二空境"名佛家,其用意很明显,就是既破我执,也破法执。不如此,就不可能尽性立命、天人合一、以成天德流行。这正如唐说所言:

> 此超主客境,可对主客,而成为在其上之神境,又可为由破主客之分别之执,直下超越主客分别之佛心佛性呈现之境。然此无主客分别之境,又可即在此当前之主客感通之事之中,一面尽主观之性,一面立客观之命,以通主客之境中。……故约而论之,则此九可约为三,三可约为'吾人之心灵生命与境有感通'之一事而已。③

我们的问题在于:唐君毅所标举的"天德流行境"、"超主客观境",是否真正超越了作为他的哲学根基的"主体性"观念? 假如超越了,那么,本文

---

① 单波:《心通九境——唐君毅哲学的精神空间》,人民出版社 2001 年版,第 207 页。
② 唐君毅:《中国现代学术经典·唐君毅卷》,河北教育出版社 1996 年版,第 954 页。
③ 唐君毅:《中国现代学术经典·唐君毅卷》,河北教育出版社 1996 年版,第 752 页。

对唐君毅的"主体性"观念的批判就完全落空了,这篇东西就完全是无的放矢了;假如他仍然没有超越"主体性",那又是为什么?该怎么看这个问题?

我们认为,唐君毅的"超主客境"其实仍然没有超出形而上学"主体性"的观念。这取决于我们对"主体性"范畴的理解。海德格尔在谈到传统形而上学哲学时,指出:"什么是哲学研究的事情呢?……这个事情就是意识的主体性";"作为形而上学的哲学之事情乃是存在者之存在,乃是以实体性和主体性为形态的存在者之在场状态。"①黄玉顺据此而提出一种非常重要的观点,就是对两种主体性的区分:一种是在"主—客"架构下的相对主体性,就是认识论层级上的主体性观念;另一种则是作为"本体"的绝对主体性,这是本体论层级上的主体性观念。传统形而上学的"哲学研究的事情",就是一种绝对主体性;儒家心学的心性本体,也是这样的一种绝对主体性观念。

唐君毅所说的"道德自我"、"心灵",也就是这样的绝对主体性的观念。这样的心灵主体、道德主体,与牟宗三的观念一样,当然超越了形而下学的知识论层级上的"主观"、"客观"的境界,但并没有超出形而上的本体论范畴。换句话说,唐君毅,乃至于整个现代新儒家,并没有能真正通达儒家的某种先行于主体性、先行于绝对存在者的本源性观念层级。

三、唐君毅哲学的评价问题

本文无意于展开对唐君毅哲学的全面评价,而只是紧扣"主体性"问题进行讨论。

就主体性问题而言,熊十力一系的新儒家引起了广泛的反思和批评。李杜曾经为其师唐君毅辩护,认为唐君毅不是唯主体论者。李杜认为:唐"改变了他原先试图由'道德自我'或道德理性以建立一哲学体系的想法,而进而要由人的整个心灵活动上去建立一更大的哲学系统。此即是'命存

---

① 海德格尔:《哲学的终结和思的任务》,载《面向思的事情》,陈小文、孙周兴译,商务印书馆1999年版,第76页。

在与心灵境界'一书所要建立的"。① 而且,他改变了"以中国传统的哲学为完全可以归纳到'道德自我'上去作解释的观点";②"他只主张人的心灵可统摄人所知的一切而超越于所知之上而从事不断的开展,但此开展须藉着人各种不同的生活活动而完成"。③

林安梧的"批判的新儒学"也企图克服当代新儒学以"主体性"为核心的思考,而特别强调"生活世界(Life world)"概念。为此,他还曾特别标出唐君毅的"意味世界",林安梧说:"'生活世界'指的是由人之所作为一'活生生的实存而有'进入到世界之中,而视此世界乃是一活生生的世界,此或接近于唐君毅所谓的'意味世界'。"④

更有甚者,梁燕城还"发觉那久被搁置的唐君毅哲学,正可回应后现代的文化挑战,主要原因在唐提出了一个多元感通的本体论,而建立了一个感通的宇宙,这在唐则称为'性情形而上学'"。⑤ 认为:

> 唐君毅创"性情的形而上学"一词确能洞察中国哲学的精华,比之牟宗三之"道德的形而上学"更为合中国哲学的实情,中国哲学不能以康德形态的道德一词穷尽,但"性情"一词具广泛性,可兼通儒释道三学统,而又可与西方哲学会面。⑥

梁燕城认为:"中国哲学是从性情的自觉开始,如儒家觉察不安不忍,恻隐之情,孝悌之道,或道家觉察人治迷执,人之成心,而求用虚静的工夫复人之本真。中国哲学更由此推进,以人性情的流发为好善恶恶之心,作

---

① 李杜:《唐君毅的哲学》,台湾学生书局1983年版,第57页。
② 李杜:《唐君毅的哲学》,台湾学生书局1983年版,第58页。
③ 李杜:《唐君毅的哲学》,台湾学生书局1983年版,第117页。
④ 林安梧:《解开"道的措置"》,《原道》第十辑,北京大学出版社2005年版,第179-194页。唐的"意味世界",见其著《意味之世界导言》一文,首发于1944年《哲学评论》,收入唐君毅全集卷十八《哲学论集》,第93-118页。
⑤ 唐君毅:《中国现代学术经典·唐君毅卷》,河北教育出版社1996年版,第937-951页。
⑥ 梁燕城:《后现代中国哲学的重构》,东方出版中心1999年版,第195页。

为进达形而上学的路,此乃由人性情之真实性为进路,而肯定形而上学之性情的真理。"①

但黄玉顺在深入分析后认为:唐君毅虽然已经逼近了"为主体性奠基"的视域,但仍然没有超出主体性思维的框架。他说:

> 唐竭力排除传统形而上学哲学的两种思维方式。一是排除传统经验论的思维方式。在他看来,心与境之间并非能知与所知的关系。这是因为,能知与所知的关系本质上是主体与客体的关系,这样的二元对峙关系事先设定了内在的主体、外在的对象。西方近代以来的哲学发展已经表明,这样的思路将导致"认识论困境"。二是排除传统先验论的思维方式。……排除了传统的思维方式,这就为其进入当代哲学意义上的形而上学奠基的视域敞开了可能性。但是,唐自己并未走到这一步。这是因为,心灵的前设始终是他思想的根基所在。……而心灵是什么东西?就是人的主体性。……但以今天的哲学之思来看,这种主体性是尚待奠基的,它将面临这样的追问:人的主体性何以可能?心灵何以可能?②

确实,唐君毅以"心灵"为根基,借用康德的"道德理性"这样的主体性和黑格尔式的包罗万象的构造方式,建构了道德理想主义的形上哲学。他的哲学体系显然是把人的主体性带进了其核心根基之中。唐这样描述这种主体性:

> 简言之,即在吾人之见此主体之活动与活动之相,乃动而愈出,相续不穷者。由此相续不穷,即见其泉源之不息,根本之常

---

① 梁燕城:《后现代中国哲学的重构》,东方出版中心1999年版,第195页。
② 黄玉顺:《唐君毅哲学的现象学奠基问题》,《思想家》第一辑,巴蜀书社2005年版。

在。此泉源根本,即以喻此主体。何以由此活动相续不穷,即知此活动之有一主体之在?此非由此活动之相续不穷,即可直接推论此主体之在,而是人于其感其活动相续不穷之时,即同时直感一超越于其先所感之一切已有活动之外,尚有一由无而出之活动。人即于此活动由无而出之际,或由无至有之上,感此活动出于吾人心灵或生命存在之主体,而为一不同于一切已有之活动,以只为此主体之所知者。①

进一步说,其"九境"是如何展开的?唐的"心灵九境"所呈现的是心灵主体的超越过程,这在形式上是受了黑格尔的影响。黑格尔哲学以主观精神、客观精神、绝对精神的正、反、合三段式的发展而展开。他的绝对精神是一个能动的实体,其实也就是一种绝对主体性;在它自己的发展过程中,外化为主体和客体,这就是相对主体性。绝对理念既是主体,又是客体,既思维又存在,其发展的动力在于它的内部矛盾。而唐却不这样认为:"若此主体自始即具内在矛盾,即自始不能存在。"②但是,取消了主体内部的这种矛盾,九境展开的动力便成了问题。当然,他并不是否认矛盾,而只是认为:"乃是由思想之流行以后,见其中恒有相反相对之范畴之出现,可成矛盾。"这种矛盾既不在主体,也不在客体,而是主体在客体中所"见"出来的。显然,这样的矛盾是不能作为黑格尔意义上的动力的。如果心灵九境展开的动力得不到很好的说明,那么,九境展开的必然性也就成了问题。假如"九境"展开的动力既不是主体的内在必需,也不是客体的外在必然,超主客境就更无从谈起,最终还会引出"儒家的天德流行境是否必然"的问题来。如此一来,也就会危及唐君毅归宗儒家的根本宗旨能否成立。

---

① 唐君毅:《生命存在与心灵境界》下册,《唐君毅全集》卷二十四,台湾学生书局1991年版,第322页。
② 唐君毅:《生命存在与心灵境界》下册,《唐君毅全集》卷二十四,台湾学生书局1991年版,第327页。

这般结果当然不是唐君毅的本意。问题还是出在唐氏哲学的"道德主体"这个最终设定上。"如果人被看作这样一个存在者,他在建立某种绝对确定的知识时在次序上是绝对最先给予和最确定的东西,那么这样设计的哲学大厦就必定会把人的主体性带进自己核心的根基之中。"①由于唐君毅是高扬人的主体性的哲学家,那么问题就是:这种主体性是如何可能的?在西方哲学的理路上,这种康德式的"道德理性"的主体性,必然会遇到海德格尔式的追问。因为:人的主体性是某种"现成在手的"存在者,而不是存在本身;然而真正源始的、作为存在者之前提的,乃是存在本身。但西方传统形而上学哲学所思考的却是一切存在者的最终"根据"、"存在者整体"、"存在者之为存在者"。当其这样来思考存在者之际,它却恰恰遗忘了存在本身。现代新儒家,包括唐君毅的哲学,也属于这样的一种遗忘了存在本身的主体性哲学。

然而,作为一个仁者型的儒者,唐君毅在欧风美雨的文化氛围之中,从花果飘零的文化悲情出发,观照西方的神魔混杂、信仰失落,而返本开新,用儒家文化去统摄世界上现有的各主流文化,凸显儒家文化海纳百川的一面,充分肯定中国文化的主流价值,积极重建中华之人文精神,以"疏导百年来中国人所感受之中西文化之矛盾冲突,而在观念上加以融解",这是难能可贵的。因此,我完全同意蔡仁厚的意见:"对于唐在英国殖民地的香港,为中国文化理想所作的艰苦奋斗,我们应该致以最崇高的敬意。"②所以,我们应该同情地了解唐氏哲学。同情的办法就是:理解唐君毅的"文化悲情",理解他的生活情感,理解他作为一个现代思想者本身的主体性是何以可能的。

---

① 海德格尔:《康德和形而上学问题》,《海德格尔选集》,三联书店1996年版,第102页。
② 蔡仁厚:《唐君毅的生平与学术》,《唐君毅纪念集》卷三十,台湾学生书局1991年版,第276-282页。

第五篇 以现代性应对后现代
——刘清平教授"后儒家"构想评议①

刘清平先生在《齐鲁学刊》2005年第4期上又发表了《论孟子推恩说的深度悖论》,继续进行他所谓"中国文化深度悖论"的言说,继续建构所谓的"后儒家"。关于儒家伦理的历史考察和价值评判的争论,在国内学术界历时两年,郭齐勇先生主编了《儒家伦理争鸣集——以"亲亲互隐"为中心》,把与此问题相关的文章都收入其中,以为可以终结这场论战。而刘先生不愿意就此作罢,他打算将"后儒家"的工作进行到底。本文就"后儒家"的核心观念提出一点看法,以之与刘先生商榷。

一、解构:对儒家的批判

早在1996年,刘先生就发表了《现代道德建构中的历史性两难》,认为:"就传统儒家伦理来说,在现代道德建构中面临的两难在于:一方面只有经过理性化转型,它才有可能在现代道德生活中继续存在并发挥积极作用;但另一方面,由于这种理性化转型必然要以普遍理性精神取代它的本根性基础——血缘亲情原则,这恰恰又将意味着传统儒家伦理体系自身的崩溃消解。"②

现代理性精神面临的历史性两难在于:

---

① 原载《东岳论丛》2008年第4期;《中国社会科学文摘》2008第11期全文转载,题为《评刘清平教授的后儒家构想》。
② 刘清平:《现代道德建构中的历史性两难》,载于《社会文化与伦理道德》,上海社会科学院出版社1998年版。

一方面，它不可能通过"返本开新"从本身缺乏道德理性因素的传统儒家伦理内部生长出来；但另一方面，在传统习俗的力量远比经济、政治、科技等领域更为根深蒂固的道德领域内，它又不可能在"道德真空"的氛围内凭空产生，而必须面对儒家伦理这样一个不得不加以继承的既成传统。①

他以新儒家为例来说明这一点。他说："当代新儒家的努力是不成功的。因为他们为了保持儒家本色，又不愿将现代理性精神设置为本根性基础，反而依据传统儒家的'情理'精神解释道德理性，坚执心性本体或情感本体，以尧舜类型的成圣成贤作为终极道德目的。其结果，则往往是既失去了传统儒家的某些本质特征，同时却又未能充分现代化。"②"后现代"的两难："现代道德建构在西方已经由于长期的历史发展，逐步暴露出其'现代性'即'理性化'的某些弊端，并因此受到后现代主义思潮的激烈批判，甚至面临解构的危机。更为尴尬的是：由于西方道德理性精神相对忽视情感及其必然性之'理'所造成的一系列负面现象，诸如人伦关系松弛、家庭观念薄弱、人情淡漠、社区解体等，恰恰又凸显出更重视血缘亲情，甚至主张以'情'为'理'的传统儒家伦理的某些长处。"③

在经过了以上的"两难"思考之后，刘先生发表《"人为"和"情理"——中国哲学传统的基本特征初探》，认为：

> 重"人为"和扬"情理"构成了中国哲学传统的两个基本特征。认知理性精神的相对缺失导致了中国哲学传统的某些缺陷，应当

---

① 刘清平：《现代道德建构中的历史性两难》，载于《社会文化与伦理道德》，上海社会科学院出版社1998年版。
② 刘清平：《现代道德建构中的历史性两难》，载于《社会文化与伦理道德》，上海社会科学院出版社1998年版。
③ 刘清平：《现代道德建构中的历史性两难》，载于《社会文化与伦理道德》，上海社会科学院出版社1998年版。

注意借鉴和汲取西方哲学传统对认知理性精神的积极弘扬。①

他解决问题的办法是:"在马克思主义哲学注重生产劳动的'实践'精神的基础之上,完成将中国哲学传统的'人为情理'精神与西方哲学传统的'认知理性'精神内在地整合起来。"②这个解决问题的办法,后来被他放弃了,而对中国传统缺乏认知理性精神的批判则始终没有放弃。

他的《儒家伦理:道德理性还是血亲情理?》一文,则由儒家没有认知理性,进一步推出儒家没有道德理性。他认为:"普遍主义的理论基础就是现代的道德理性精神。"这里的核心概念就是"理性"(reason)。刘先生以不列颠百科全书的定义为标准,理性就是:"人凭借逻辑推理认知事物本质、获得真理的能力和活动。"因此所谓"理论理性"、"纯粹理性"的本质特征则是逻辑性、普遍性、必然性、明晰性等。西方哲学正是在这个意义上体现出鲜明的认知理性精神,并特别强调人是"理性"的动物。而所谓"道德理性"、"实践理性",主要意指人的普遍性"理性"本质在实践——道德领域内的体现,因而总是建立在"认知理性"、"纯粹理性"的基础之上,与后者保持着密切关联。因为他在这个意义上理解"理性"概念,所以他认为:"儒家学说几乎没有对世界是否可知、真理性认识如何可能、逻辑推理法则等问题展开深入研究,又怎么会具有纯粹理性或理论理性的精神。……也很难说:它会进一步在伦理观中体现出以认同人的'理性'本质为基础的道德理性精神。"③简言之,因为儒家没有深入研究认识论,所以儒家没有理论理性的精神,推论:儒家没有道德理性的精神。

刘先生还发文《血亲情理与道德理性的鲜明反差——孔子与苏格拉底伦理观之比较》,认为:

---

① 刘清平:《"人为"和"情理"——中国哲学传统的基本特征初探》,《中国哲学史》1997年第3期。
② 刘清平:《"人为"和"情理"——中国哲学传统的基本特征初探》,《中国哲学史》1997年第3期。
③ 刘清平:《儒家伦理:道德理性还是血亲情理?》,《中国哲学史》1999年第3期。

孔子与苏格拉底所强调的"理"在实质上存在着情理之"理"与理性之"理"的深度差异,不能等同看待。孔子与苏格拉底伦理观的根本差异主要表现在:苏格拉底的道德理性精神坚持把理性知识与感性情感严格地区分甚至割裂开来,特别强调二者在道德领域内的张力冲突,认为只有理性知识才是支配人的各种行为的终极因素,明确将知识置于情感之上,主张道德实践之"理"仅仅存在于理性知识之中,一切欲望情感都必须遵循和服从这种理性之"理"。相比之下,孔子的血亲情理精神虽然也指出了知识与情感之间的差异,但它并没有特别凸显二者在道德领域内的矛盾对立,而是认为只有感性的血缘亲情才是支配人的各种行为的终极因素,明确将情感置于知识之上,主张道德实践之"理"仅仅存在于感性情感之中,就连知识也必须遵循和服从这种情理之"理"。结果,苏格拉底就将一切伦理德性终极性地归属于理性知识,而孔子则将一切道德规范终极性地归属于血亲情理。①

这篇文章中,他还说:"休谟的伦理观不是'道德理性'。"其理由是:"休谟曾经明确指出:既然旨在获得真理知识的理性对于人们的情感和行为没有什么影响,那么,道德原则就不可能由理性得来;因此,道德活动的理由根据不是理性而是情感,也就是那种具有普遍可传达性的'同情'。不难看出,休谟的伦理观也是试图在为人们的道德行为和伦理规范寻找终极性的'理',但这种'理'却与苏格拉底认同的'理'截然不同。"②我只是想问:儒家没有深入研究认识论,所以没有道德理性精神,难道休谟也没有研究认识论问题吗?

---

① 刘清平:《血亲情理与道德理性的鲜明反差——孔子与苏格拉底伦理观之比较》,《孔子研究》2001年第1期。
② 刘清平:《血亲情理与道德理性的鲜明反差——孔子与苏格拉底伦理观之比较》,《孔子研究》2001年第1期。

刘先生从理性的定义入手,由儒家缺乏认知理性精神,推出儒家没有道德理性精神。由于他认为普遍主义的理论基础就是现代的道德理性精神,再进一步推出,儒家伦理的根本精神在本质上是一种特殊主义的"血亲情理"精神,并非普遍主义的"道德理性"精神。然后,依据马克斯·韦伯将现代化即"理性化"的定义,认为儒家不能适应现代化,又由于西方道德理性忽视情感的负面效应,导致了一系列的社会问题,在后现代的境遇之下,儒家伦理还可一用。可以说,他基本上是用西方的现代性观念来批判儒家的,也看到了现代性的问题,却没有对现代性的核心观念进行必要的反思。

二、建构:后儒家

接下来的几年,刘先生除了继续批判儒学之外,还开始了重新建构儒学的思考。这一变化表现为,在他的批判前期,以西方普遍主义的道德理性精神为武器,批判中国特殊主义的"血亲情理精神",而在既批判又建构的时候,他却认为,儒家本身既有慈孝友悌的特殊性血缘亲情,又有恻隐仁爱的普遍性人际情感。也就是说,儒家既有特殊主义的内容,又有普遍主义的成分。

从他的《论孔孟儒学的血亲团体性特征》中,可以看出这种变化。在这篇文章中,他从对人的整体性存在的思考出发,分析出,儒家既有特殊主义的内容,又有普遍主义的成分。本来还原到"存在"本身来看问题是一个很好的思路,可惜,他的出发点仍然是理性的存在亦即人的存在。在该文中,他继续说:儒家的核心精神就是所谓"血亲情理"精神。

> "血亲情理"精神是指:"把建立在血缘关系基础上的血亲情感看成是人们从事各种行为活动的本原根据,并且由此出发论证人的行为活动的正当合理。"①

---

① 刘清平:《论孔孟儒学的血亲团体性特征》,《哲学门》2000 年第 1 期。

而且他还认为:"孔子和孟子不仅赋予了'血亲情理'以'本原根据'的意义,而且还进一步赋予了它以'至高无上'的地位,试图将它置于人们的行为活动应该遵循的其他一切准则之上,使之成为其他一切准则都必须无条件服从的最高原则。"①这样的解读显然有问题,他之所以如此解读儒家思想,就在于他对人的整体性存在的思考,他认为人的整体性存在有:一己个体性、血亲团体性和普遍群体性的三个维度。他的定义是:1. 所谓人的个体性存在,主要是指一个人在与自身的个别性关系中拥有的存在。2. 所谓人的团体性存在,则主要是指一个人在与他人的特殊性关系中拥有的存在。3. 所谓人的社会性存在,主要是指一个人在与他人的普遍性关系中拥有的存在。② 这三个定义有三点共通:个体、关系和存在。

先从关系范畴的角度,来看这三个定义,首先,个体与个体的关系,从逻辑上讲,只能是同一关系,即 A 是 A。这是由同一律来保证的,同一律要求概念必须具有确定性,否则就会犯混淆或偷换概念的错误。这里所谓"一个人在与自身的个别性关系"中的自身个别,是很难正面理解的一个概念,或者说是一个表达不明确的概念。自身只有区别于非自身即他人的意义,如果这样,那么这个定义只能这么来理解:"一个人与自身的个别性关系"只是为了区别于一个人与他人的非个别性关系。因此,只能在个体与他人共同存在的意义上来理解,也就是说,只能从社会性存在的意义上来理解。这就意味着,从人(个体)的整体性存在来划分三个维度的前提有问题,应该以人的社会性的整体性存在作为前提来划分个体存在的不同维度。再说第二个定义,把特殊性和团体性勾连起来显然有问题,个人与他人的关系应该说都是特殊关系,个人的特殊性自不必说,具体时空中的他人也一定是特殊的个人,否则他就不成其为人,因为不存在一个抽象的人。因此,由个人与他人的特殊性关系推不出团体性,更不可能推出血亲团体性。最后说第三个定义,个人与他人之间根本就不存在所谓普遍性关系,

---

① 刘清平:《论孔孟儒学的血亲团体性特征》,《哲学门》2000 年第 1 期。
② 刘清平:《论孔孟儒学的血亲团体性特征》,《哲学门》2000 年第 1 期。

道理很简单,因为根本就不存在一个抽象的普遍性的人。像法律面前人人平等这样的说法,是说的法律制度和人的关系,而不是人和人的关系。

从社会学的角度来说,刘先生的分类本来无可厚非,但他却把这一分类作为了哲学思考的基础和出发点,成为了一种元伦理学的理论基础,这不能不说是一个遗憾。因为哲学的思考只有两个出发点,一种是从个体出发建构其哲学体系,如笛卡尔的我思、胡塞尔的先验自我,当然这样的思考都要加上一个预设或者前提,笛卡尔的预设是单子的前定和谐,胡塞尔的前提是生活世界。另一种是从普适性立论,如康德的先验哲学、休谟的经验主义。儒家的人同此心、心同此理,等等思想。从以上两个出发点来看,人的团体性存在都是可疑的,不能作为基础,从个体(我思、先验自我)来看,团体性是被建构起来的;从普适性哲学来看,团体性是一种特殊性,不能作为普适意义上的基础。而且他所谓人的团体性存在:"则主要是指一个人在与他人的特殊性关系中拥有的存在。"其能指和所指都不清楚,内涵不明确,外延也无法划定。这样的所谓团体性存在怎么能作为元伦理学的基础呢?又怎么能以此判定儒家有所谓"血亲团体性特征"呢?

在这篇文章中,刘先生指出来,儒家既强调血缘亲情,也讲恻隐仁爱的普遍性人际情感。只不过,传统儒家是主张血缘亲情本根至上、坚持血亲情理精神的特殊主义理论架构。这与他认同的普遍主义的理论架构相违背。至此,他的后儒家构想就呼之欲出了。

在《从传统儒家走向后儒家》一文中,他果然明确了所谓后儒家的构想。其口号是:"颠覆传统儒家,弘扬儒家传统。"此命题不是悖论,而是一个"自毁命题"。他说:"所谓的'后儒家'之'后',是相对'原儒家'之'原'和'新儒家'之'新'而言,主要意味着'后儒家'彻底消解它们所确立的特殊主义理论架构,根本否定它们所坚持的传统儒家基本精神。而所谓'后儒家'之'儒家',则是直接就儒家传统自身而言,主要意味着'后儒家'对于'原儒家'和'新儒家'的彻底消解、根本否定,并不是试图在儒家传统之外另起炉灶、运用外来分立的理论体系取而代之,而是将儒家传统自身包含的种种积极因素,以一种内在异质的理论架构重新组合起来,从而使其在维系儒家传统自身认同的前提下,呈现出崭新的面貌。正是在这个意义上说,所谓'后儒家',既是'后'儒家,又是后'儒家',在'后'之后还是'儒家',因为它不仅解构传统儒家,而且重构儒家传统。"①

那么后儒家究竟要干什么呢?两句话,一是要解构;二是它在解构之后还要建构。后儒家所要消解的理论架构,就是传统儒家那种主张血缘亲情本根至上、坚持血亲情理精神的特殊主义理论架构。后儒家试图重建的理论架构,则是那种主张恻隐仁爱本根至上、坚持仁爱情理精神的普遍主义理论架构。换句话说,在后儒家中,占据本根至上的终极地位的,不是慈孝友悌的特殊性血缘亲情,而是恻隐仁爱的普遍性人际情感。

后儒家的主张概括起来有如下几点:1.彻底消解传统儒家赋予血亲团体性以及君臣团体性以本根至上地位的特殊主义理论架构。而应当在普遍主义的理论架构内,既派生于又从属于本根至上的普遍群体性维度以及与之内在统一的一己个体性维度,并且在此基础上与后二者实现内在的统一。2.用普遍主义取代特殊主义来建构新的道德伦理。因为普遍群体性的维度,对于人的整体性存在具有至高无上的本根意义:它既是人之为人的根本规定,又是人之为人的终极理想;人的一切行为举动,在任何情况下都不应该损害否定人的存在的这一至上本根。他同时也强调,在普遍主义的理论架构中,人的存在的特殊团体性维度的价值意义也应当受到充分的肯定。那么在出现冲突的时候怎么办呢?那就由其第三点主张来解决。3.后儒家特别提倡:一己性个体应当对普遍性群体承担起自己应当承担的道德责任和伦理义务,尤其是在二者之间出现冲突、不可得兼的情况下,甚至应当不惜限制和牺牲一己个体性的维度,以求维系和实现本根至上的普遍群体性维度。4.后儒家的终极目标,不是"满街人都是理想圣王",而是"满街人都是优秀公民"。

---

① 刘清平:《后儒家论纲:颠覆传统儒家 弘扬儒家传统》,见 http://www.confucius2000.com。

可以看出,后儒家就是一整套的形而上学建构。虽然在刘先生的文章中,几乎看不到"形而上学"这个词的影子,但是像"恻隐仁爱本根至上"这样的说法,就是以恻隐仁爱作为基础,去建构后儒家这样的形而上学。不仅如此,刘先生所要解构的传统儒家,也是一套形而上学建构,不过这是他个人的理解,儒家是否形而上学的问题,另当别论。然而,无论是以恻隐仁爱还是血缘亲情为基础,都要考虑到:基础之为基础是如何可能的呢?这个问题不解决,形而上学的基础就不可靠,基础有问题,大厦就没有建起来的可能。这也意味着刘先生并没有所谓"后现代"的视域,而是在人类中心主义的形而上学框架中纠缠不休,而且对柏拉图、康德式的理性形而上学的理解也大有问题。

三、以现代性应对后现代

刘先生在孔子 2000 网 2003 年 7 月 3 日的一个帖子说,他在集中从事孔孟儒学研究的 7 年中,开始 4 年主要着重于批判孔孟儒学,最近 3 年则试图在继续批判的基础上,提出"后儒家"构想;但在这两个阶段上,基本研究的态度和方法并没有太大的变化,一直采取"学理辨析"的批判性思路。批判的思路确实没变,但从"学理辨析"的角度来说,他改变了一个关键词的用法,这个关键词就是:普遍主义。在他批判孔孟儒学的时候,他说:普遍主义的理论基础就是现代的道德理性精神,而道德理性总是建立在认知理性的基础之上,因为儒家没有认知理性的精神,所以儒家没有道德理性的精神。这也就是说,儒家没有普遍主义的理论基础。而在他的"后儒家"构想中,却说儒家的仁爱情理精神是普遍主义理论架构。这有点前后矛盾。因为根据他的论证,仁爱情理精神不是道德理性精神,那么它就不能成为的普遍主义的理论基础。

第二个问题是:刘先生从儒家没有理论理性的精神,推出儒家没有道德理性精神,这个推理缺乏论证,而且很难说得通,退一步说,这个推理即使成立,也不能放之四海而皆准。在康德那里,是实践理性优先于理论理性,目的是为信仰留地盘;牟宗三也是道德理性优先于理论理性;在后现代话语背景下重建"理性"的哈贝马斯那里,它们则是平行关系。

问题三,对"理性"(reason)的理解失之简单。对"理性"的理解是与文化密切相关的,英国人的定义并不是放之四海而皆准的。因为推理所用的工具不是只有逻辑,西方凭借的是逻辑(logic),印度用的是因明,中国则有自己的名学。英国人如此定义"理性"是可以理解,因为他们是英国人,不了解逻辑以外的推理工具。而且,即使在西方世界,思想家们对理性的定义也是丰富多彩的,就算同一个人的用法也有不同,以不列颠百科全书这种普及性读物的定义为标准,这种做法,本身已落了下乘,刘先生如果想要原创,就应该对"理性"有自己的理解和说明。

问题四,后儒家颠覆传统儒家特殊性血缘亲情本根至上,弘扬儒家传统中恻隐仁爱的普遍性人际情感,如果慈孝友悌的特殊性血缘亲情与恻隐仁爱的普遍性人际情感相互抵牾,特殊性血缘亲情本根至上,会滋生腐败,导致恻隐仁爱的普遍性人际情感不能流畅贯通的话,反过来,真的如其所愿,让恻隐仁爱的普遍性人际情感本根至上,那么又如何保证这种普遍性人际情感不会戕害慈孝友悌的特殊性血缘亲情呢?

以上是顺着刘先生的思路,就其所认同的核心观念提出的几个问题。关键还在于,刘先生后儒家构想的本意是为了应对后现代,也看到现代性的负面效应,可是他应对后现代的核心观念却是现代性的,这真的成了一个悖论。像"普遍主义的理论基础就是现代的道德理性精神"这样的观念,就是典型的西方"现代性"观念,不过是康德式的"理性为人类自身立法"的翻版,是人类中心主义的产物,这正是西方后现代思潮所要批判和彻底解构的。要应对后现代首先就要应对它的核心观念,如果刘先生正面应对的话,可能会碰出更多的思想火花,成为一个真正原创的思想者。毕竟一个学者穷十余年之力构建一个体系,也绝非易事。

另外,刘先生在批判孔孟儒学的时候,他的核心观念基本都属于西方文化中心论。从理性到认知理性、道德理性的理解;再到现代性、现代化的模式;甚至对后现代的言说,都以西方文化为标准。其实,像世界伦理、现代性是否有普适性的,现代化是否只有一个模式等等问题,在世界范围内还在探讨之中。这且不说,关键是刘先生又把这些观念带进了后儒家构想之中,这与他弘扬儒家传统的思想好像有点背离。

目前,西方的后现代思潮纷纷涌入,中国文化面临着新的挑战也面临新的机遇。席卷全球的现代化浪潮在给人类带来正面价值和新的福祉的同时,也产生了一系列的负面效应,西方的现代性思想遭遇到后现代的批判和反思。应对后现代的问题,是一个有着理论和实践双重意义的话题。在这个意义上说,后儒家是一个很有意义的话题。

一个本来很有意义的话题,为什么会引得聚讼纷纭,批评如潮而支持者寡呢?原因可能还不在于后儒家的"创新",而在于刘先生对儒家传统的解读,依个人浅见,后儒家对儒家传统的解读失之简单,有暴力解读的嫌疑。他认为:儒家的核心精神就是所谓"血亲情理"精神。而且:

> "孔子和孟子不仅赋予了'血亲情理'以'本原根据'的意义,而且还进一步赋予了它以'至高无上'的地位,试图将它置于人们的行为活动应该遵循的其他一切准则之上,使之成为其他一切准则都必须无条件服从的最高原则。"①

这源于他把儒家传统抽象成了一个对子,认为儒家本身既有慈孝友悌的特殊性血缘亲情,又有恻隐仁爱的普遍性人际情感。也就是说,儒家既有特殊主义的内容,又有普遍主义的成分。这样简单抽象的结果,就把不同层次的问题搅混在一起。

首先,恻隐与仁爱的普遍性是不相同的,孟子所说的"恻隐之心,仁之端",是说作为有情生命的人皆有与生俱来的先于经验的仁爱情感之根源,

---

① 刘清平:《论孔孟儒学的血亲团体性特征》,《哲学门》2000 年第 1 期。

仅此而已。而仁爱的普遍性则要复杂得多，有不同的层次，在伦理学的层面上，"孝弟也者，其为仁之本与！"（《论语·学而》）从政治方面讲，孔子曰：

"能行五者于天下，为仁矣。"请问之。曰："恭、宽、信、敏、惠。恭则不侮，宽则得众，信则人任焉，敏则有功，惠则足以使人。"（《论语·阳货》）。

子贡曰："如有博施于民而能济众，何如？可谓仁乎？"子曰："何事于仁，必也圣乎！尧舜其犹病诸！"（《论语·雍也》）从生态伦理的角度说，仁爱还必须爱物，在哲学的层面上，有所谓"天地万物一体之仁"。这几个不同层面本来是一气贯通的，孝悌乃为仁之本，是仁爱情感的发端萌芽处，由此特殊性的孝悌之情开始，培养出"泛爱众"的普遍性仁爱情感，然后用政治手段"行义以达其道"，实现博施于民而能济众的目的，而且仁民还需爱物，因为无物则无所谓人，张载所谓"民胞物与"正是此意，安顿好物与人，就达成所谓"天地万物一体之仁"。退一步讲，即使把慈孝友悌与恻隐仁爱都归入伦理学的范围，那也很清楚，慈孝友悌的特殊性血缘亲情是私德，恻隐仁爱的普遍性人际情感是公德，只要人们能够做到公私分明，这两者也不会相互抵牾。

由此可见，传统儒家强调慈孝友悌的特殊性血缘亲情并没有错，也并非刘先生所认为的有强烈形而上学色彩的本根至上的意思。道理很简单，因为，道德情感的培养是从每一个人成为有形之物开始的，而且必然要在家庭这个基本的社会单元里发端，而家庭是人类各个文明到目前为止的共同选择，假如没有在家庭里从孝悌开始的道德情感的培养，那么人类恻隐仁爱的普遍性人际情感又从何而来？因此，我真诚地希望刘先生把问题思考得更深入一些，真正有些原创气象。

第六篇　儒家和谐思想与和谐社会的建构

在汉语中,和、谐二字皆出自儒家经典。"和"溯源可见《易传》:"保合大和。"《尚书·尧典》:"九族既睦,平章百姓。百姓昭明,协和万邦。""谐"可见于《虞书·舜典》:"八音克谐,无相夺伦,神人以和。"所谓八音克谐就是用八种不同的乐器来达到协调一致的演奏效果,这就是说,"谐"原本是用来形容乐器发出声音,经过协调,配合恰当,而得到的令人心旷神怡的最高的审美境界。"和"、"谐"两字连在一起使用,可见之于《左传·襄公十一年》:"八年之中,九合诸侯,如乐之和,无所不谐。"这里的社会和谐观,表现为追求族群、邦国,社会中人与人关系的和谐、有序与协调。由此可以看出,中华先民十分重视与追求和谐,将对和谐的追求作为人生与社会的理想境界。

如果说《尚书》记载的是中华先民关于社会和谐的思想的话,那么孔子则进一步将这一思想进行提升,《论语·学而》有:"礼之用,和为贵。先王之道斯为美,小大由之。有所不行,知和而和,不以礼节之,亦不可行也。"这就是说,在"礼"的所有作用之中,和谐是最重要的,"礼"首先指的是一套维护社会秩序的典章制度,"礼之用"是以一套制度去治理国家,那么,"和为贵"用今天的话来说就是,构建和谐社会最为重要。这段话既是对古人经验的总结,对今天构建和谐社会也有重要的借鉴意义。

那么如何构建和谐社会呢?孔子认为应该先富后教,首先解决肯定民生,把维护老百姓的生存权看作是为政之本,强调藏富于民。孔子说:

"庶矣哉!"冉有曰:"既庶矣。又何加焉?"曰:"富之。"庶而不富,则民生不遂,故制田里,薄赋敛以富之。曰:"既富矣,又何加焉?"曰:"教之。"(《论语·子路》)

这里的道理是很显然的,当老百姓聚集起来,人口众多的时候,如果不让人民尽快富裕起来,老百姓的生存就会成为问题,民生问题不解决,任何美好的政治理想都只能是空谈,因此,富民是施政的基础。在当时的条件下,让人民富裕起来的措施也不复杂,一是让耕者有其田,二是少征赋税少聚敛钱财。

同时,在富民的过程中,还必须进一步解决好分配正义的问题,不能贫富过于悬殊,也就是要均富,孔子说:

丘也闻有国有家者,不患寡而患不均,不患贫而患不安。盖均无贫,和无寡,安无倾。夫如是,故远人不服,则修文德以来之。既来之,则安之。(《论语·季氏》)

治理国家的人不要害怕自己是孤家寡人,而是考虑自己的社会分配是否合乎分配正义,只有分配的相对公平,才能没有赤贫,社会才会和谐,国家才会安定。这就是说,构建和谐社会的关键就在于公平。

但是人民富裕不等于社会和谐,常言道:饱暖思淫欲,这就是说,在人们富裕之后,各种过分的要求就会随之而来,这时候就要教化百姓。孔子的"教"有广狭两义,狭义就是指教育。在教育的问题上,孔子"有教无类"的思想及其实践真可谓是石破天惊,无论在当时还是对后世都有着极其重要的意义,首先,"有教无类"蕴涵着教育公平的思想自不待言,更重要的是,在当时,普通老百姓根本就没有受教育的机会,正是孔子,向民间开放教育,给了广大的平民子弟受教育的机会,其好处是很多的,一是让学术下移,从而植根于民间沃壤,即使经过暴秦"焚书坑儒"的严重摧残,中华文明也不至于倒退乃至中断;二是由于孔门弟子及再传弟子的薪火相传,在一定程度上做到了"以人文化成天下";三是培养了平民人才,为打破世卿世禄制提供了坚实的基础,使"举贤才"成为可能。

那么如何"举贤才"呢?孔子说:

"先有司,赦小过,举贤才。"曰:"焉知贤才而举之?"曰:"举尔所知。尔所不知,人其舍诸?"(《论语·子路》)

这是说,先要让这些人担任一般的官员,然后考察他们的政绩,原谅他们小的失误,最后才能把那些德才兼备的人推举出来。而且推荐人才的标准也很重要,孔子说:"举直错诸枉,则民服;举枉错诸直,则民不服。"(《论语·为政》)这是要把正直的人举拔在邪曲的人之上,即公正地选才用人。

孔子不仅对古人和谐社会的思想进行了总结,同时也把和谐思想应用到个体层面,在个体层面上,将"和"与"同"做了严格的区分,孔子说:"君子和而不同,小人同而不和。"(《论语·子路》)这一区分的意义十分重大,可以说孔子的这一区分,是告诉了我们做人的一个基本原则。孔子本人也是身体力行的,子贡称赞他的老师说:

夫子之得邦家者,所谓立之斯立,道之斯行,绥之斯来,动之斯和。其生也荣,其死也哀,如之何其可及也。(《论语·子张》)

这里,"和"是求同存异,而"同"则是求同不存异,正如世界上没有两片相同的树叶,世界上也没有两个观点、思想完全相同的人,水平高修养好的君子就应该求和不求同,强力求同的结果,只会是孤家寡人的孤芳自赏。社会是由人按照一定的方式组合在一起,个体之间的和谐是社会和谐的基础。

当然,"和而不同"的思想也可以用之于社会,古今中外的独裁者都是

中国文化的再展开

同而不和,以各种方式强力向社会兜售自己的观点和想法,在一个独裁专制的社会,和谐自然就无从谈起。《论语》有:

> 季康子问政于孔子曰:"如杀无道,以就有道,何如?"孔子对曰:"子为政,焉用杀?子欲善,而民善矣。君子之德风,小人之德草。草上之风,必偃。"(《论语·颜渊》)

面对季康子残暴独裁的想法,孔子首先是义正词严地反问,然后告诉他为政就是要率先垂范,是以有道引导无道,而绝非是杀无道以就有道。

可见,孔子的和谐思想,首先是要求个体层面上的"和而不同",这是社会和谐的基础,同时,他对和谐社会的建构也有一系列的设想,从富民、均富的分配正义思想,到教育公平的思想于实践,以及"举贤才"的政治公平的思想,都值得我们今天借鉴。

在孔子的基础之上,孟子的和谐思想又有什么样的特点呢?最引人注意的是孟子提出了:"天时不如地利,地利不如人和。"《孟子·公孙丑下》这一伟大的思想直接把人和摆在了第一位,在一个靠天吃饭、以地养人的时代,委实难能可贵。那么如何做到这一点呢?从理论上来说,"人和"的基础在于人人平等。孟子说:"圣人,与我同类者。"(《孟子·告子上》)与圣人同类的意思不是别的,而是人皆可以为尧舜:"曹交问曰:'人皆可以为尧舜,有诸?'孟子曰:'然。'"(《孟子·告子下》)从政治的角度来说,尧舜是君王,这就意味着人人都有资格和机会成为最高的领导者。这就是说,孟子是主张政治公平的。

有了这样的理论基础作为铺垫,和谐社会就应该付诸实施,那么具体措施又是如何呢?孟子认为首先应该是关注鳏寡孤独这些社会的弱势群体:

> 老而无妻曰鳏,老而无夫曰寡,老而无子曰独,幼而无父曰

孤。此四者,天下之穷民而无告者。文王发政施仁,必先斯四者。(《孟子·梁惠王上》)

孟子尤其关注养老的问题,他说:

伯夷辟纣,居北海之滨,闻文王作兴,曰:"盍归乎来,吾闻西伯善养老者。"太公辟纣,居东海之滨,闻文王作兴,曰:"盍归乎来,吾闻西伯善养老者。"天下有善养老,则仁人以为己归矣。五亩之宅,树墙下以桑,匹妇蚕之,则老者足以衣帛矣。五母鸡,二母彘,无失其时,老者足以无失肉矣。所谓西伯善养老者,制其田里,教之树畜,道其妻子,使养其老。五十非帛不煖,七十非肉不饱。不煖不饱,谓之冻馁。(《孟子·尽心上》)

孟子认为,老年人由于身体衰弱,不吃肉就不能吃饱,不穿帛衣不暖和,应该给予特别的关注。

孟子不仅谈到了社会和谐,也涉及人与自然的和谐,他说:

不违农时,谷不可胜食也;数罟不入洿池,鱼鳖不可胜食也;斧斤以时入山林,材木不可胜用也;谷与鱼鳖不可胜食,材木不可胜用,是使民养生丧死无憾也,养生丧死无憾,王道之始也。五亩之宅,树之以桑,五十者可以衣帛矣;鸡豚狗彘之畜,无失其时,七十者可以食肉矣;百亩之田,勿夺其时,数口之家可以无饥矣。(《孟子·梁惠王上》)

这里孟子给出了几个原则性的意见,一是不违背农业耕作的时间,不能在农耕时节让农民服兵役或劳役;二是保证可持续发展,所谓"数罟不入洿池",就是不用密网到深水池里捕鱼,以免把小鱼苗也捕捞上来,这样就可以保持渔业资源再生产,目的就是为了可持续发展,"斧斤以时入山林"也是为了林业可持续的再生产。三是给农民一定的土地,让他们有田可耕、有地植桑,使他们生活富足,身体很弱的老人可以衣帛食肉,免受寒冷和饥饿之苦。这些原则对于构建和谐社会来说,其重要性是不言而喻的。

而《礼记·中庸》则为儒家和谐思想给出了一整套形而上学建构,《中庸》首先讲:"天命之谓性,率性之谓道,修道之谓教。"其大意是说,每个人的善良本性是由天赋予的,顺着此善良本性而行的就是所谓道,以此道化成天下就是教。这里的"道",就是社会和谐,亦即:和也者,天下之达道也。如何成就和谐社会呢?《中庸》接着讲:

> 喜怒哀乐之未发谓之中,发而皆中节谓之和,中也者,天下之大本也,和也者,天下之达道也。致中和,天地位焉,万物育焉。

这就是说,如果每个人的喜怒哀乐,都能发而皆中节的话,那么社会就和谐了。

怎么让个人的喜怒哀乐,都能发而皆中节,《中庸》突出讲了一个诚字:

> 诚者,天之道也,诚之者,人之道也。……自诚明,谓之性,自明诚,谓之教,诚则明矣,明则诚矣。唯天下至诚为能尽其性,能尽其性,则能尽人之性,能尽人之性,则能尽物之性。

从人类的角度来看,天道本来就是真实无妄的,人应该走的路就是以虔诚之心达到真实无妄的境界。而且人性本来是真实而明白的,教的作用就是让人们明白真实的人性。只有诚实才能完善人的善良本性,才能爱物而尽物之性。

《大学》有八条目:格物、致知、正心、诚意、修身、齐家、治国、平天下。则从个人、家庭、国家到天下构成了一个完整的链条。这前五条讲个人可以通过怎样的途径,达到喜怒哀乐都能发而皆中节的和谐状态;而这种个人的身心和谐是家庭和谐的基础,同样可以说,家庭和谐是国家和谐的基础,进而每个国家内部的和谐是天下和谐的基石。

对于和谐社会的建构而言,荀子的思想有特别重要的意义,荀子首先从人类社会的起源,提出了群分说思想。

> 水火有气而无生,草木有生而无知,禽兽有知而无义,人有气有生有知亦且有义,故最为天下贵也。力不若牛,走不若马,而牛马为用,何也?曰:人能群,彼不能群也。人何以能群?曰:分。分何以能行?曰:义。故义以分则和,和则一,一则多力,多力则强,强则胜物;故宫室可得而居也。故序四时,载万物,兼利天下,无它故焉,得之分义也。(《荀子·王制》)

首先是人能群,人类必须结合成共同体才能在天地之间生存;其次是必须"分",就是构成人群共同体的基本要求就是分工合作。而人能群能分的基础就在于义,以义分之的效果就是和谐,人群能和谐,就能团结统一起来,统一起来力量才会强大,所以"序四时,载万物,兼利天下"的根本问题就在于确立区分的正义原则。

那么,荀子区分的正义原则指什么内容呢?请看:

> 故尚贤使能,等贵贱,分亲疏,序长幼,此先王之道也。故尚贤使能,则主尊下安;贵贱有等,则令行而不流;亲疏有分,则施行而不悖;长幼有序,则事业捷成而有所休。故仁者,仁此者也;义者,分此者也;节者,死生此者也;忠者,惇慎此者也;兼此而能之备矣;备而不矜,一自善也,谓之圣。不矜矣,夫故天下不与争能,而致善用其功。有而不有也,夫故为天下贵矣。(《荀子·君子》)

这就是说,"分"就是要把贤与能、贵与贱、亲与疏、长与幼区分开来,让人类社会能够"尚贤使能,等贵贱,分亲疏,序长幼",要想使国家和谐、强大,就必须区分这些,以建立良好的政治秩序和伦理秩序。

为什么要区分贤能、贵贱、亲疏、长幼以建立政治秩序和伦理秩序?荀子认为,绝对平均主义的结果就是"众齐则不使",政治就失去了行政的基础,那就谈不上政治效率以及社会的经济效率。荀子说:

> 分均则不偏,埶齐则不壹,众齐则不使。有天有地,而上下有差;明王始立,而处国有制。夫两贵之不能相事,两贱之不能相使,是天数也。埶位齐,而欲恶同,物不能澹则必争;争则必乱,乱则穷矣。先王恶其乱也,故制礼义以分之,使有贫富贵贱之等,足以相兼临者,是养天下之本也。书曰:"维齐非齐。"此之谓也。(《荀子·王制》)

反对绝对平均主义,并不意味着,荀子为富人说话,为强权辩护。荀子认为一个国家贫富悬殊会危及社会的稳定,他说:

> 仅存之国富大夫,亡国富筐箧,实府库。筐箧已富,府库已实,而百姓贫:夫是之谓上溢而下漏。入不可以守,出不可以战,则倾覆灭亡可立而待也。故我聚之以亡,敌得之以强。聚敛者,召寇、肥敌、亡国、危身之道也,故明君不蹈也。(《荀子·王制》)

这表明,荀子是主张经济的相对公平。那么荀子的公平思想又有哪些具体内容呢?

荀子认为公平首先就在于参与政治的机会公平。他说:

> 请问为政?曰:贤能不待次而举,罢不能不待须而废,元恶不

待教而诛,中庸不待政而化。分未定也,则有昭缪。虽王公士大夫之子孙也,不能属于礼义,则归之庶人。虽庶人之子孙也,积文学,正身行,能属于礼义,则归之卿相士大夫。(《荀子·王制》)

公平最重要的就是机会的公平,其次,也应该在选人的机制体现公平。他说:

> 论德而定次,量能而授官,皆使人载其事,而各得其所宜,上贤使之为三公,次贤使之为诸侯,下贤使之为士大夫:是所以显设之也。(《荀子·君道》)

荀子的这些思想在古代的教育制度与官僚制度中得到不同程度的体现。中国历史的事实是,每个人都有参政的权利和机会。举荐制、九品中正制与科举制等都各有弊端,但从总体上看,这些制度贯穿了机会平等的原则,是中国文官制的依托。

荀子认为,在公平原则之后,还必须体现差别原则,荀子本儒家的仁爱思想说:"收孤寡,补贫穷。"(《荀子·王制》)又说:"五疾,上收而养之,材而事之,官施而衣食之,兼覆无遗。"(《荀子·王制》)王先谦集解:"五疾,瘖、聋、跛足、断者、侏儒。各当其材而使之,谓若矇瞽修声,聋聩司火之属。"这就是说,公平不是绝对平均主义,绝对平均主义的做法恰恰会导致事实上的不公平,而违背公正这一政治的基本原则。这就是政治哲学的所谓差别原则,这些政治原则还要进一步落实到制度层面,关于制度的作用,荀子说:"礼者、断长续短,损有余,益不足,达爱敬之文,而滋成行义之美者也。"(《荀子·礼论》)

对于具体的政治措施,荀子说:

> 王者之等赋、政事、财万物,所以养万民也。田野什一,关市

几而不征,山林泽梁,以时禁发而不税。相地而衰政。理道之远近而致贡。通流财物粟米,无有滞留,使相归移也,四海之内若一家。故近者不隐其能,远者不疾其劳,无幽闲隐僻之国,莫不趋使而安乐之。夫是之为人师。是王者之法也。(《荀子·王制》)

荀子主张十分取一的税制,而关口和集市,只稽查坏人;山林和水泽,按照季节关闭或开放,也不征税;依据土地的肥薄程度而征收赋税;如此才能做到"四海之内若一家"的和谐社会景象,实现孔子"悦近来远"的主张。

进一步,荀子认为无论养生还是修身都要符合基本的社会规范才能做到内外和谐,他说:

扁善之度,以治气养生则后彭祖;以修身自名则配尧禹。宜于时通,利以处穷,礼信是也。凡用血气、志意、知虑,由礼则治通,不由礼则勃乱提僈;食饮,衣服,居处,动静,由礼则和节,不由礼则触陷生疾;容貌、态度、进退、趋行,由礼则雅,不由礼则夷固、僻违、庸众而野。(《荀子·修身》)

总的说来,荀子认为,礼乐制度的作用就在于达成社会的和谐。他说:

仁、爱也,故亲;义、理也,故行;礼、节也,故成。仁有里,义有门。仁,非其里而虚之,非礼也;义,非其门而由之,非义也。推恩而不理,不成仁;遂理而不敢,不成义;审节而不知,不成礼;和而不发,不成乐。故曰:仁义礼乐,其致一也。君子处仁以义,然后仁也;行义以礼,然后义也;制礼反本成末,然后礼也;三者皆通,然后道也。(《荀子·大略》)

荀子也强调了人对自然的利用要适时、适当、适度。这是人与自然之

间的正义。他说:

> 圣王之制也:草木荣华滋硕之时,则斧斤不入山林,不夭其生,不绝其长也。鼋鼍鱼鳖鳅鳣孕别之时,罔罟毒药不入泽,不夭其生,不绝其长也。春耕、夏耘、秋收、冬藏,四者不失时,故五谷不绝,而百姓有余食也。污池渊沼川泽,谨其时禁,故鱼鳖优多,而百姓有余用也。斩伐养长不失其时,故山林不童,而百姓有余材也。(《荀子·王制》)

由此可见,儒家和谐思想的内容是很丰富的,涉及的范围也很广泛,就当时的社会实际来说,其思想不可谓不深刻。今天社会主义和谐社会的建设正在如火如荼的进行,就学术界正在讨论如何建设和谐社会的问题而言,儒家的和谐思想是可以给我们一些借鉴的。

当然,应该认识到,今天的情况不同以往任何时候,我们所要建设的社会主义和谐社会,应该是民主法治、公平正义、诚信友爱、充满活力、安定有序、人与自然和谐相处的社会。这一总目标要求我们不能食古不化,而是要具体问题具体分析,因为现在建设社会主义和谐社会所面临的主要问题是:城乡二元结构的存在,区域发展差距的扩大,改革发展与社会稳定关系的紧张,生态保护问题,还有社会公共事业的"短腿"问题。

这些问题与原始儒家所面临的问题不尽相同,有些问题在今天已然消解或者转化。比如儒家认为,要富民,就应该"制田里,薄赋敛"。这个问题在今天已然消解,土地分配问题早已经解决,而且我国已不再向农民征收赋税。孔子的富民思想是针对农业社会来说的。在现代工业社会,要解决富民的问题,就应当以发展科学技术为先。今天我们创造的财富比以往任何时候都多,但是贫富分化的问题却变得突出起来。再比如教育问题,今天的教育普及程度比历史上的任何时候都要好,但教育资源分配不平均的问题却冒出来了。更让人忧心的是,在现代工业社会,人与自然的矛盾变得前所未有的突出,人口膨胀,资源匮乏,环境污染严重。

尽管问题不尽相同,但儒家和谐思想在理论上的借鉴意义仍然是不可否认的,首先,和谐社会一直是人类孜孜以求的理想,儒家和谐思想及其实践的经验与教训是可以借鉴的,正所谓前事不忘,后世之师。其次,儒家和谐思想是社会主义和谐社会的文化源头之一,这不仅是从言语学的角度来说,和与谐这些词本身来源于儒家经典,更重要的是我们民族的和谐思想浸透着儒家思想的精魂。像"和为贵"、"君子和而不同"、"天时不如地利,地利不如人和"、"和也者,天下之达道也"这些思想早已融入到中华民族的文化血脉之中。